CHRISTOPH PETER

Wahlabsprachen politischer Parteien und ihre rechtlichen Grenzen

Schriften zum Öffentlichen Recht

Band 16

Wahlabsprachen politischer Parteien und ihre rechtlichen Grenzen

Von

Dr. Christoph Peter

DUNCKER & HUMBLOT / BERLIN

Gedruckt 1964 bei Albert Sayffaerth, Berlin 61
Printed in Germany
D 21

Meinen Eltern

Vorwort

Den Anlaß zu der vorliegenden Untersuchung über „Wahlabsprachen politischer Parteien und ihre rechtlichen Grenzen“ hat das umstrittene Urteil des Staatsgerichtshofes von Baden-Württemberg vom 6. 2. 1961 (ESVGH 11 II, 25 ff.) gegeben, mit dem die Landtagswahl vom 15. 5. 1960 in den Wahlkreisen Waiblingen I und II wegen einer für gesetzwidrig erachteten Wahlabsprache für ungültig erklärt wurde. Die Rechts- und Wirtschaftswissenschaftliche Fakultät (Rechtswissenschaftliche Abteilung) der Universität Tübingen hat die Arbeit im Wintersemester 1963/64 als Dissertation angenommen. Die Dissertation ist für diese Veröffentlichung in einigen Punkten geändert sowie ergänzt worden.

Mein aufrichtiger Dank gilt Herrn Prof. Dr. *Bachof*, der in hilfsbereiter Weise die Dissertation betreut und diese Veröffentlichung angeregt hat. Ich danke ferner dem Verlag für sein Entgegenkommen bei der Drucklegung.

Reutlingen, im Juni 1964

Christoph Peter

Inhaltsverzeichnis

Zweites Kapitel

Die subjektiven Rechte der Wahlbeteiligten als Grenze

Dritter Abschnitt

Die gesetzlichen Verbote von Wahlabsprachen

Verzeichnis der abgekürzten Parteinamen

BdD	=	Bund der Deutschen
BHE	=	Block der Heimatvertriebenen und Entrechteten
BP	=	Bayernpartei
CDU	=	Christlich Demokratische Union Deutschlands
CSU	=	Christlich Soziale Union
DG	=	Deutsche Gemeinschaft
DKP	=	Deutsch-Konservative Partei
DP	=	Deutsche Partei
DVP	=	Demokratische Volkspartei
FDP	=	Freie Demokratische Partei
FU	=	Föderalistische Union
GB/BHE	=	Gesamtdeutscher Block-BHE
GVP	=	Gesamtdeutsche Volkspartei
NU	=	Niederdeutsche Union
SHB	=	Schleswig-Holstein-Block
SHG	=	Schleswig-Holsteinische Gemeinschaft
SPD	=	Sozialdemokratische Partei Deutschlands
SSW	=	Südschleswigscher Wählerverband
VBH	=	Vaterstädtischer Bund Hamburg
Z	=	Deutsche Zentrums-Partei

§ 1 Thema, Gang und Methode der Arbeit

I. Thema der Arbeit

Die politischen Parteien gehen anläßlich der Parlamentswahlen seit jeher miteinander Bündnisse ein. Die vorliegende Arbeit verfolgt das Ziel, die Wahlabsprachen politischer Parteien systematisch zu erfassen und ihre rechtlichen Grenzen aufzuzeigen. Hierzu besteht Anlaß, weil man nicht nur in der Öffentlichkeit, sondern auch in der juristischen Fachwelt immer wieder und zum Teil in sehr scharfen Formulierungen gegen Wahlabsprachen Stellung nimmt, es auf der anderen Seite aber Stimmen gibt, die die gesetzliche Zulassung von Wahlabsprachen fordern, ja sogar gesetzliche Verbote von Wahlabsprachen für unzulässig erklären.

Diese Arbeit soll zunächst Begriff und Arten der Wahlabkommen unter dem Aspekt der heutigen Rechtsdogmatik darlegen. Die geschichtliche Entwicklung soll gesondert berücksichtigt werden. Dann soll — als zentrales Thema der Arbeit — das Problem behandelt werden, auf Grund welcher rechtlichen Gesichtspunkte sich Bedenken gegen bestimmte Wahlabreden ergeben, bzw. die Unzulässigkeit von bestimmten Wahlabreden anzunehmen ist. Dabei wird auch die Frage der Auslegung sowie der Verfassungsmäßigkeit der gesetzlichen Wahlabrede-Verbote zu erörtern sein. Es wird das geltende Verfassungs- und Wahlrecht des Bundes und der Länder herangezogen; das Kommunalwahlrecht bleibt außer Betracht.

Das zentrale Thema der Arbeit stellt einen Ausschnitt aus dem Gesamtkomplex des sog. materiellen Wahlprüfungsrechts dar; denn wenn eine bestimmte Wahlabrede als unzulässig angesehen werden muß, kann sie als Wahlfehler wahlprüfungsrechtliche Konsequenzen nach sich ziehen[1]. Welcher Art diese Konsequenzen im einzelnen sein würden, soll jedoch ebensowenig untersucht werden wie Fragen des Verfahrens der Wahlprüfung.

---

[1] Der Begriff des materiellen Wahlprüfungsrechts umfaßt diejenigen Rechtsgrundsätze, nach denen die für die Wahlprüfung zuständigen Stellen über die Gültigkeit einer Wahl zu entscheiden haben. Vgl. Leser, Untersuchungen über das Wahlprüfungsrecht des Dt. Reichstags, 1908, S. 17 f; Ball, Das mat. Wahlprüfungsrecht, 1931, S. 1; Seifert, Kommentar, Einleitung zum WPrüfG III S. 322.

Zum Gegenstand dieser Arbeit gehört auch nicht die Einordnung der Wahlabreden oder der Parteibündnisse überhaupt in unser Rechtssystem, also das Problem, ob Vereinbarungen zwischen Parteien, die sich — wie Wahlabreden, Koalitionspakte u. dgl. — unmittelbar auf den Bereich der politischen Willensbildung beziehen, als Verträge zu qualifizieren sind oder welche Rechtsnatur ihnen sonst zukommt, ob sie erzwingbar sind und ähnliche Fragen. Diese Arbeit geht vielmehr davon aus, daß Wahlabreden eine im demokratischen Mehrparteienstaat übliche Gegebenheit sind, die rechtlich relevante Wirkungen auslöst.

II. Gang der Arbeit

Aus vorstehender Aufgabenstellung ergibt sich folgender Gang der Arbeit:

Im ersten Abschnitt erfolgt nach der begrifflichen Erfassung und Darlegung der bedeutungsvollsten Wahlabsprachen ein Rückblick auf die geschichtliche Entwicklung, wobei konkrete Fälle angeführt werden. Ein Abriß der Stellungnahmen zur Zulässigkeitsfrage in Schrifttum und Rechtsprechung leitet über zur Erörterung der rechtlichen Grenzen von Wahlabsprachen.

Der zweite Abschnitt behandelt die Frage, welche Grenzen sich außerhalb gesetzlicher Wahlabrede-Verbote ergeben. Als Gesichtspunkte, die die Grundlage verbotsunabhängiger Grenzen von Wahlabsprachen bilden könnten, kommen rein objektiv-rechtliche Grundsätze der Wahlgesetze und Verfassungen einerseits, subjektive Rechte der Wahlbeteiligten andererseits in Betracht. Im ersten Kapitel des zweiten Abschnitts werden die Bestimmungen über die Wahlvorschläge, der Verhältniswahlgedanke und der Gedanke der Bekämpfung von Splitter-Parteien, im zweiten Kapitel die subjektiven Rechte der Wähler, der Parteien und der Kandidaten daraufhin untersucht, ob und inwieweit sie Wahlbündnissen entgegenstehen. Es gilt dabei, jeweils rechtliche Maßstäbe herauszuarbeiten und die verschiedenen typischen Wahlabkommen an diesen Maßstäben zu messen.

Der dritte Abschnitt beschäftigt sich mit den wahlgesetzlichen Wahlabrede-Verboten. Die Verbote und verbotsähnlichen Tatbestände des geltenden Rechts werden in ihrer Tragweite dargelegt. Außerdem wird die Verfassungsmäßigkeit dieser Vorschriften geprüft.

III. Methode der Arbeit

Wahlabsprachen werden in dieser Arbeit nicht als ein Problem der politischen Ethik und nicht vom Standpunkt der Politischen Wissenschaft aus betrachtet, sondern als Gegenstand der Rechtswissenschaft, d. h. als Erscheinung des politischen Lebens, die Rechtsfragen aufwirft.

Da die zu behandelnden Rechtsfragen dem Wahlrecht angehören, müssen in der Methode die Besonderheiten dieses Rechtsgebiets berücksichtigt werden. So kommt es im Wahlrecht ganz besonders auf Rechtsklarheit und Rechtssicherheit für alle am Wahlvorgang Beteiligten an. Vor allem darf auch die Situation der die Wahl vorbereitenden, überwachenden und auswertenden Wahlorgane nicht außer acht gelassen werden. Ferner ist hinzuweisen auf das Prinzip möglichster Aufrechterhaltung einer so wichtigen, umfassenden und komplizierten Veranstaltung wie sie die Parlamentswahl bedeutet. Dieses Prinzip, das einen Leitgedanken des materiellen Wahlprüfungsrechts darstellt[2], gilt nämlich nicht nur im Hinblick auf die von der Wahlprüfungsinstanz aus einem Wahlfehler zu ziehenden Folgerungen, sondern es gilt auch dann, wenn es sich um die Frage handelt, ob ein bestimmter Sachverhalt oder eine bestimmte Maßnahme als zulässig oder als unzulässig und damit möglicherweise einen Wahlfehler begründend zu bewerten ist.

Auf der anderen Seite geht diese Arbeit davon aus, daß auch Wahlgesetze der Auslegung fähig und bedürftig sind. Wenn immer wieder betont wird, im Wahlrecht herrsche der Grundsatz formalistischer Interpretation, so kann dies jedenfalls nicht bedeuten, daß auf diesem Sektor unseres Rechtslebens alles gestattet ist, was nicht ausdrücklich und eindeutig untersagt wird. In diesem Sinne hat eine Interpretationsregel nie bestanden; schließlich hat sich das gesamte materielle Wahlprüfungsrecht außerhalb des positiven Rechts der Wahlgesetze als Gewohnheitsrecht entwickelt[3]. So darf auch der allgemeine Rechtsgedanke, daß Gesetzesumgehungen als Rechtsmißbrauch unzulässig sind, nicht von vornherein aus dem Wahlrecht verbannt werden[4]. Andernfalls

[2] S. dazu Seifert, Kommentar, Einl. zum WPrüfG III, S. 323 f.

[3] Vgl. Ball, a. a. O., S. 92, 204; Seifert, a. a. O., S. 322 f.

[4] Das auch im öffentlichen Recht geltende Umgehungsverbot will verhindern, daß einem Gesetz, insbesondere einer Verbotsnorm, auf einem Weg zuwidergehandelt wird, der — weil nicht ausdrücklich ausgeschlossen — scheinbar dem Gesetz entspricht; es kommt also darauf an, ob das Gesetz nach seinem Sinn und Zweck die Verwirklichung eines gewissen Erfolges überhaupt oder nur eine bestimmte Form seiner Herbeiführung ausschließen will. Zum Ganzen vgl. Enneccerus-Nipperdey, Allg. Teil des Bürgerl. Rechts, 15. Aufl. (1960), 2. Halbbd., § 190 III, S. 1160 ff. — Das Umgehungsverbot ziehen im

würde man sich die Lösung von Rechtsproblemen im Wahlrecht zu einfach machen. Der Umgehungs- bzw. Mißbrauchsgedanke führt notwendig zur Ermittlung dessen, was überhaupt als Gesetzeswille und Gesetzeszweck anzusehen ist; gerade hierauf aber darf auch im Wahlrecht nicht verzichtet werden.

Wahlrecht heran z. B.: Mahrenholz, Diss. Gött. 1957, S. 104; Seifert, Kommentar, Erl. 1 zu § 19 I BWG, S. 113; Bayer. VerwGH, VGHE NF 3 I, 52; StGH Baden-Württ., ESVGH 11 II, 31 ff. — Von der Geltung des Umgehungsverbots im Wahlrecht gehen ferner aus z. B.: Schröder, Diss. Köln 1955, S. 85; Füßlein DÖV 57, 603 f.; OVG Lüneburg, OVGE 2, 176; Hamb. VerfG, E. v. 1. 12. 1958, HVerfG 1 u. 2/58 (nicht veröffentlicht).

Erster Abschnitt

Begriff und Arten der Wahlabsprachen Geschichtliche Entwicklung der Wahlabsprachen Schrifttum und Rechtsprechung zur Frage der Zulässigkeit von Wahlabsprachen

§ 2 Begriff und Arten der Wahlabsprachen

I. Begriffsbestimmung

Bei der Abgrenzung des in dieser Arbeit zu verwendenden Begriffs der Wahlabsprache ist nach Zweckmäßigkeitsgesichtspunkten vorzugehen. Wenn die rechtlichen Grenzen von Wahlabsprachen dargestellt werden sollen, so gilt es angesichts des „Dschungels der taktischen Wahlvereinbarungen"[1], der sich dem Beobachter der politischen Wirklichkeit darbietet, einen Begriff der Wahlabsprache zu bilden, der nur die Vereinbarungen umfaßt, deren Zulässigkeit fraglich erscheinen kann und die Rechtsprobleme aufwerfen. Es wäre wenig ergiebig, Wahlabsprachen etwa zu definieren als Abreden, die Parteien im Zusammenhang mit einer bevorstehenden Parlamentswahl treffen; denn dann würden Vereinbarungen mit einbezogen, welche — jedenfalls in der Regel — unproblematisch sind, z. B. Absprachen zwischen Parteien über die gemeinsame Stellungnahme zu einem bestimmten Wahlkampfthema, über die gemeinsame Veranstaltung von Wahlversammlungen, über gemeinsame Wahlaufrufe, überhaupt Absprachen über ein gemeinsames Vorgehen im Wahlkampf (also außerhalb des Wahlverfahrens) in dieser oder jener Hinsicht. Von solchen „Wahlabsprachen", die mehr der politisch-soziologischen Sphäre als dem Bereich des Rechts angehören, soll hier nicht die Rede sein.

Sucht man nach einer vornehmlich an der rechtlichen Problematik orientierten Umschreibung des Begriffs der Wahlabsprache, so muß man dort ansetzen, wo die Funktion der Parteien als „Wahlvorbereitungsorganisationen"[2] am deutlichsten in Erscheinung tritt: bei der Aufstel-

[1] Seifert DÖV 61, 751.
[2] Wahlrechtsbericht, S. 127.

lung der Kandidaten als parteiinternem, aber gleichwohl bis zu einem gewissen Grade staatlich normiertem Vorgang, und bei der Einreichung der Wahlvorschläge als rechtsförmlicher Erklärung[3] der Parteien an die Wahlorgane. Die unmittelbar auf diesen Bereich der Kandidatenaufstellung und der Einreichung der Wahlvorschläge bezogenen Parteiabreden sind von erheblicher rechtlicher Relevanz, und sie ziehen in erster Linie immer wieder das Interesse der Öffentlichkeit auf sich. Mit Hilfe solcher Abreden versuchen die Parteien, das Wahlergebnis unmittelbar zu ihren Gunsten zu gestalten. Man kann drei Hauptziele unterscheiden: Die Parteien wollen entweder die Gesamtzahl ihrer Mandate erhöhen; oder eine Partei will einer anderen Partei, welche Gefahr läuft, überhaupt keine Mandate zu bekommen, ins Parlament verhelfen; oder die Parteien wollen die Aussichten bestimmter Kandidaten, Abgeordnete zu werden, steigern.

Unter *„Wahlabsprachen"* werden in dieser Arbeit also *solche Absprachen* verstanden, *die zwei oder mehr Parteien in bezug auf die Kandidatenaufstellung und die Einreichung der Wahlvorschläge treffen.* Ausdrücke wie „Wahlabkommen", „Wahlabrede", „Wahlvereinbarung" u. dgl. werden synonym gebraucht. Unerheblich für den Begriff der Wahlabsprache ist die Frage, welche Parteiinstanz — ob ein lokales, regionales oder überregionales Parteigremium, bzw. dessen Vertreter — die Absprache eingeht.

II. Die drei Grundtypen von Wahlabsprachen

Im folgenden werden die wichtigsten der unter obige Begriffsbestimmung fallenden Wahlabsprachen in ihrer jeweiligen Eigenart, insbesondere in ihrer Funktionsweise im Hinblick auf das von den Parteien verfolgte Ziel und in ihrem Zusammenhang mit dem Wahlsystem, beschrieben.

Dabei sind nicht etwa nur diejenigen Wahlabreden darzustellen, die in der heutigen Praxis üblich sind[4]. Vielmehr müssen alle Wahlabreden berücksichtigt werden, die sich im Laufe der geschichtlichen Entwicklung der deutschen Parlamentswahlen insofern als bedeutsam erwiesen haben, als sie besonders häufig abgeschlossen worden sind und in bezug auf Art des Abschlusses, Wirkungsweise und Ziel eine gewisse Typizität erlangt haben. Mit der Darlegung aller dieser Wahlabreden wird sowohl systematischen Bedürfnissen als auch der weiteren Ziel-

---

[3] Zum Wahlvorschlag als öffentlich-rechtlicher Willenserklärung vgl. Nass, Wahlorgane, S. 52.

[4] Hiergegen spräche schon die Erwägung, daß die Praxis der Parteien sich früher benützten Gestaltungsformen wieder zuwenden könnte.

setzung dieser Arbeit Rechnung getragen; denn die Frage der rechtlichen Grenzen von Wahlabsprachen läßt sich nur auf solch breiter Grundlage in umfassender und sachgerechter Weise erörtern[5].

Der Versuch einer Typologie der Wahlabkommen[6] muß zwecks klarer Erfassung des juristisch Wesentlichen an den einzelnen Abreden nach dogmatischen und systematischen Gesichtspunkten gegliedert und abstrakt-theoretisch gestaltet sein. Die Schilderung konkreter historischer Beispiele von Wahlabsprachen bleibt dem folgenden Paragraphen vorbehalten.

Sucht man nach Einteilungskriterien, anhand deren sich eine Systematik der Wahlabreden aufbauen läßt, so geht man zweckmäßigerweise — obiger Definition der Wahlabrede entsprechend — vom Wahlvorschlag aus, d. h. man gruppiert nach der Art und Weise der Manipulierung der Wahlvorschläge. Dadurch erfaßt man die dogmatische Eigenart der verschiedenen Wahlabsprachen. Man gelangt so zu drei Grundtypen von Wahlabkommen:

Die erste Gruppe ist die der *Aussparungsabkommen*; sie ist dadurch gekennzeichnet, daß eine Partei zugunsten einer verbündeten Partei in bestimmtem Umfang auf die Einreichung von Wahlvorschlägen verzichtet. Die zweite Gruppe ist die der *Bündnisse über gemeinsame Wahlvorschläge*; hier reichen die verbündeten Parteien zusammen Wahlvorschläge ein, so daß sie an der Wahl mit gemeinschaftlichen Wahlvorschlägen beteiligt sind. Die dritte Gruppe ist die der *Verbindungen von Wahlvorschlägen*; hier reichen die verbündeten Parteien unabhängig voneinander Wahlvorschläge ein, fassen diese jedoch für das Stadium der Stimmenverrechnung zu einer Einheit zusammen[7].

1. Aussparungsabkommen

Der Kern der Aussparungsabkommen liegt — wie erwähnt — in einem Verzicht auf die Einreichung von Wahlvorschlägen zugunsten einer verbündeten Partei. Beim *Einerwahlkreis-Aussparungsabkommen* bezieht sich dieser Verzicht auf Wahlvorschläge für Einerwahlkreise, in denen ein Abgeordneter im Wege der Mehrheitswahl zu wählen ist.

---

[5] Diese Arbeit behandelt daher auch die nach 1945 nicht mehr praktizierte Wahlabrede der Listenverbindung.

[6] Eine systematische Darstellung der Wahlabsprachen ist — soweit ersichtlich — noch nicht versucht worden.

[7] Diese grundlegende Dreiteilung klingt bereits in der amtlichen Begründung zu dem Gesetz über die Zusammensetzung des Reichstags und die Verhältniswahl in großen Reichstagswahlkreisen v. 24. 8. 1918 (RGBl. S. 1079) an (zitiert bei Schulze, Wahlrecht für die verfassunggeb. dt. Nationalvers., S. 117 f.). Von einer solchen Dreiteilung geht insb. auch — ohne dies eigens zu erwähnen — Seifert aus (Kommentar, Erl. 1 zu § 19 I BWG, S. 112 f.).

Das Einerwahlkreis-Aussparungsabkommen ist im Mehrheitswahlsystem und im System der personalisierten Verhältniswahl möglich. Im Mehrheitswahlsystem fällt mit der Ermittlung der Gewinner der Mehrheit in den Einerwahlkreisen die Entscheidung über die gesamte Mandatsverteilung — sei es, daß in den Wahlkreisen die relative Mehrheit ausreicht, sei es, daß die absolute Mehrheit vorgeschrieben ist und daher, falls diese nicht erreicht wird, ein zweiter Wahlgang stattfinden muß, bei dem die relative Mehrheit genügt oder der als Stichwahl zwischen den beiden stimmstärksten Bewerbern des ersten Wahlgangs ausgestaltet ist[8]. Im System der personalisierten Verhältniswahl, das für die Bundestagswahlen und die Wahlen in den meisten Bundesländern gilt, führt die (relative) Mehrheitswahl in den Einerwahlkreisen nur zur Wahl eines Teils der insgesamt zu wählenden Abgeordneten; daneben wird — sei es anhand der für die Wahlkreisbewerber der Parteien abgegebenen Stimmen (Ein-Stimmen-System der personalisierten Verhältniswahl), sei es anhand für die Parteien gesondert abgegebener Zweitstimmen (Zwei-Stimmen-System der personalisierten Verhältniswahl nach dem BWG) — die den einzelnen Parteien nach Verhältniswahlgrundsätzen zustehende Zahl von Mandaten ermittelt, hiervon die Zahl der errungenen Wahlkreismandate abgezogen und der Rest von Mandaten über den sog. Verhältnisausgleich — aus Landeslisten oder aus unterlegenen Wahlkreisbewerbern — zugeteilt[9].

Der Modellfall des Einerwahlkreis-Aussparungsabkommens besteht darin, daß zwei Parteien sich gegenseitig je einen Wahlkreis „abtreten“[10]: in dem einen Wahlkreis verzichtet die eine Partei auf die Nominierung eines Kandiaten und die Einreichung eines Wahlvorschlags und empfiehlt ihren Anhängern, für den Kandidaten (Wahlvorschlag) der verbündeten Partei zu stimmen, während in dem anderen Wahlkreis das gleiche seitens der anderen Partei zugunsten der ersteren geschieht[11]. Die Parteien können dieses Modellabkommen beliebig abwandeln. Im Hinblick auf die Zahl der beteiligten Parteien und der ausgesparten Wahlkreise sind die verschiedensten Fälle möglich. Eine Modifizierung eigener Art liegt vor, wenn die Gegenseitigkeit des „Abtretens“ fehlt. Mögen die Einerwahlkreis-Aussparungsabkommen daher

---

8 Dies sind die gebräuchlichsten Formen des Mehrheitswahlsystems; vgl. hierzu Wahlrechtsbericht, S. 15 ff.; Seifert, a. a. O., Einführung I S. 5 ff.

9 Näheres über das System der personalisierten Verhältniswahl und seine Ausgestaltungen in Bund und Ländern s. unten § 6 unter IV.

10 Oder „aussparen“; daher die treffende Bezeichnung „Aussparungsabkommen“, die — soweit ersichtlich — zum erstenmal in der E. des OVG Lüneburg vom 19. 6. 1950 (OVGE 2, 157 ff.) gebraucht wird.

11 Die Empfehlung an die Wähler erfolgt oft in einem gemeinsamen Wahlaufruf der verbündeten Parteien. Sie wird durch die üblichen Mittel des Wahlkampfs verbreitet.

in ihrem Umfang erheblich voneinander abweichen, so weisen sie doch alle die gleiche Grundstruktur auf[12, 13].

Der Zweck der Einerwahlkreis-Aussparungsabkommen ist die Steigerung der Chancen der Wahlkreisbewerber. Ein Wahlkreisbewerber kann bei Vorliegen solcher Wahlabreden mit Stimmen von Anhängern mehrerer Parteien rechnen — der ihn vorschlagenden Partei und der Partei, die in seinem Interesse auf einen Wahlvorschlag verzichtet hat. Das Ausmaß der zu erwartenden Stimmenkonzentration hängt von den jeweiligen politischen Gegebenheiten ab, wobei insbesondere die Parallelität der Ziele der verbündeten Parteien sowie die Anziehungskraft des Wahlkreisbewerbers ins Gewicht fallen. Die Anhänger der aussparenden Partei sind an das Wahlabkommen insofern gebunden, als sie keinen Bewerber „ihrer" Partei wählen können. Weil für die Anhänger der aussparenden Partei in positiver Hinsicht — also dahingehend, gemäß dem Zweck des Abkommens für den Bewerber der verbündeten Partei zu stimmen — keine Bindung besteht, ist nie mit Sicherheit vorauszusagen, in welchem Umfang sie sich diesem Bewerber „zuführen" lassen werden. Es gibt jedoch Fälle, in denen mit großer Wahrscheinlichkeit angenommen werden kann, daß die Stimmenkonzentration den Mehrheitsgewinn auslösen wird. Das Einerwahlkreis-Aussparungsabkommen ist so ein „ideales" Mittel, um bestimmten Persönlichkeiten eine Gewähr dafür zu geben, daß sie auf alle Fälle ins Parlament gelangen.

Die Verbesserung der Chancen von Wahlkreisbewerbern ist für die Parteien, die ein Einerwahlkreis-Aussparungsabkommen eingehen, meist nur ein Mittel zur Erreichung des weitergehenden Zwecks, bei der Verteilung der Mandate auf die Parteien insgesamt günstiger abzuschneiden. Hierbei muß zwischen dem Mehrheitswahlsystem und dem System der personalisierten Verhältniswahl unterschieden werden.

Im Mehrheitswahlsystem bietet sich das Einerwahlkreis-Aussparungsabkommen als Mittel an, wenn eine Partei einer anderen Partei zu Man-

---

[12] Wesentlich ist stets der verabredete Verzicht auf Bewerber-Nominierung und Wahlvorschlags-Einreichung. Die Empfehlung an die Wähler, für den Bewerber der verbündeten Partei zu stimmen, unterbleibt zuweilen (zur Vermeidung von Publizität). Jedoch lassen sich Abkommen größeren Umfangs ohne solche — das Bündnis zugleich motivierende — Empfehlung nicht verwirklichen.

[13] Im System der absoluten Mehrheitswahl muß unterschieden werden zwischen den Einerwahlkreis-Aussparungsabkommen, die für den ersten Wahlgang, und solchen, die für den zweiten Wahlgang (hinsichtlich der noch zu vergebenden Wahlkreise) vereinbart werden. Die in einem absoluten Mehrheitswahlsystem, welches den zweiten Wahlgang als Stichwahl ausgestaltet, für den Stichwahlgang geschlossenen Abkommen, die sog. Stichwahlabkommen, sind etwas anders strukturiert als die sonstigen Aussparungsabkommen. Hierauf wird bei der Darlegung der Wahlbündnisse der Kaiserzeit einzugehen sein.

daten verhelfen will, insbesondere wenn eine Partei eine andere vor dem Geschick bewahren will, überhaupt keine Mandate zu erlangen. Außerdem können hier mehrere starke Parteien durch „horizontales Aufteilen des Wahlgebiets“[14] die Zahl ihrer Mandate erheblich, unter Umständen bis zum Gewinn der Parlamentsmehrheit steigern, indem sie in keinem Wahlkreis gegeneinander auftreten, vielmehr jeden Wahlkreis jeweils derjenigen Bündnispartei überlassen, welche dort die meisten Anhänger hat. Auch auf größere Teile des Wahlgebiets begrenzt — sind Einerwahlkreis-Aussparungsabkommen im Mehrheitswahlsystem ein wirksames Instrument zur Erhöhung der Zahl der Mandate.

Im System der personalisierten Verhältniswahl kann das Einerwahlkreis-Aussparungsabkommen als Mittel zum Überspringen der 5 vH-Sperrklausel dienen, nach welcher Parteien, die nicht 5 vH der insgesamt abgegebenen Stimmen erreichen, keine Mandate über den Verhältnisausgleich bekommen. Diese Sperrklausel sieht nämlich im BWG und in einigen Länderwahlgesetzen eine Alternativregelung derart vor, daß auch Parteien mit einem Stimmanteil unter 5 vH dann Mandate über den Verhältnisausgleich erhalten, wenn sie ein oder einige Wahlkreismandate gewinnen[15]. Angesichts einer solchen Alternativklausel liegt es nahe, daß eine größere Partei einer befreundeten kleineren Partei — welche Gefahr läuft, keine Wahlkreissitze zu erringen und unter der 5 vH-Grenze zu bleiben — durch vereinbarte Aussparungen zu den erforderlichen Wahlkreissiegen verhilft.

Von solchen Bündnissen, durch die die Alternativregelung der 5 vH-sperrklausel ausgenützt werden soll, abgesehen — sind Einerwahlkreis-Aussparungsabkommen im System der personalisierten Verhältniswahl kein geeigneter Weg zur Erzielung eines erheblichen Mehrgewinns an Mandaten. Würde etwa eine Partei einer anderen in größerem Umfange Wahlkreise überlassen, so würde sie sich im Ein-Stimmen-System um die für die Verhältnisrechnung und damit die Gesamtzahl ihrer Mandate wichtigen Stimmen in den überlassenen Wahlkreisen bringen; im Zwei-Stimmen-System des BWG würde eine solche Selbstschädigung der auf Wahlkreisbewerber verzichtenden Partei nur dann nicht eintreten, wenn in den überlassenen Wahlkreisen sämtliche Anhänger der verzichtenden Partei ihre Zweitstimme (Listenstimme) für die Landesliste dieser Partei — und damit der Parteirichtung nach anders als die Erststimme — abgeben würden. Wollten mehrere größere Parteien versuchen, mittels eines das ganze Wahlgebiet erfassenden Aussparungsabkommens die Gesamtzahl ihrer Mandate zu

[14] Seifert, Kommentar, Erl. 1 zu § 19 I BWG ,S. 113.

[15] Näheres über diese sog. Alternativklausel s. unten S. 107 ff.

erhöhen, so würden sie im Ergebnis zwar die Mandatsverteilung unter sich verändern, aber zusammen nicht mehr Mandate erhalten als sie ohne Wahlbündnis gewonnen hätten[16]. Dies folgt aus dem grundsätzlichen Verhältniswahlcharakter der Systeme der personalisierten Verhältniswahl[17].

Das Einerwahlkreis-Aussparungsabkommen wird in den Wahlgesetzen nicht erwähnt. Es hat sich als Erscheinung der Parteipraxis auf der Grundlage des Mehrheitswahlsystems herausgebildet und darf als das klassische Wahlbündnis im Rahmen des Mehrheitswahlsystems bezeichnet werden.

Im System der reinen Verhältniswahl — das im Gegensatz zu dem der personalisierten Verhältniswahl keine Mehrheitswahl in Einerwahlkreisen kennt[18] — sind *Aussparungsabkommen* vorstellbar, die sich auf *Listenwahlvorschläge* beziehen. Derartige Wahlabreden über einen Verzicht auf die Einreichung von Listenwahlvorschlägen und damit ein „Abtreten" von Listenwahlbereichen kommen aber in der Praxis — soweit ersichtlich — nicht vor[19]. Sie stellen lediglich eine theoretische Möglichkeit dar[20].

Ebenso verhält es sich mit dem im Zwei-Stimmen-System der personalisierten Verhältniswahl des BWG denkbaren Abkommen, wonach von zwei verbündeten Parteien die eine nur Wahlvorschläge für die Einerwahlkreise, die andere nur Listen einreicht und beide Parteien ihren Anhängern empfehlen, sich mit der Erststimme für die eine, mit

---

[16] Es sei denn, das Wahlbündnis lockte Wähler an, die sonst für dritte Parteien gestimmt hätten.

[17] Einerwahlkreis-Aussparungsabkommen umfassender Art können im System der personalisierten Verhältniswahl allerdings dann gewinnbringend erscheinen, wenn nach dem Wahlgesetz das Verhältnis von Wahlkreismandaten zu Listenmandaten nicht ausgeglichen ist, sondern erstere wesentlich überwiegen. Dann kann es vorkommen, daß verbündete Parteien auf den Verhältnisausgleich gänzlich verzichten, also keine Listen einreichen, sondern versuchen, möglichst viele Wahlkreismandate zu erobern, indem sie die Wahlkreise des Wahlgebiets untereinander aufteilen (vgl. hierzu Erbe in: Wahlen in Westdeutschland, S. 28, 54 mit Anm. 20). — Hiervon zu unterscheiden ist die — noch zu erörternde — Möglichkeit, daß Parteien, die am Verhältnisausgleich beteiligt sind, infolge eines Einerwahlkreis-Aussparungsabkommens über ihren Proporzanteil hinaus Wahlkreismandate — sog. Überhangmandate — gewinnen.

[18] Näheres über das System der reinen Verhältniswahl und seine Ausgestaltungen in mehreren Bundesländern s. unten § 6 unter II.

[19] Die Listenwahlbereiche sind zu groß, als daß die Parteien sich ein Aussparen leisten könnten. Außerdem besteht im reinen Verhältniswahlsystem kein Anreiz hierzu.

[20] Diese Art Aussparungsabkommen wird daher bei der Erörterung der rechtlichen Grenzen von Wahlabsprachen nicht eigens behandelt. Viele grundsätzliche Überlegungen zu den Einerwahlkreis-Aussparungsabkommen gelten für diese Abkommen entsprechend.

der Zweitstimme für die andere Partei zu entscheiden. Dieses Wahlbündnis stellt ebenfalls ein Aussparungsabkommen dar. Der grundlegende Unterschied zwischen diesem Aussparungsabkommen einerseits und den Einerwahlkreis-Aussparungsabkommen sowie den Aussparungsabkommen für Listenwahlbereiche andererseits besteht darin, daß die verbündeten Parteien bei letzteren einander Teile des Wahlgebiets, bei ersterem hingegen Arten von Wahlvorschlägen „abtreten". *Seifert* spricht im Hinblick auf diesen Unterschied treffend von einer „horizontalen Aufteilung des Wahlgebiets" und einer „vertikalen Aufteilung der Wahlvorschläge"[21].

2. Abkommen über gemeinsame Wahlvorschläge

Unter der Kategorie der Vereinbarungen gemeinsamer Wahlvorschläge läßt sich eine Reihe von Wahlabsprachen zusammenfassen, die alle darauf hinauslaufen, daß als Träger eines Wahlvorschlags nicht eine einzige Partei, sondern mehrere Parteien zusammen auftreten. Während bei den Aussparungsabkommen der Verzicht auf die Einreichung von Wahlvorschlägen das Wesentliche ist, sind die Abkommen über gemeinsame Wahlvorschläge durch die Methode der gemeinsamen Einreichung von Wahlvorschlägen charakterisiert. Es gibt verschiedene Formen des Zusammenwirkens bei der Einreichung der Wahlvorschläge. Man kann nach der Technik dieses Zusammenwirkens und der Art der Wahlvorschläge folgende Gruppen von gemeinsamen Wahlvorschlägen unterscheiden:

Der gebräuchlichste Typ von gemeinsamen Wahlvorschlägen ist der *gemeinsame Listenwahlvorschlag* im Rahmen der Verhältniswahlsysteme. Er bedeutet in Gestalt des sog. *förmlichen gemeinsamen Wahlvorschlags*[22], daß mehrere Parteien unter ihren Namen zusammen *eine* Liste einreichen. Die betreffende Liste trägt also im Wahlverfahren (insb. auf dem Stimmzettel) eine Parteibezeichnung, welche die Namen der verbündeten Parteien formell ausweist. Die auf dieser Liste nominierten Bewerber sind von den einzelnen Bündnisparteien — und zwar jeweils von derjenigen Partei, welcher sie als Mitglied angehören — ins Parlament entsandt[23]. Die verbündeten Parteien sind

---

[21] Kommentar, Erl. 1 zu § 19 I BWG, S. 113.

[22] Die Terminologie „förmlicher gemeinsamer Wahlvorschlag" stammt von Seifert, Kommentar, Erl. 1 zu § 19 I BWG, S. 112.

[23] Die auf einer förmlichen gemeinsamen Liste nominierten Bewerber gehören nicht etwa mehreren Parteien zugleich als Mitglieder an; im allgemeinen werden derartige — gelegentlich vorkommende — Doppelmitgliedschaften von den Parteien bekämpft (vgl. ihren Ausschluß in § 2 II des Statuts der CDU, § 3 der Satzung der FDP und § 2 IV S. 3 des Organisationsstatuts der SPD). — Theoretisch können die Parteien einer förmlichen gemeinsamen Liste auch einen sog. Unabhängigen (Nicht-Parteimitglied) in ihre Liste aufnehmen.

gezwungen, die Positionen auf der gemeinsamen Liste unter sich auszuhandeln; damit ist ein Festlegen der Mandatschancen der einzelnen Bündnisparteien verbunden, weil nach dem in Deutschland bei Parlamentswahlen üblichen Prinzip der streng gebundenen (sog. starren) Liste die Bewerber entsprechend ihrer Reihenfolge auf der Liste zum Zuge kommen[24].

Ziel der Vereinbarung einer förmlichen gemeinsamen Liste ist es, durch das gemeinsame Auftreten auf *einer* Liste eine größere Anziehungskraft auf den Wähler auszuüben. Außerdem schneiden mehrere Parteien, die eine förmliche gemeinsame Liste einreichen, bei der Stimmenverrechnung und Mandatszuteilung möglicherweise günstiger ab, als wenn jede von ihnen eine eigene Liste zur Wahl stellt; denn bei der Verhältnisrechnung nach dem in Deutschland üblichen Höchstzahlverfahren d'Hondt[25] sind Listen mit hohen Stimmenzahlen im Vorteil[26]. Ferner entsteht für die Bündnisparteien insgesamt nur einmal ein nicht mehr verwertbarer Stimmenrest, während im Falle eigener Listen jede eigene Liste einen solchen Rest aufzuweisen hat. Die förmliche gemeinsame Liste kann auch dazu benutzt werden, eine Partei vor dem Geschick zu bewahren, überhaupt keine Mandate zu erlangen.

Der gemeinsame Listenwahlvorschlag ist auch als sog. *verdeckt-gemeinsamer Wahlvorschlag*[27] möglich, d. h. als Liste, die eine Partei ausschließlich unter ihrem Namen einreicht, in die aber Bewerber einer anderen Partei aufgenommen sind[28]. Derartige Wahlvorschläge fallen durchaus unter den Begriff „gemeinsame Wahlvorschläge". Zwar wird der formelle Akt der Einreichung nur von einer Partei vorgenommen und demgemäß erscheint zur Kennzeichnung der betreffenden Liste auch nur eine Partei auf dem Stimmzettel. Aber wenn eine Partei auf

---

[24] Das Prinzip der streng gebundenen Liste (s. dazu Cahn, Verhältniswahlsystem, S. 271 ff.; Hatschek, DtPrStR, Bd. 1, S. 371; Wahlrechtsbericht, S. 19; Seifert, Kommentar, Einführung I S. 8) gilt heute nach sämtlichen Parlamentswahlgesetzen, auch nach denen der personalisierten Verhältniswahl (soweit sie für den Verhältnisausgleich Listen vorsehen; die einzige Ausnahme bildet das LWG Bayern, Art. 48, 54.).

[25] Das Höchstzahlverfahren d'Hondt (s. dazu Cahn, a. a. O., S. 315 ff.; Hatschek, a. a. O., S. 376 ff.; Seifert, Ergänzungsheft, Erl. zu § 6 I 4 BWG, S. 31 f.; Maunz, StaatsR, S. 300) gilt heute nach sämtlichen Parlamentswahlgesetzen mit Ausnahme des LWG Nordrh.-Westf. (vgl. § 33 II) und des LWG Rheinl.-Pfalz (vgl. § 42).

[26] Vgl. Hatschek, a. a. O., S. 377 f.; Seifert, a. a. O.

[27] Auch die Terminologie „verdeckt-gemeinsamer Wahlvorschlag" stammt von Seifert, Kommentar, Erl. 1 zu § 19 I BWG, S. 112.

[28] Also Mitglieder der anderen Partei; theoretisch ist auch der Fall möglich, daß eine Partei entsprechend einer Vereinbarung mit einer anderen Partei in ihre Liste einen sog. Unabhängigen (Nicht-Parteimitglied) aufnimmt, den die andere Partei oder beide Parteien im Parlament sehen möchten.

Grund einer Wahlabrede Bewerber auf einer Liste kandidieren läßt, die formell allein von einer anderen Partei eingereicht wird, so ist erstere Partei der Sache nach an der Einreichung dieser Liste mitbeteiligt. Materiell sind beide Parteien Träger der Liste, selbst wenn die eine Partei nur einen einzigen Bewerber in die formell allein der anderen Partei zuzuordnende Liste einreiht.

Daß hinter einer verdeckt-gemeinsamen Liste mehrere verbündete Parteien stehen, ist oft nur im förmlichen Wahlvorbereitungs-(Zulassungs-)Verfahren „verdeckt". Wenn die verdeckt-gemeinsame Liste ein Mehr an Stimmen einbringen soll, dann müssen die Bündnisparteien der Wählerschaft das Vorliegen eines Wahlbündnisses bekanntgeben. Anders liegt es, wenn die verdeckt-gemeinsame Liste lediglich dazu dient, einer befreundeten Partei ein zusätzliches Mandat zu verschaffen, indem man dieser Partei einen sicheren Listenplatz zur Besetzung mit einem ihrer Bewerber überläßt.

Wenn zwei Parteien eine förmliche gemeinsame Liste zur Wahl stellen, so reichen sie in dem betreffenden Listenwahlbereich naturgemäß nicht auch noch für sich eigene Listen ein. Demgegenüber ist im Falle einer verdeckt-gemeinsamen Liste diejenige Bündnispartei, die auf der von der anderen Bündnispartei eingereichten Liste Bewerber kandidieren läßt, unter Umständen in demselben Listenwahlbereich noch mit einer eigenen Liste vertreten.

Sofern das Wahlsystem — wie insbesondere das System der personalisierten Verhältniswahl — eine (Mehrheits-)Wahl in Einerwahlkreisen vorsieht, können auch *gemeinsame Wahlvorschläge für Einerwahlkreise* (*gemeinsame Kreiswahlvorschläge*) vereinbart werden. Wenn zwei Parteien einen gemeinsamen Kreiswahlvorschlag einreichen, einigen sie sich auf einen Wahlkreisbewerber, der den Reihen der einen oder der anderen Partei entstammt und deshalb der Sache nach weniger von beiden Parteien gemeinsam als vielmehr von einer dieser Parteien ins Parlament entsandt wird; auch hier sind die beiden Techniken des förmlichen gemeinsamen und des verdeckt-gemeinsamen Wahlvorschlags möglich[29]. Da die Bündnisparteien nur einen Bewerber nominieren können, haben sie nicht den Spielraum, der ihnen im Falle einer gemeinsamen Liste zur Verfügung steht. Deshalb werden Wahlabreden über gemeinsame Kreiswahlvorschläge nicht so häufig getroffen wie Vereinbarungen einer gemeinsamen Liste.

Abreden über gemeinsame Wahlvorschläge für Einerwahlkreise wirken sich ähnlich wie Einerwahlkreis-Aussparungsabkommen aus. Der

---

[29] Wie auf einer gemeinsamen Liste so kann (theoretisch) auch auf einem gemeinsamen Kreiswahlvorschlag ein Nicht-Parteimitglied zur Wahl gestellt werden.

formell von zwei Parteien vorgeschlagene Wahlkreisbewerber kann wie der Bewerber, zu dessen Gunsten eine verbündete Partei ausgespart hat, mit einer erhöhten Stimmenzahl rechnen, die möglicherweise zum Gewinn der Mehrheit im Wahlkreis führt. Das gleiche gilt für den Bewerber einer Partei, der auf einem formell allein von einer verbündeten Partei eingereichten Wahlvorschlag nominiert ist — falls die Vereinbarung des verdeckt-gemeinsamen Kreiswahlvorschlags der Wählerschaft bekanntgegeben wurde[30].

Unter die Vereinbarungen von gemeinsamen Wahlvorschlägen ist auch der sog. *Parteienblock* zu zählen, der sich — wie noch darzulegen ist — nach 1945 auf der Grundlage der Verhältniswahlgesetze entwickelt hat. Im Falle des Parteienblocks stellen sich die verbündeten Parteien im gesamten Wahlgebiet nur mit gemeinsamen Wahlvorschlägen zur Wahl (in der personalisierten Verhältniswahl also mit gemeinsamen Listen und Kreiswahlvorschlägen). Die gemeinsamen Wahlvorschläge, auf die sämtliche Bewerber der einzelnen Bündnisparteien gemäß einem intern ausgehandelten Schlüssel verteilt sind, werden dabei nicht — wie förmliche gemeinsame Wahlvorschläge — unter den Namen mehrerer Parteien eingereicht, sondern unter einer neugebildeten, alle Bündnisparteien einheitlich umfassenden Parteibezeichnung. Die Namen der einzelnen Bündnisparteien treten hinter dieser neuen Parteibezeichnung, dem Namen des Blocks, zurück, so daß sie unter Umständen im förmlichen Wahlvorbereitungsverfahren, insbesondere bei der amtlichen Bekanntmachung der zugelassenen Wahlvorschläge und auf den Stimmzetteln, gar nicht ersichtlich werden[31].

Im übrigen unterscheidet sich der Parteienblock von den sonstigen Bündnissen über gemeinsame Wahlvorschläge, insbesondere von denen über förmliche gemeinsame Wahlvorschläge, weniger durch die in bezug auf die Wahlvorschläge angewandte Technik als durch seinen Umfang. Die Blockabrede bedeutet nicht nur gemeinsame Wahlvorschläge im gesamten Wahlgebiet unter Verzicht auf jeglichen eigenen Wahlvorschlag. Mit der Blockabrede stellen die verbündeten Parteien zugleich einen organisatorischen Rahmen für ihr Zusammenwirken her[32] — unter Umständen lassen sie diese Organisation als privatrechtlichen Verein ins Vereinsregister eintragen. Die Bündnisparteien rufen also ge-

---

[30] Diese Parallelität zum Einerwahlkreis-Aussparungsabkommen ist ein weiterer Grund für die Seltenheit gemeinsamer Kreiswahlvorschläge; denn Aussparungsabkommen sind praktikabler und werden daher vorgezogen.

[31] Daß zwischen förmlichen gemeinsamen Wahlvorschlägen und Wahlvorschlägen eines Parteienblocks Übergänge möglich sind, liegt auf der Hand. So kann z. B. eine gemeinsame Liste unter einer solchen neuen, umfassenden Parteibezeichnung eingereicht werden, ohne daß eine Blockbildung (eine organisatorische Verbindung) besteht.

[32] Daher die allgemein übliche Bezeichnung „Block“.

meinsame Organe ins Leben. Sie führen den gesamten Wahlkampf gemeinsam und vereinbaren zumeist die Bildung einer gemeinsamen Parlamentsfraktion. Auf diese Weise wird eine viel engere Bindung zwischen den verbündeten Parteien geschaffen als bei anderen Wahlabsprachen.

Es stellt sich daher die Frage, ob der Parteienblock nicht eine eigene Partei darstellt und folglich nicht mehr als Wahlabrede qualifiziert werden kann[33]. Diese Frage ist zu verneinen. Dem Parteienblock als solchem kommt kein Parteicharakter zu[34]. Selbst wenn mit ihm eine nicht nur vorübergehende Regelung beabsichtigt ist, steht das Moment der Wahlabrede im Vordergrund. Eine Fusion liegt nicht vor, weil die Parteiorganisationen der einzelnen Bündnisparteien in vollem Umfang — sowohl auf Orts- und Kreisebene als auch die Landesverbände — für sich bestehenbleiben. Man mag vom Parteienblock bildlich als von einer „Dachpartei" mit den weiterbestehenden Bündnisparteien als Mitgliedern sprechen. Jedenfalls ist die Figur einer solchen „Dachpartei" durch den überkommenen Parteibegriff, der als Parteimitglieder nur natürliche Personen kennt, nicht gedeckt[35].

Mit Hilfe des Parteienblocks wollen die verbündeten Parteien insgesamt möglichst viel Stimmen und Mandate gewinnen. Sie erlangen als Parteienblock in den Augen der Wähler leicht ein Übergewicht über die anderen Parteien. Außerdem bietet der Parteienblock die gleichen Vorteile bei der Verhältnisrechnung wie förmliche gemeinsame Listen.—

Die verschiedenen Typen von gemeinsamen Wahlvorschlägen, bzw. die diesen zugrunde liegenden Parteibündnisse, haben sich — wie die Einerwahlkreis-Aussparungsabkommen — im Wege der Parteipraxis

---

[33] Die verbündeten Parteien beanspruchen zumeist, in ihrer Organisation als Block eine eigene Partei zu sein.

[34] So auch Schröder, Diss. Köln 1955, S. 81, 83; Seifert, Kommentar, Vorbemerkung zu § 6 BWG, S. 65; Tockhorn, Diss. Hamburg 1957, S. 111 ff.; Maunz-Dürig, Art. 21 Randnr. 13; Hamb. VerfG, E. v. 1. 12. 1958, HVerfG 1 u. 2/58. Tockhorn analysiert den Parteienblock eingehend (S. 111—132); er spricht treffend von einem „der politischen Partei angenäherten Gebilde ohne eigene Parteiorganisation" (S. 112). — Demgegenüber qualifiziert Ipsen (Hamburgs Verfassung und Verwaltung, S. 268—272) den Parteienblock als eigene Partei.

[35] Der These Ipsens (a. a. O., in bezug auf den sog. Hamburg-Block von 1953 entwickelt), der Parteienblock stelle eine eigene Partei mit den verbündeten Parteien als Mitgliedern dar, kann deshalb nicht zugestimmt werden. Ipsen widerspricht sich selbst, wenn er einerseits erklärt, er lege den „überlieferten, anerkannten Parteibegriff der deutschen Verfassungslehre" zugrunde (S. 268/269), andererseits aber (und mit Recht) feststellt, daß die „Vorstellung, eine politische Partei setze sich rechtlich originär nicht nur aus Einzelpersonen zusammen, für das deutsche Verfassungsrecht mindestens neuartig" sei (S. 271).

entwickelt[36]. In den Wahlgesetzen finden sich keine Ermächtigungen zum Abschluß von Wahlvereinbarungen über gemeinsame Wahlvorschläge, bzw. zum Einreichen solcher Wahlvorschläge. Vielmehr gehen umgekehrt einige Wahlgesetze davon aus, daß es in der Praxis gemeinsame Wahlvorschläge mehrerer Parteien gibt, und verbieten diese in besonderen Tatbeständen.

3. Abkommen über Wahlvorschlagsverbindungen

Im Falle der Verbindung von Wahlvorschlägen bewirken mehrere Parteien durch eine entsprechende Erklärung gegenüber den Wahlorganen, daß ihre Wahlvorschläge *bei der Ermittlung des Wahlergebnisses* den übrigen Wahlvorschlägen gegenüber als eine Einheit behandelt werden, d. h. es werden die Stimmen der für verbunden erklärten Wahlvorschläge zusammengezählt und als einheitliche Summe den Stimmenbeträgen der übrigen Wahlvorschläge gegenübergestellt. Hinsichtlich der näheren Ausgestaltung der Wahlvorschlagsverbindung sowie deren Folgen muß zwischen der Listenverbindung, einem traditionellen Institut im Rahmen der Verhältniswahl, und der Verbindung von Wahlvorschlägen für Einerwahlkreise unterschieden werden.

Die *Listenverbindung*[37] wirkt sich so aus, daß bei der Verhältnisrechnung zunächst festgestellt wird, wieviel Mandate sich für die verbundenen Listen insgesamt ergeben (wobei deren Stimmenzahlen als Einheit zugrunde gelegt werden). Dann wird diese Mandatszahl aufgeschlüsselt; es wird auf Grund der Stimmenzahlen der einzelnen verbundenen Listen errechnet, wieviel Mandate jeder dieser Listen zukommen; dabei wird dieselbe Methode der Verhältnisrechnung wie bei dem ersten Rechenvorgang angewandt (also etwa auch die Methode d'Hondt).

Die Listenverbindung löst also einen Mechanismus aus, der in zwei Teile zerfällt: in eine Oberverteilung der Mandate (Ermittlung der Zahl der Mandate für die verbundenen Listen insgesamt — und zugleich für die übrigen Listen) und in eine Unterverteilung der Mandate (Ermittlung der Zahl der Mandate für die einzelnen verbundenen Listen)[38].

---

[36] Dies konnte um so leichter geschehen, als der Wahlgesetzgeber die Tatsache, daß die Wahlvorschläge von den Parteien herrühren, lange ignorierte.

[37] Die Listenverbindung als herkömmliches Rechtsinstitut der Verhältniswahl ist oft dargestellt worden; s. insb. Cahn, Verhältniswahlsystem, S. 241 ff., 330 ff.; Schulze, Wahlrecht für die verfassunggeb. dt. Nationalvers., S. 118 ff.; Hatschek, DtPrStR, Bd. 1, S. 381 ff.; Seifert, Kommentar, Vorbem. zu § 7 BWG, S. 73 f.; Müller, Wahlsystem, S. 244 ff. Es werden hier nur die charakteristischen Grundzüge dargelegt.

[38] Als Erfinder dieses Mechanismus gilt Hagenbach-Bischoff; vgl. Siegfried, Proportionalwahl, Fußn. auf S. 42 f.; Cahn, a. a. O., S. 332.

Zur Veranschaulichung diene folgendes (stark vereinfachtes) Beispiel:

Wenn in einem Listenwahlbereich, in dem fünf Abgeordnete zu wählen sind und sich die Parteien A, B und C zur Wahl stellen, auf die Liste der Partei A 360 Stimmen, auf die der Partei B 300 Stimmen und auf die der Partei C 90 Stimmen entfallen, dann ist das Wahlergebnis anhand folgender Verhältnisrechnung (gemäß dem Höchstzahlverfahren d'Hondt) zu ermitteln:

	A	B	C
: 1	*360*	*300*	90
: 2	*180*	*150*	45
: 3	*120*	100	30

Die (fünf) Höchstzahlen sind kursiv gesetzt. Demnach erhalten die Partei A drei und die Partei B zwei Mandate, während die Partei C leer ausgeht.

Haben die Parteien B und C die Wahlabrede der Listenverbindung vereinbart, stehen sie bei der Oberverteilung der Mandate der Partei A mit insgesamt 390 Stimmen gegenüber, so daß sich nachstehende Verhältnisrechnung ergibt:

	A	B und C
: 1	*360*	*390*
: 2	*180*	*195*
: 2	120	*130*

Nach den kursiv gesetzten Höchstzahlen werden in diesem Falle der Partei A nur zwei, den verbündeten Parteien B und C zusammen hingegen drei Mandate zugeteilt. Für die Unterverteilung der drei Mandate auf die Listen der Parteien B und C ist folgende Verhältnisrechnung anzustellen:

	B	C
: 1	*300*	90
: 2	*150*	45
: 3	*100*	30

Nach den kursiv gesetzten Höchstzahlen bekommt die Partei B alle drei Mandate. Die Listenverbindung hat also hinsichtlich der Partei C im Ergebnis nichts geändert. Dagegen hat die Partei B durch die Listenverbindung ein Mandat hinzugewonnen; sie hat mittels der Stimmen der Partei C der Partei A ein Mandat entreißen können.

Wenn mehrere Parteien eine Listenverbindung eingehen, wollen sie erreichen, daß die bei der Verhältnisrechnung entstehenden Stimmenreste für sie günstiger verwertet werden[39]. Die Listenverbindung

[39] Vgl. Cahn, a. a. O., S. 330 ff.; Hatschek, DtPrStR, Bd. 1, S. 381 ff.; Seifert, Kommentar, Vorbem. zu § 7 BWG, S. 73 f.

hat den Zweck, diejenigen Stimmenkomplexe der einzelnen Bündnisparteien, die für sich allein zum Gewinn eines oder eines weiteren Mandats nicht ausreichen, nicht verlorengehen, sondern durch ihre Summierung sich so auswirken zu lassen, daß sie einer der beteiligten Parteien doch noch ein (oder ein weiteres) Mandat einbringen (welches andernfalls — da die Zahl der insgesamt zu vergebenden Mandate feststeht — einer dritten Partei zufällt). Das Mandat, um welches mit der Allianz der Listenverbindung gekämpft wird, bezeichnet man im Schrifttum treffend als „Restmandat" oder „Prämienmandat"[40]. Im Ergebnis verändern keineswegs alle Listenverbindungen die Mandatsverteilung. Nur ein Teil der Listenverbindungen bewirkt, daß die verbündeten Parteien ein zusätzliches Mandat gewinnen, bzw. einer am Wahlabkommen nicht beteiligten Partei das sog. Restmandat abnehmen. In anderen Fällen gestaltet sich die Mandatsverteilung im Ergebnis so, wie wenn keine Listenverbindung abgeschlossen worden wäre. Ob das eine oder das andere eintritt, hängt davon ab, wie die Stimmenzahlen der verschiedenen Listen sich zueinander verhalten[41].

Es geht bei der Listenverbindung — wie betont werden muß — stets um das im Rahmen der Verhältnisrechnung noch zur Verteilung gelangende Restmandat. Die Listenverbindung ist für die Bündnisparteien kein Mittel, die Zahl der Mandate erheblich zu steigern. Freilich kann der Mechanismus der Listenverbindung dazu führen, daß eine kleine Partei, die ohne Listenverbindung keine Mandate erlangt hätte, mit Hilfe der Stimmen einer verbündeten Partei ins Parlament einzieht[42].

Die Verbindung der Listen mehrerer Parteien ist von der — nicht als Wahlbündnis zu qualifizierenden — Verbindung von Listen derselben Partei scharf zu trennen, wenn auch beide Arten von Verbindungen den gleichen Mechanismus von Ober- und Unterverteilung der Mandate auslösen. Im Schrifttum wird mit Recht unterschieden zwischen der sog. *mehrparteiigen Listenverbindung*, also der Listenverbindung als Wahlabrede, einerseits und der sog. *einparteiigen Listenverbindung* andererseits[43]. Die *einparteiige* Listenverbindung dient der Dezentralisation der Parteien[44]: eine Partei hat so die Möglichkeit, in einem großen

[40] Schnewlin, Diss. Bern 1946, S. 138 ff.; Müller, Wahlsystem, S. 244 ff.

[41] Müller, a. a. O., S. 246 f.; rein mathematisch gesehen könnte sich sogar ergeben, daß den an der Verbindung nicht beteiligten Parteien mehr als ein Restmandat abgenommen wird. Nach Schnewlin, a. a. O., S. 141, ändern mehr als 50 vH der Listenverbindungen an der Mandatsverteilung nichts.

[42] Nach Cahn, Verhältniswahlsystem, S. 331 f., ist dies der Hauptzweck der Listenverbindung.

[43] Vgl. Hatschek, DtPrStR, Bd. 1, S. 381 ff.; Seifert, Kommentar, Vorbem. zu § 7 BWG, S. 74; weniger klar Cahn, a. a. O., S. 330 ff.

[44] Vgl. Siegfried, Proportionalwahl, S. 42 ff.; Cahn, a. a. O., S. 331 f.; Schälchlin, Diss. Zürich 1946, S. 37.

Listenwahlbereich zur Sicherung der Vertretung der verschiedenen Gegenden des Wahlbereichs mehrere Listen (Teillisten) aufzustellen, diese aber zugleich als Einheit gegenüber den Listen der anderen Parteien zusammenzufassen, um sich die gesamte Stimmkraft zu erhalten. Die einparteiige Listenverbindung kann dazu benutzt werden, für eine Partei aus verschiedenen Listenwahlbereichen gewissermaßen einen Wahlkreis zu schaffen[45]. Die Partei kann dann ihre Stimmen aus den einzelnen Listenwahlbereichen zentral sammeln und verwerten lassen. Dadurch wird die Zahl der unverwerteten Reststimmen verringert und der Grad der Proportionalität erhöht. Das BWG stellt so mittels der einparteiigen Listenverbindung — der Verbindung der Landeslisten einer Partei gemäß § 7 — den Proporz auf Bundesebene her[46].

Die mehrparteiige Listenverbindung bildet einen Typ von Wahlabsprachen, der sich von Aussparungsabkommen und Abkommen über gemeinsame Wahlvorschläge scharf abhebt. Bei der mehrparteiigen Listenverbindung reicht jede der verbündeten Parteien für sich eine Liste ein, die ausschließlich mit eigenen Bewerbern besetzt ist. Es liegt somit keinerlei Verzicht auf die Einreichung von Wahlvorschlägen vor. Man kann aber auch nicht von einer gemeinsamen Trägerschaft von Wahlvorschlägen sprechen. Die verbundenen Listen sind bei der Wahlvorbereitung (Einreichung und Zulassung) und der Stimmabgabe getrennt und werden lediglich in einem ersten Stadium der Ermittlung des Wahlergebnisses zu einer Einheit zusammengefaßt, die in einem weiteren Stadium wieder in ihre Bestandteile zerfällt.

Die Listenverbindung ist — soweit ersichtlich — nur dort praktiziert worden, wo das Wahlgesetz die Verbindung ausdrücklich zugelassen und geregelt hat[47]. Dabei haben die Wahlgesetze freilich niemals die *mehrparteiige* Wahlvorschlagsverbindung als solche eigens erwähnt, sondern immer nur allgemein von der „Verbindung der Wahlvorschläge" bzw. von „verbundenen Wahlvorschlägen" geredet[48]. Jedoch konnte auf dieser Grundlage die mehrparteiige Listenverbindung zur klassischen Wahlabrede im Rahmen der Verhältniswahlsysteme werden. Die gel-

---

[45] Vgl. Hatschek, a. a. O., S. 382; Seifert, a. a. O.

[46] S. hierzu Seifert DÖV 56, 258; ders., Kommentar, Erl. zu § 7 II BWG, S. 75; Nass, DVBl. 60, 424; Maunz, StaatsR, S. 302/303.

[47] Dies erklärt sich letztlich aus dem Charakter der Listenverbindung als einer besonderen Art der — stets gesetzlich geregelten — Wahlergebnis-Ermittlung.

[48] Vgl. statt aller einschlägigen Verbindungsregelungen die §§ 12, 18 der VO über die Wahlen zur verfassunggebenden deutschen Nationalversammlung vom 30. 11. 1918 sowie die §§ 16, 31 des RWG der Weimarer Zeit. Solange der Gesetzgeber die Tatsache, daß die Wahlvorschläge von den Parteien zur Wahl gestellt werden, ignorierte, war es nur folgerichtig, den Unterschied zwischen der einparteiigen und der mehrparteiigen Listenverbindung in den Verbindungsregelungen nicht zum Ausdruck zu bringen.

tenden Parlamentswahlgesetze verbieten entweder die Listenverbindung oder erwähnen sie gar nicht oder lassen ausdrücklich nur die einparteiige Listenverbindung zu.

Im Rahmen der Mehrheitswahl in Einerwahlkreisen ist eine *Verbindung von Wahlvorschlägen für Einerwahlkreise* (Kreiswahlvorschlägen) wie folgt vorstellbar: Wenn die Summe der für die verbundenen Kreiswahlvorschläge mehrerer Parteien abgegebenen Stimmen die Mehrheit darstellt, so fällt das Wahlkreismandat an die Parteien der Verbindung, und zwar erhält es diejenige Bündnispartei, deren Bewerber die meisten Stimmen gewonnen hat. Auf diese Weise könnte ein Wahlkreisbewerber ins Parlament gelangen, der weniger Stimmen errungen hat als ein Konkurrent, welcher von einer am Wahlbündnis nicht beteiligten Partei aufgestellt ist. Eine derartige Verbindung von Wahlvorschlägen für Einerwahlkreise ist in der Praxis bisher nicht vorgekommen. Es handelt sich lediglich um eine theoretische Konstruktion in Analogie zur Listenverbindung[49].

§ 3 Übersicht über die geschichtliche Entwicklung

In diesem historischen Teil soll gezeigt werden, daß der Versuch einer Typologie der Wahlabsprachen — wie er vorstehend unternommen wurde — eine Abstraktion aus der Wirklichkeit unserer Parlamentswahlen darstellt. Dabei können nur die großen Linien der Entwicklung verfolgt und nur besonders markante Fälle von Wahlabreden erwähnt werden (mit dem Akzent auf den Reichstags-, bzw. den Bundestagswahlen). Die Wahlabsprachen, die in die Zeit des Grundgesetzes fallen, dürfen eine etwas ausführlichere Darlegung beanspruchen.

I. Die Wahlabsprachen der Kaiserzeit

In der Kaiserzeit galt für die Reichstagswahlen — nach dem Wahlgesetz vom 31. 5. 1869 (i. d. F. des Gesetzes vom 25. 6. 1873) — ein auf Einerwahlkreisen aufbauendes Mehrheitswahlsystem, das den Gewinn der absoluten Mehrheit verlangte; es sah für den Fall, daß die absolute Mehrheit nicht im ersten Wahlgang erreicht wurde, eine Stichwahl zwischen den beiden stimmstärksten Bewerbern vor. Auf der Grundlage dieses Systems wurden in großem Umfang Wahlbündnisse geschlossen. Es handelte sich dabei der Funktionsweise nach um Einerwahlkreis-Aussparungsabkommen. Allerdings weichen die bei den Reichstagswahlen der Kaiserzeit vereinbarten Wahlbündnisse in ihrer

[49] Diese Konstruktion (die nicht weiter zu behandeln ist) findet sich z. B. im Wahlrechtsbericht, S. 26.

Technik insofern von den heutigen Einerwahlkreis-Aussparungsabkommen ab, als es damals noch keine Wahlvorschläge gab, die Aussparung sich also nicht als Verzicht auf die Einreichung von Wahlvorschlägen darstellte.

Man muß, was Struktur und Folgen der Wahlbündnisse der Reichstagswahlen in der Kaiserzeit anlangt, zwischen denjenigen Abkommen, die bereits für den ersten Wahlgang vereinbart wurden, und solchen, die den Stichwahlgang betrafen, unterscheiden:

Bei den dem ersten Wahlgang geltenden Abkommen wurde das „Abtreten" eines Wahlkreises dadurch bewerkstelligt, daß die Partei in dem betreffenden Wahlkreis keinen Kandidaten gegenüber der Wählerschaft herausstellte, vielmehr ihre Anhänger über die Presse, in Flugblättern und auf Wahlversammlungen aufforderte — also, um die damalige Terminologie zu gebrauchen, die „Wahlparole ausgab" —, den Kandidaten der verbündeten Partei zu wählen. Außerdem verteilte eine Partei in dem Wahlkreis, den sie aussparen wollte, keine Stimmzettel mit dem Namen eines aus ihren Reihen stammenden Kandidaten[1]. Der Wähler wurde durch diese Art der vereinbarten Wahlkreisaussparung ebenso, wie es bei den heutigen Einerwahlkreis- Aussparungsabkommen der Fall ist, daran gehindert, für die aussparende Partei zu stimmen. Theoretisch konnte er zwar den Namen eines Vertrauensmannes dieser Partei auf seinen Stimmzettel setzen; denn er war nicht an die von den Parteien herrührenden Stimmzettel gebunden. Aber dies hieß die Stimme wegwerfen, weil die betreffende Person nicht als Kandidat propagiert worden war.

Bei den Abkommen für die Stichwahl empfahl eine Partei, deren Kandidat nicht in die Stichwahl gekommen war, ihren Anhängern, einen der beiden Stichwahlkandidaten zu wählen; die dadurch begünstigte Stichwahlpartei tat das gleiche zugunsten ersterer Partei in einem Wahlkreis, in dem diese einen Stichwahlkandidaten stellte. Obwohl auch bei derartigen sog. Stichwahlabkommen ein „Abtreten" von Wahlkreisen vorliegt, sind sie nicht von der gleichen Struktur wie die sonstigen Einerwahlkreis-Aussparungsabkommen. Die Partei, welche den Stichwahlkandidaten einer verbündeten Partei unterstützt, kann ihrerseits in dem betreffenden Wahlkreis das Mandat ohnehin nicht mehr

---

[1] Es gab damals noch keine amtlich hergestellten und ausgegebenen Stimmzettel. Das „Reglement zur Ausführung des Wahlgesetzes für den Reichstag des Norddeutschen Bundes vom 31. 5. 1869" vom 28. 5. 1870 (BGBl. des Norddt. Bundes S. 275) in d. F. der Bekanntmachung vom 28. 4. 1903 (RGBl. S. 202) enthielt Bestimmungen nur über die Beschaffenheit, nicht über das Zustandekommen der Stimmzettel. In der Praxis wurde die Herstellung und Verteilung der Stimmzettel von den Parteien besorgt; jede Partei stellte ihre eigenen Stimmzettel her und ließ sie den Wählern vor der Wahl zugehen. Zum Ganzen eingehend Schulze, Reichstagswahlrecht, S. 141 f.

erlangen, weil in der Stichwahl nur die beiden Stichwahlkandidaten gewählt werden können. Deshalb kann man nicht — wie bei sonstigen Aussparungsabkommen — von einem Verzicht der aussparenden Partei sprechen. Das System der absoluten Mehrheitswahl mit Stichwahlgang führt notwendig zu solchen Stichwahlabkommen; denn die beiden Stichwahlparteien müssen versuchen, möglichst viele Anhänger der anderen Parteien für sich zu gewinnen.

Bei den Reichtstagswahlen der Kaiserzeit wurden in allgemein üblicher ständiger Praxis sowohl Stichwahlabkommen[2] als auch bereits auf den ersten Wahlgang bezogene Wahlkreisaussparungen vereinbart[3]. Letztere waren von größerer Tragweite. Infolge der zunehmenden Zahl von Parteien wurde es selbst für größere Parteien immer schwieriger, ohne fremde Hilfe die absolute Mehrheit zu erringen. Ein Teil der für den ersten Wahlgang vereinbarten Abkommen wurde nur als erste Etappe auf dem Wege zu einer Regierungskoalition aufgefaßt, zumal dann, wenn das Bündnis sich auf alle 397 Wahlkreise des Reichsgebiets erstreckte. Wahlabsprachen dieser Art, durch die mehrere Parteien sämtliche Wahlkreise des Reichs untereinander aufteilten und die sich nach der Wahl in einer Regierungskoalition oder in einer gemeinsamen Opposition fortsetzten, sind sehr bekannt geworden und in die deutsche Parlamentsgeschichte eingegangen[4]. Gerade die großen Kanzler der Kaiserzeit — insbesondere *Bismarck* — verstanden es, durch Herbeiführen solcher Bündnisse sich die gewünschte Mehrheit im Reichstag zu ververschaffen[5].

Zwei dieser umfassenden Aussparungsabkommen seien erwähnt: das bei den Reichtstagswahlen von 1887 von den Konservativen, der Deutschen Reichspartei und den Nationalliberalen vereinbarte sog. Kartell[6] und der bei den Reichstagswahlen von 1907 von den Konservativen, den Nationalliberalen und den Liberalen (Freisinn) geschlossene sog. Bülow-Block[7].

---

[2] Z. B. erlangten bei den Reichstagswahlen von 1912 so bekannte Politiker wie Bassermann, Ebert und Müller-Meiningen ihr Mandat nur mittels Stichwahlabkommen; vgl. Schwarz, Gerechtigkeit durch Personwahl, S. 10.

[3] S. insb. die Angaben bei Bergsträsser, Geschichte der polit. Parteien, S. 177 ff., 201 ff., 206 f.

[4] Vgl. Barbarino, Staatsform und polit. Willensbildung, S. 277 ff., insb. S. 282, 288; Glum, Das parl. Regierungssystem, S. 52 f.; Duverger, Die Polit. Parteien, S. 334 f. (Diese Autoren unterscheiden freilich nicht zwischen den Abkommen des ersten Wahlgangs und den Stichwahlabkommen; anders Bergsträsser, a. a. O., insb. S. 199 ff., 206 f.)

[5] S. hierzu insb. Glum, a. a. O.

[6] Hierzu eingehend Barbarino, a. a. O., S. 280 ff.; Bergsträsser, a. a. O., S. 177 ff.

[7] Hierzu eingehend Barbarino, a. a. O., S. 288; Bergsträsser, a. a. O., S. 201 ff.; zum Bülow-Block als Regierungskoalition Schüle, Koalitionsvereinbarungen im Lichte des Verfassungsrechts, S. 17 f.

Mit Hilfe des Kartells gewannen die drei Parteien der Rechten zusammen 63 Mandate mehr als bei den Wahlen von 1884, nämlich 220 Mandate und damit die absolute Mehrheit im Reichstag, während die SPD, der Hauptgegner der Kartellparteien, gegenüber 1884 13 Mandate verlor und auf 11 Mandate kam. Auch der Bülow-Block, der sich gegen die SPD und das Zentrum richtete, bedeutete für die verbündeten Parteien eine erhebliche Steigerung der Zahl der Mandate; die SPD-Mandate hingegen gingen gegenüber den Wahlen von 1903 von 81 auf 43 zurück, während das Zentrum seinen Stand halten konnte[8].

Bei den Reichstagswahlen der Kaiserzeit kam es nicht zu Vereinbarungen über gemeinsame Wahlvorschläge und über Verbindungen von Wahlvorschlägen. Hierzu hätte es des Instituts des Wahlvorschlags bedurft, welches erst durch das — nicht mehr zur Anwendung gelangte — Gesetz über die Zusammensetzung des Reichstags und die Verhältniswahl in großen Reichstagswahlkreisen vom 24. 8. 1918 (RGBl. S. 1079) eingeführt wurde[9].

II. Die Wahlabsprachen der Weimarer Republik

In der Weimarer Republik war durch die Art. 22 I 1 und 17 I 2 der Reichsverfassung vom 11. 8. 1919 für das Reich und die Länder die Verhältniswahl vorgeschrieben. Alle in Ausführung dieser Artikel ergangenen Wahlgesetze sahen Wahlvorschläge vor (ohne solche ist die Verhältniswahl nicht durchführbar). Es wurden Listenwahlvorschläge eingeführt, an die der Wähler in vollem Umfang gebunden war[10]. Dabei eröffneten das RWG und zahlreiche Länderwahlgesetze die Möglichkeit der Listenverbindung. Die Listenverbindung wurde so zum vorherrschenden Wahlbündnis der Weimarer Zeit.

Der Beginn dieser Entwicklung fällt noch in die letzten Jahre des Kaiserreichs. Bereits diejenigen Gesetze, die erstmals in Deutschland für Parlamentswahlen die Verhältniswahl anordneten, nämlich das Wahlgesetz für die Wahlen zur Bürgerschaft Hamburg von 1906 und das Württembergische Landtagswahlgesetz vom 16. 7. 1906, kannten die Listenverbindung[11]. Ebenso erklärten das Gesetz über die Zusammen-

---

[8] Zu den Zahlenangaben s. die Tabelle bei Seifert, Kommentar, Anhang 6, S. 371.

[9] Die Länderwahlen der Kaiserzeit sollen hier nicht eigens betrachtet werden. Zur Listenverbindung in Hamburg und Württemberg s. das Folgende.

[10] Entsprechend dem Prinzip der streng gebundenen (starren) Liste. Lediglich das bayer. LWG vom 12. 5. 1920 (Jellinek, Die dt. Landtagswahlgesetze, S. 20 ff.) kannte keine starren Listen; zum bayer. Wahlsystem der Weimarer Zeit s. Schwarz, Gerechtigkeit durch Personwahl, S. 36.

[11] S. die §§ 34, 38 des hamb. Gesetzes (Ges. Samml. 1906, 27—44) und die §§ 28 VII, 34 V, 43 des württ. Gesetzes (Reg.Bl. 1906, 185—204) (die Gesetze

setzung des Reichstags und die Verhältniswahl in großen Reichstagswahlkreisen vom 24. 8. 1918 und die Verordnung über die Wahlen zur verfassunggebenden deutschen Nationalversammlung vom 30. 11. 1918 die Verbindung der Listen für zulässig[12].

1. Die Reichstagswahlen

Das RWG gab der *Listenverbindung* eine Ausprägung eigener Art. Die Bestimmungen des RWG über die Listenverbindung lassen sich nur in ihrem Zusammenhang mit dem im RWG niedergelegten System der sog. automatischen Verhältnisrechnung verstehen, wonach auf je 60 000 Stimmen eines Wahlvorschlags ein Abgeordneter entfiel.

Das Reichsgebiet war in 35 Listenwahlkreise eingeteilt, die zu 16 Wahlkreisverbänden zusammengefaßt waren. Es gab zwei Arten von Listenwahlvorschlägen, die sog. Kreiwahlvorschläge für die Listenwahlkreise und die sog. Reichswahlvorschläge für die Reststimmenverrechnung auf Reichsebene. Die Reststimmen der Kreiswahlvorschläge, d. h. diejenigen Stimmenkomplexe, die — weil unter 60 000 liegend — für die Zuteilung eines oder eines weiteren Abgeordnetensitzes an einen Kreiswahlvorschlag nicht ausreichten (§ 30 RWG), galten als dem Reichswahlvorschlag überwiesen, für den sie durch besondere Anschlußerklärung (§ 19 RWG) im voraus angemeldet worden waren. Die so auf einen Reichswahlvorschlag entfallenden Reststimmen wurden zusammengezählt, und dem Reichswahlvorschlag wurde auf je 60 000 Reststimmen ein Sitz zugeteilt (§ 32 RWG).

In diesem System kam der für die Kreiswahlvorschläge innerhalb eines Wahlkreisverbands zugelassenen Listenverbindung eine besondere Bedeutung zu. Die Listenverbindung war ein Weg zur Reststimmenverwertung auf der regionalen Ebene des Wahlkreisverbands. Im Falle einer Verbindung wurden die Reststimmen der Kreiswahlvorschläge nicht sogleich auf einen Reichswahlvorschlag überwiesen. Es wurde vielmehr die Summe der Reststimmen der verbundenen Kreiswahlvorschläge ermittelt und hieraus auf je 60 000 Reststimmen ein Abgeordnetensitz zugeteilt. Die Sitze entfielen an die einzelnen verbundenen Kreiswahlvorschläge in der Reihenfolge der Reststimmen-

---

sind abgedruckt bei von Rauchhaupt, Handb. der Dt. Wahlgesetze, S. 232 ff., 665 ff.). Zum Ganzen s. Cahn, Verhältniswahlsystem, S. 36 ff., 40 ff., 243; daselbst auf S. 333/334 ein konkreter Fall einer mehrparteiigen Listenverbindung bei den württ. Landtagswahlen vom 5. 12. 1906 (Wahlabrede zwischen Konservativen und Zentrum).

12 S. die §§ 8, 11, 12 II des Gesetzes vom 24. 8. 1918 (RGBl. S. 1079) und die §§ 12, 18 der VO vom 30. 11. 1918 (RGBl. S. 1345).

zahlen dieser Wahlvorschläge (§ 31 I RWG)[13]. Die bei dieser Reststimmenverrechnung im Wahlkreisverband nicht verbrauchten Reststimmen konnten auf einem Reichswahlvorschlag verwertet werden. Daher war die Verbindung der Kreiswahlvorschläge nur wirksam, wenn die einzelnen Kreiswahlvorschläge dem gleichen oder keinem Reichswahlvorschlag angeschlossen waren (§ 16 II RWG).

Die Parteien machten von diesem Mechanismus der Verbindung regen Gebrauch. Nicht nur die Verbindung von Kreiswahlvorschlägen derselben Partei, sondern auch die mehrparteiige Listenverbindung — also die Listenverbindung auf der Grundlage eines Wahlbündnisses — war bei den Reichstagswahlen im Weimarer Vielparteienstaat allgemein üblich[14]. Verständlicherweise gingen vor allem die kleinen Parteien immer wieder die Wahlabrede der Listenverbindung ein.

Freilich konnten diese Wahlabsprachen über Listenverbindungen bei weitem nicht so folgenreich sein wie die umfassenden Aussparungsabkommen der Reichstagswahlen der Kaiserzeit. Hatte man mit letzteren unter Umständen die Mehrheit im Reichstag erringen können, so kamen erstere als Mittel hierzu nicht in Frage. Trotzdem seien als Beispiel zwei mehrparteiige Listenverbindungen der Weimarer Reichstagswahlen erwähnt:

Bei den Reichstagswahlen vom 6. 6. 1920 vereinbarten in den Wahlkreisen Nr. 34 (Württemberg) und Nr. 35 (Baden) die Württembergische Bürgerpartei, der Württembergische Bauern- und Weingärtnerbund und die Deutschnationale Volkspartei die Verbindung ihrer Listen[15]. Bei den Reichstagswahlen vom 7. 12. 1924 erklärten in den bayerischen Wahlkreisverbänden der Bayerische Bauern- und Mittelstandsbund und die Wirtschaftspartei des Deutschen Mittelstandes ihre Wahlvorschläge für verbunden[16]. —

Bei den Reichstagswahlen der Weimarer Zeit wurden auch Wahlabreden über *gemeinsame Wahlvorschläge* (Listen) geschlossen.

---

[13] Die Reststimmenverrechnung im Zuge des Verbindungsmechanismus konnte in diesem System der automatischen Verhältnisrechnung — anders als in sonstigen Systemen, bei denen die Zahl der insgesamt zu vergebenden Mandate von vornherein feststeht — nicht dazu führen, daß an der Verbindung nicht beteiligte Parteien ein Mandat weniger gewinnen (d. h. das sog Restmandat verlieren).

[14] Vgl. die Verzeichnisse der Verbindungserklärungen in den amtlichen Wahlstatistiken (hrsg. vom Statistischen Reichsamt), z. B.: Statistik des Deutschen Reichs Bd. 291, I S. 59—61 (betr. Wahlen vom 6. 6. 1920); Bd. 315, I S. 9—20 (betr. Wahlen vom 4. 5. 1924); Bd. 372, I S. 10 ff. (betr. Wahlen vom 20. 5. 1928).

[15] Vgl. Statistik des Dt. Reichs Bd. 291, I S. 61.

[16] Vgl. Statistik des Dt. Reichs Bd. 315, III S. 7.

Es muß betont werden, daß die Unterscheidung zwischen förmlichen gemeinsamen und verdeckt-gemeinsamen Wahlvorschlägen in bezug auf die gemeinsamen Listen der Weimarer Reichstagswahlen herangezogen werden kann, obwohl das RWG die Parteien bei der Regelung der Wahlvorschläge überhaupt nicht erwähnte. Die Wahlvorschläge waren bereits damals einem Zulassungsverfahren unterworfen und wurden mit der Parteibezeichnung, unter der sie eingereicht worden waren, amtlich veröffentlicht (die amtlich hergestellten Stimmzettel mußten nach § 25 RWG die zugelassenen Kreiswahlvorschläge „unter Angabe der Partei", also einschließlich ihrer Parteibezeichnung, enthalten). Wenn nun eine Liste, auf der Bewerber verschiedener Parteien nominiert waren, unter den Namen mehrerer Parteien eingereicht und folglich auch unter einer mehrere Parteien ausweisenden Parteibezeichnung amtlich zugelassen und bekanntgemacht wurde, so handelte es sich um einen förmlichen gemeinsamen Wahlvorschlag. Trug dagegen eine mit Bewerbern mehrerer Parteien besetzte Liste den Namen nur einer Partei, so lag ein verdeckt-gemeinsamer Wahlvorschlag vor.

Man vereinbarte förmliche gemeinsame und verdeckt-gemeinsame Kreiswahlvorschläge wie auch — allerdings seltener — Reichswahlvorschläge[17]. Zu förmlichen gemeinsamen Reichswahlvorschlägen kam es vor allem dann, wenn mehrere Parteien ihre Kreiswahlvorschläge für verbunden erklärten und zugleich einem bestimmten Reichswahlvorschlag zur Verwertung der bei der Stimmenverrechnung im Wahlkreisverband übrigbleibenden Reststimmen anschlossen. Der Reichswahlvorschlag konnte aber auch in einem solchen Falle unter dem Namen nur einer Partei eingereicht und zugelassen sein; man darf vermuten, daß dann auf dem Reichswahlvorschlag regelmäßig auch Bewerber der anderen Parteien nominiert waren, der Reichswahlvorschlag also eine verdeckt-gemeinsame Liste darstellte.

Zwei Beispiele förmlicher gemeinsamer Listen seien erwähnt:

Bei den Reichstagswahlen vom 4. 5. 1924 reichten die Deutschvölkische Freiheitspartei und die Nationalsozialistische deutsche Arbeiterpartei einen gemeinsamen Reichswahlvorschlag ein unter der Parteibezeichnung „Vereinigte Listen der Deutschvölkischen Freiheitspartei

---

[17] Die amtl. Statistiken der Reichstagswahlen enthalten Verzeichnisse der zugelassenen Wahlvorschläge samt deren Parteibezeichnung. Diese Verzeichnisse führen zahlreiche förmliche gemeinsame Wahlvorschläge auf; vgl. z. B.: Statistik des Dt. Reichs Bd. 291, I S. 15 ff. (betr. Wahlen vom 6. 6. 1920); Bd. 315, I S. 22 ff. (betr. Wahlen vom 4. 5. 1924); Bd. 372, I S. 28 ff. (betr. Wahlen vom 20. 5. 1928). Demgegenüber sind verdeckt-gemeinsame Wahlvorschläge in den amtl. Statistiken regelmäßig nicht ersichtlich; denn die Parteizugehörigkeit der Bewerber eines Wahlvorschlags wird gewöhnlich nicht erfaßt. Gelegentlich findet sich jedoch der Hinweis, daß auf dem Wahlvorschlag einer Partei ein Bewerber einer anderen Partei nominiert und gewählt wurde; so z. B. in Bd. 315, I S. 7 mit Fußn. 16.

und der Nationalsozialistischen deutschen Arbeiterpartei"[18]. Bei den Reichstagswahlen vom 20. 5. 1928 waren im Wahlkreis Nr. 27 (Pfalz) das Zentrum und die Bayerische Volkspartei mit einer gemeinsamen Liste vertreten, welche die Bezeichnung „Zentrum und Bayerische Volkspartei" führte und an den Reichswahlvorschlag des Zentrums angeschlossen war[19, 20]. —

Aussparungsabkommen wurden bei den Reichstagswahlen der Weimarer Zeit nicht vereinbart. Zu Einerwahlkreis-Aussparungsabkommen konnte es nicht kommen, weil das RWG keine Einerwahlkreise vorsah. Aussparungsabkommen, durch welche die Parteien einander Listenwahlbereiche „abtreten", wären möglich gewesen, sind aber nicht nachweisbar.

2. Die Länderwahlen

Ein Blick auf die Länderwahlen der Weimarer Zeit ergibt im wesentlichen das gleiche Bild wie das, welches die Wahlen zum Reichstag bieten. Die Parteien verabredeten auch bei den Wahlen zu den Länderparlamenten gemeinsame Wahlvorschläge, während Aussparungsabkommen nicht vorkamen. Was die Wahlabrede der Listenverbindung betrifft, so standen den Ländern, in denen die Parteien diese Wahlabrede auf der Grundlage wahlgesetzlicher Verbindungsregelungen eingingen[21], die Länder gegenüber, in denen die Listenverbindung nicht prak-

---

[18] Vgl. Statistik des Dt. Reichs Bd. 315, I S. 22.

[19] Vgl. Statistik des Dt. Reichs Bd. 372, I S. 85.

[20] Im übrigen konnten sich hinsichtlich der Reichswahlvorschläge Möglichkeiten des Zusammenwirkens zwischen Parteien ergeben, bei denen man von Wahlabsprachen eigener Art sprechen muß. Wenn etwa eine Partei ihren Kreiswahlvorschlag zur Reststimmenverwertung dem Reichswahlvorschlag einer anderen Partei anschloß oder wenn zwei Parteien ihre verbundenen Kreiswahlvorschläge zur Verwertung der im Wahlkreisverband noch nicht verbrauchten Reststimmen dem Reichswahlvorschlag einer dritten Partei anschlossen, so stellten die betreffenden Reichswahlvorschläge — soweit sie nicht schon verdeckt-gemeinsame Wahlvorschläge im Sinne der hier gebrauchten Terminologie waren — gemeinsame Wahlvorschläge sui generis dar.

[21] Die Listenverbindung war zugelassen in Anhalt (§ 14 IV 1 LWG), Braunschweig (§ 19 I LWG), Hamburg (§ 19 S. 1 LWG), Lübeck (§ 7 V 1 LWG), Mecklenburg-Strelitz (§ 8 V LWG), Preußen (§ 16 II LWG), Sachsen (§ 16 LWG), Schaumburg-Lippe (§ 11 Ziff. 7 S. 1 LWG), Thüringen (§ 21 II 1 LWG) und Württemberg (§ 12 LWG). Jedoch konnte es in Hamburg, Sachsen und Württemberg nicht zur Wahlabrede der Listenverbindung kommen, da in diesen Ländern ausdrücklich nur die einparteiige Listenverbindung erlaubt war. Demgegenüber gestatteten die Verbindungsregelungen von Anhalt, Braunschweig, Lübeck, Mecklenburg-Strelitz, Preußen, Schaumburg-Lippe und Thüringen — wie das RWG — schlechthin die „Verbindung mehrerer Wahlvorschläge", so daß die mehrparteiige Listenverbindung vereinbart werden konnte. — (Den Angaben in dieser und in der folgenden Fußn. liegen die Wahlgesetze entsprechend der Zusammenstellung von Walter Jellinek, Die deutschen Landtagswahlgesetze, zugrunde, d. h. nach dem Stand vom 31. 8. 1926.)

tiziert wurde — sei es, daß das Wahlgesetz die Listenverbindung ausdrücklich untersagte, sei es, daß im Wahlgesetz keinerlei Bestimmung über die Listenverbindung getroffen war[22].

III. Die Wahlabsprachen der Bundesrepublik

Nach 1945 schlossen die Parteien auf der Grundlage der (personalisierten) Verhältniswahlsysteme in großer Zahl Einerwahlkreis-Aussparungsabkommen und weniger häufig Abkommen über gemeinsame Wahlvorschläge. Dagegen kam es zu keinen mehrparteiigen Listenverbindungen mehr.

1. Die Bundestagswahlen

Bei den Bundestagswahlen überrascht das sehr häufige Auftreten von *Einerwahlkreis-Aussparungsabkommen*. Der amtlichen Statistik für die Bundestagswahlen lassen sich zahlreiche Fälle entnehmen[23].

Die Bundestagswahlen von 1953 halten in dieser Hinsicht den Rekord. Nach einer Zusammenstellung von *Erbe* wurden bei den Bundestagswahlen 1949 13 Wahlkreise, 1957 20 Wahlkreise, 1953 hingegen 47 Wahlkreise — also rund ein Fünftel aller 242 Wahlkreise des Wahlgebiets — durch Aussparungsabkommen erfaßt[24]. Die monographische „Untersuchung der Bundestagswahlen 1953" von *Hirsch-Weber* und *Schütz* gelangt demgegenüber zu einer Zahl von 39 ausgesparten Wahlkreisen[25]. Selbst unter Zugrundelegung dieser Zahl nehmen die Wahlen von 1953 eine Sonderstellung ein, was in erster Linie — wenn man von den Parteiverhältnissen vor 1953 absieht, die den Trend zu einem Zwei-Kräfte-System noch nicht erkennen ließen — mit der Einführung des Aussparungsabkommen erleichternden Zwei-Stimmen-Systems der personalisierten Verhältniswahl zusammenhängen dürfte[26].

Die Aussparungsbündnisse der Bundestagswahlen wurden fast alle von der CDU und der FDP, der CDU und der DP oder von CDU, FDP

---

[22] Ein Verbot der Wahlvorschlagsverbindung war in Lippe (§ 12 Ziff. 6 LWG) und Mecklenburg-Schwerin (§ 13 LWG) normiert. Die Wahlvorschlagsverbindung blieb unerwähnt in den Wahlgesetzen von Baden, Bayern, Bremen, Hessen und Waldeck. (Die Wahlgesetze von Baden und Bremen, die große Teile des RWG en bloc rezipierten, ließen allerdings unklar, ob nicht auch die Verbindungsregelung des RWG übernommen sein sollte.)

[23] Vgl. insb. Statistik der Bundesrepublik Deutschland (hrsg. vom Stat. Bundesamt) Bd. 100, Die Wahl zum 2. Dt. Bundestag am 6. 9. 1953, Heft 1 S. 7; Bd. 200, Die Wahl zum 3. Dt. Bundestag am 15. 9. 1957, Heft 3 S. 22, 24.

[24] Erbe in: Wahlen in Westdeutschland, S. 84 f.

[25] Hirsch-Weber und Schütz, Wähler und Gewählte, S. 317 Fußn. 28.

[26] Zum Ganzen s. Erbe in: Wahlen in Westdeutschland, S. 86, 95 ff., insb. S. 97.

und DP zusammen unter der Parole des gemeinsamen Kampfes gegen SPD-Wahlkreisbewerber eingegangen. Die SPD war — soweit ersichtlich — lediglich in einem Fall an einem Einerwahlkreis-Aussparungsabkommen beteiligt (und zwar 1957 in einem Bündnis mit der FU[27]). Aus der Tatsache, daß die CDU an den meisten Aussparungsabkommen beteiligt war, erklärt sich der Rückgang dieser Bündnisse nach 1953. Die CDU/CSU glaubte 1957, auf solche Bündnisse weitgehend verzichten zu können; denn das „deutsche Wahlwunder" von 1953[28] hatte die zunehmende Konzentration der Wählerschaft auf zwei Hauptparteien offenkundig werden lassen und der CDU/CSU einen Stimmenzuwachs von 31,0 vH (1949) auf 45,2 vH (Zweitstimmenanteil 1953) eingebracht[29]. Daß die CDU/CSU 1957 die absolute Mehrheit der Stimmen erhielt, war sicherlich mit ausschlaggebend dafür, daß sie bei den Wahlen von 1961 überhaupt keine Aussparungsabkommen einging[30].

Einige der bei den Bundestagswahlen vereinbarten Einerwahlkreis-Aussparungsabkommen seien erwähnt:

Das Modellabkommen für Wahlkreisaussparungen wurde 1949 und 1953 in Wuppertal praktiziert. Hier überließ die CDU der FDP den Wahlkreis Wuppertal I, die FDP der CDU den Wahlkreis Wuppertal II, so daß in beiden Wahlkreisen der SPD-Bewerber geschlagen wurde[31].

Besonders bekanntgeworden ist das Abkommen, das CDU und Zentrum 1953 in Nordrhein-Westfalen zur Ausnutzung der Alternativklausel des Wahlgesetzes zum zweiten Bundestag eingingen[32]. Nach dieser Klausel konnte auch eine Partei mit einem Zweitstimmenanteil unter 5 vH dann am Verhältnisausgleich teilnehmen und Listenmandate erlangen, wenn sie in einem Wahlkreis den Sieger stellte (§ 9 IV). Das schriftlich niedergelegte und am 17. 8. 1953 von Karl *Arnold* für die CDU und dem Zentrumsvorsitzenden *Brockmann* unterzeichnete Abkommen

---

[27] Zum Abkommen SPD-Föderalistische Union von 1957 s. Statistik der Bundesrepublik Deutschland Bd. 200, Heft 3 S. 24; zur politischen Vorgeschichte dieses Abkommens s. Kitzinger, Wahlkampf in Westdeutschland, S. 139.

[28] Zu diesem „Wahlwunder" eingehend Sternberger, Wahlen in Westdeutschland, S. 1 ff., insb. S. 6.

[29] Es kommt hinzu, daß die FDP die „Bonner Koalition" verlassen hatte. Zum Ganzen s. Erbe in: Wahlen in Westdeutschland, S. 86.

[30] Soweit ersichtlich gab es bei den Bundestagswahlen von 1961 keinerlei Aussparungsabkommen.

[31] Vgl. Statistik der Bundesrepublik Deutschland Bd. 10, Die Bundestagswahl am 14. 8. 1949, S. 23 (Tabelle 10); Bd. 100, Die Wahl zum 2. Dt. Bundestag am 6. 9. 1953, Heft 1 S. 24 f.; Schwarz, Gerechtigkeit durch Personwahl, S. 26.

[32] Vgl. Statistik der Bundesrepublik Deutschland Bd. 100, Heft 1 S. 7, 15 (Tabelle 5) mit Fußn. 1, 26/27 (Tabelle 11). Über die politischen Hintergründe des Abkommens berichten eingehend Hirsch-Weber und Schütz, Wähler und Gewählte, S. 48 f.; s. hierzu ferner Eschenburg, Festgabe für Hartung, S. 415.

war eine Kombination von Aussparungsabrede und Abrede über einen verdeckt-gemeinsamen Wahlvorschlag. Das Zentrum ließ sich von der CDU die Wähler des Wahlkreises Oberhausen, in dem die CDU keinen Bewerber nominierte, „zuführen" und reichte seinerseits nur in Oberhausen einen Kreiswahlvorschlag und nur in Nordrhein-Westfalen eine Landesliste ein. Außerdem setzte die Zentrumspartei den CDU-Bewerber *Heix*, der 1949 in Oberhausen als Wahlkreisbewerber der CDU gewählt worden war, an eine aussichtsreiche Stelle ihrer Landesliste[33]; die Zentrumsliste war daher ein verdeckt-gemeinsamer Wahlvorschlag. Der Zentrumsbewerber im Wahlkreis Oberhausen (der Vorsitzende Brockmann) errang die Mehrheit. Damit konnten über die Landesliste des Zentrums zwei Bewerber (darunter der CDU-Bewerber Heix) in den Bundestag einziehen, obwohl das Zentrum einen Zweitstimmenanteil von nur 0,8 vH zu verzeichnen hatte[34].

In ähnlicher Weise „rettete" die CDU 1957 mit Hilfe der Alternativklausel des BWG, die zum Überspringen der 5 vH-Sperre den Gewinn von drei Wahlkreismandaten verlangt (§ 6 IV), die bundes-parlamentarische Existenz der DP. Die CDU überließ der DP in Niedersachsen vier und in Hessen zwei Wahlkreise. Die DP konnte so — neben einem aus eigener Kraft erlangten Wahlkreissitz — nicht nur in fünf dieser „abgetretenen" Wahlkreise ihre Bewerber durchbringen, sondern über ihre Landeslisten weitere elf Sitze gewinnen, obwohl sie mit einem Zweitstimmenanteil von 3,4 vH unter der 5 vH-Grenze blieb[35]. Demgegenüber konnte etwa der GB/BHE mit einem Zweitstimmenanteil von 4,6 vH keine Abgeordneten in den dritten Bundestag entsenden.

Bei den Bundestagswahlen 1949 und 1953 wurde der Wahlbereich Hamburg durch umfassende Aussparungsabkommen aufgeteilt[36]. 1949 überließ die FDP die Wahlkreise Hamburg I bis IV der CDU, die CDU die Wahlkreise Hamburg V bis VIII der FDP. Das Bündnis brachte der CDU drei, der FDP ein Wahlkreismandat ein, während die übrigen vier Wahlkreise an den gemeinsamen Gegner, die SPD, fielen[37]. 1953 zogen CDU und FDP die DP als dritten Partner hinzu. Man überließ der CDU drei, der FDP drei und der DP zwei Wahlkreise. Unter diesen

---

[33] Vgl. Statistik der Bundesrepublik Deutschland Bd. 100, Heft 1 S. 15 (Tabelle 5) mit Fußn. 1; Erbe in: Wahlen in Westdeutschland, S. 23. Bei Hirsch-Weber und Schütz, a. a. O., wird dieser Teil des Abkommens nicht erwähnt.

[34] Zum Ergebnis s. Statistik der Bundesrepublik Deutschland Bd. 100, Heft 1 S. 7, 15 (Tabelle 5) mit Fußn. 1.

[35] Vgl. Statistik der Bundesrepublik Deutschland Bd. 200, Heft 3 S. 22, 31 (Tabelle 22); Erbe, a. a. O., S. 85. Zu den politischen Hintergründen des Abkommens s. Kitzinger, Wahlkampf in Westdeutschland, S. 137 ff.

[36] Vgl. Schwarz, Gerechtigkeit durch Personwahl, S. 31; Erbe, a. a. O., S. 84.

[37] Vgl. Statistik der Bundesrepublik Deutschland Bd. 10, S. 22 (Tabelle 10).

Umständen gingen drei Wahlkreise an die CDU, zwei an die FDP, zwei an die DP und einer an die SPD[38]. Anhand der 1953 für die hamburgischen Landeslisten der einzelnen Parteien abgegebenen Zweitstimmen läßt sich eine ungefähre Aussage darüber machen, wie die Wahlkreise ohne das Bündnis verteilt gewesen wären: Die SPD erhielt in Hamburg 38,1 vH, die CDU 36,7 vH, die FDP 10,3 vH und die DP 5,9 vH der Zweitstimmen; zählt man die Zweitstimmen nach Wahlkreisen, dann ergibt sich in vier Wahlkreisen für die SPD und in vier Wahlkreisen für die CDU eine relative Mehrheit[39]. Als Folge des Dreierbündnisses ergab sich für die DP ein Überhangmandat; nach der Verhältnisrechnung auf Grund der Zweitstimmen hätte der DP in Hamburg nur ein Mandat zugestanden[40].

Abkommen über *gemeinsame Wahlvorschläge* erlangten bei den Bundestagswahlen keine solche Bedeutung wie Einerwahlkreis-Aussparungsabkommen.

Es wurden wenige verdeckt-gemeinsame Wahlvorschläge vereinbart. So gab es 1953 neben der erwähnten Zentrumsliste weitere Fälle verdeckt-gemeinsamer Wahlvorschläge. Die GVP und der BdD verabredeten miteinander, daß der BdD keine eigenen Wahlvorschläge einreicht und dafür die GVP auf ihren Listen in Anstrebung der Parität Kandidaten berücksichtigt, die vom BdD empfohlen sind[41]. In München trafen die CSU und die BP ein Abkommen über verdeckt-gemeinsame Wahlvorschläge für Einerwahlkreise. Danach waren in den Wahlkreisen München-Nord und München-West auf den von der CSU eingereichten Kreiswahlvorschlägen Bewerber der BP nominiert, während in den Wahlkreisen München-Ost und München-Süd die BP zugunsten der CSU auf eine Kandidatur verzichtete[42]. Die vier Wahlkreisbewerber der beiden Bündnisparteien errrangen die Mehrheit. Dennoch konnte die BP, deren Zweitstimmenanteil 1,7 vH betrug, nicht etwa mit Hilfe der Alternativklausel Mandate über den Verhältnisausgleich erlangen; denn ihre beiden siegreichen Wahlkreisbewerber waren auf CSU-Wahlvorschlägen zur Wahl gestellt worden.

---

[38] Vgl. Statistik der Bundesrepublik Deutschland Bd. 100, Heft 1 S. 24 bis 25 (Tabelle 11).

[39] Vgl. Statistik der Bundesrepublik Deutschland Bd. 100, Heft 1 S. 30 bis 31 (Tabelle 12).

[40] Hierzu s. Schwarz DÖV 62, 374.

[41] Hierzu s. Hirsch-Weber und Schütz, Wähler und Gewählte, S. 51; Erbe in: Wahlen in Westdeutschland, S. 59.

[42] Hierzu s. Erbe, a. a. O., S. 85 mit Fußn. e. Zu den politischen Hintergründen dieses Abkommens s. Hirsch-Weber und Schütz, a. a. O., S. 47.

Die Parteipraxis bei den Bundestagswahlen kannte keine förmlichen gemeinsamen Wahlvorschläge; ebenso kam es nicht zu Parteienblöcken[43, 44].

2. Die Wahlen in den Bundesländern

Bei der Betrachtung der Parlamentswahlen in den Bundesländern fallen weniger die Aussparungsabkommen als bestimmte Formen von Abreden über gemeinsame Wahlvorschläge auf.

---

[43] Von folgendem Fall abgesehen: 1957 taten sich Bayernpartei und Zentrum zur „Föderalistischen Union" zusammen und reichten unter dieser Bezeichnung in Bayern, Niedersachsen und Nordrhein-Westfalen Wahlvorschläge ein (vgl. Statistik der Bundesrepublik Deutschland Bd. 200, Heft 1 S. 8—11; Erbe, a. a. O, S. 54; zur politischen Vorgeschichte der FU s. Kitzinger, Wahlkampf in Westdeutschland, S. 139). Die FU war keine eigene Partei; es lag insbesondere kein Zusammenschluß von BP und Z zu einer neuen Partei vor (a. A. Nass, Wahlorgane, S. 199). Die FU stellte vielmehr einen — losen — Parteienblock dar. Seifert nennt die FU treffend eine „zu wahltaktischen Zwecken gebildete Scheinpartei" (Ergänzungsheft, Erl. zu § 19 II BWG, S. 44). Das Auftreten als eine Partei ermöglichte es der BP und dem Z, die in Bayern, Niedersachsen und Nordrhein-Westfalen zur Wahl gestellten Landeslisten miteinander zu verbinden: Nach außen lagen drei Listen *einer Partei* (der FU) und somit eine — in § 7 I BWG zugelassene — einparteiige Listenverbindung vor. Im Grunde jedoch stellten die bayerische Liste einen Wahlvorschlag der Bayernpartei, die niedersächsische und die nordrhein-westfälische Liste Wahlvorschläge des Zentrums dar. — Demgegenüber muß das Zusammenfinden von DP und GB/BHE anläßlich der Bundestagswahlen 1961 als Fusion qualifiziert werden (so offensichtlich auch Katz, Festgabe für Carlo Schmid, S. 124). DP und GB/BHE sind unter Verschmelzung ihrer Organisationen in einer neuen Partei mit dem Namen „Gesamtdeutsche Partei" aufgegangen. Die bei den Bundestagswahlen 1961 und den seitherigen Landtagswahlen unter der Bezeichnung „Gesamtdeutsche Partei (DP-BHE)" eingereichten Wahlvorschläge sind Wahlvorschläge dieser neuen Partei.

[44] Einer besonderen Erwähnung bedarf das *Verhältnis CDU zu CSU*. Die CSU hat zwar praktisch weitgehend die Stellung eines bayerischen Landesverbandes der CDU inne (so mit Recht Duverger, Die Polit. Parteien, S. 333; Erbe, a. a. O., S. 49), rechtlich ist sie jedoch eine eigene Partei. So werden bei den Bundestagswahlen die Landeslisten von CDU und CSU wegen der Unzulässigkeit der mehrparteiigen Listenverbindung nicht miteinander verbunden. Die CDU bildet gemäß § 41 ihres Statuts mit der CSU eine Arbeitsgemeinschaft; ferner sind die Bundestagsabgeordneten beider Parteien in einer Fraktionsgemeinschaft vereinigt (hierzu eingehend, insb. unter historischen Aspekten, Deuerlein, CDU/CSU 1945—57, S. 154 ff., 162, 233 ff.; ob diese Fraktionsgemeinschaft — dem eigentlichen Sinne des Begriffs entsprechend — als Zusammenarbeiten *zweier* Fraktionen zu verstehen ist oder ob nicht vielmehr *eine* Fraktion vorliegt, ist hier nicht zu klären; allgemein sieht man CDU/CSU als *eine* Fraktion an, vgl. Schüle, Koalitionsvereinbarungen im Lichte des Verfassungsrechts, S. 20 Fußn. 7). Ein Element der Wahlabsprache könnte in dem Verhältnis CDU-CSU insofern gesehen werden, als beide Parteien nicht gegeneinander kandidieren, vielmehr die CDU von einer Kandidatur in Bayern, die CSU von einer solchen in den übrigen Ländern absieht. Daß man dennoch nicht von einem Wahlbündnis CDU-CSU spricht, ist im Hinblick auf den Landesverbandscharakter der CSU — insb. im Hinblick auf die Tatsache, daß beide Parteien den Bereich ihrer Organisationen entsprechend abgegrenzt haben — gerechtfertigt.

Allerdings gab es auch bei den Länderwahlen *Einerwahlkreis-Aussparungsabkommen*, die Aufsehen erregten — so etwa das Abkommen bei den schleswig-holsteinischen Landtagswahlen von 1950, durch das CDU, FDP und DP alle Wahlkreise des Landes untereinander aufteilten[45], oder das Abkommen bei den baden-württembergischen Landtagswahlen von 1960, nach dem CDU und FDP sich gegenseitig die beiden Wahlkreise Waiblingen I und II „abtraten"[46]. Bemerkenswert ist auch das bei den nordrhein-westfälischen Landtagswahlen von 1954 vereinbarte Aussparungsabkommen, auf Grund dessen die CDU dem Zentrum den Wahlkreis Essen-Borbeck-Karnap überließ[47]. Das Zentrum konnte in diesem Wahlkreis zwar nicht die Mehrheit, aber 33,4 vH der Stimmen erringen und so mit neun Listenmandaten ins Parlament einziehen, obwohl es im ganzen Land nur 4,0 vH der Stimmen erhielt, also unter der 5 vH-Sperre blieb[48]. Auf Betreiben der CDU war nämlich vor der Wahl die Alternativklausel des LWG dahingehend geändert worden, daß Parteien mit einem Stimmanteil unter 5 vH nicht nur im Falle eines Wahlkreissieges am Verhältnisausgleich teilnehmen, sondern schon dann, wenn sie in einem Wahlkreis ein Drittel der Stimmen gewinnen.

Unter den Wahlabreden, die bei den Wahlen zu den Länderparlamenten nach 1945 getroffen wurden, sind die erstmals in der deutschen Parteiengeschichte auftretenden *Parteienblöcke* besonders bekanntgeworden. Zahlreiche Parteienblöcke kamen zustande — so etwa in Hamburg 1949 eine Blockbildung zwischen der CDU, der FDP und der DKP unter der Bezeichnung „Vaterstädtischer Bund Hamburg (VBH)", in Württemberg-Baden 1950 zwischen der DG und dem BHE unter der Bezeichnung „Deutscher Gemeinschaftsblock der Heimatvertriebenen und Entrechteten (DG-BHE)"[49], in Niedersachsen 1951 zwischen der CDU und der DP unter der Bezeichnung „Niederdeutsche Union (NU)"[50], in Hamburg 1953 zwischen der CDU, der FDP, der DP und dem BHE unter

---

[45] Zu diesem Bündnis s. Erbe, a. a. O., S. 28.

[46] Vgl. Statistik von Baden-Württemberg (hrsg. vom Stat. Landesamt Baden-Württ.) Bd. 71, Die Wahl zum Landtag von Baden-Württemberg am 15. 5. 1960, S. 15. — Beide Abkommen wurden Gegenstand gerichtlicher Entscheidungen, s. unten § 4 unter III 2 b.

[47] Zu diesem Abkommen s. Schröder, Diss. Köln 1955, S. 65; Erbe, a. a. O., S. 27, 54.

[48] Vgl. Beiträge zur Statistik des Landes Nordrhein-Westfalen (hrsg. vom Stat. Landesamt Nordrh.-Westf.) Heft 47, Die Landtagswahl am 27. 6. 1954 in Nordrhein-Westfalen, S. 1 mit Fußn. 2.

[49] Vgl. Erbe in: Wahlen in Westdeutschland, S. 57, 362.

[50] Vgl. Veröffentlichungen des Niedersächsischen Amts für Landesplanung und Statistik, Reihe F Bd. 14 Heft 1, Die Neuwahl zum Niedersächsischen Landtag am 6. 5. 1951 (Hannover 1952), S. 2 ff.

der Bezeichnung „Hamburg-Block (CDU, FDP, DP) (Block)“[51] und in Schleswig-Holstein 1954 zwischen der DP und der SHG unter der Bezeichnung „Schleswig-Holstein-Block (SHB)“[52].

Alle diese Blockbildungen waren Wahlbündnisse im oben geschilderten Sinne. Es kam ihnen kein Parteicharakter zu, insbesondere stellten sie keine Fusionen dar, weil sie die Eigenexistenz der Bündnisparteien unbeeinträchtigt ließen[53].

Die bedeutendsten Parteienblöcke waren die Niederdeutsche Union von 1951 und der Hamburg-Block von 1953. Die Bildung der Niederdeutschen Union[54] wurde durch die — vor der Wahl von der SPD und dem Zentrum in das personalisierte Verhältniswahlsystem des niedersächsischen LWG eingefügte — sog. *Kumulativklausel* ausgelöst. Nach dieser Klausel können nur solche Parteien am Verhältnisausgleich über die Landesliste teilnehmen, die in sämtlichen Einerwahlkreisen Kandidaten aufstellen[55]. Die SPD wollte mit der Kumulativklausel verhindern, daß CDU und DP sich nach dem Muster der schleswig-holsteinischen Wahlen von 1950 gegenseitig Wahlkreise überlassen. CDU und DP konnten sich in der Tat Wahlkreis-Aussparungen und damit einen Verzicht auf Listenmandate nicht leisten, weil nach dem niedersächsischen LWG die Wahlkreismandate nicht wie nach dem schleswig-holsteinischen LWG von 1950 (welches ebenfalls die Kumulativklausel normiert hatte) zwei Drittel, sondern nur drei Fünftel aller Mandate ausmachten[56]. Die Blockbildung ermöglichte es jedoch den beiden Parteien, einerseits in den Wahlkreisen in einer gemeinsamen „antimarxistischen Front“[57] gegen die SPD-Bewerber anzutreten, andererseits über die

---

[51] Vgl. Hamburgs Verwaltung und Wirtschaft, Sondernummer 7, Die Wahl zur Bürgerschaft und zu den Bezirksausschüssen am 1. 11. 1953 (hrsg. vom Statistischen Landesamt der Freien und Hansestadt Hamburg, Hamburg 1955), insb. S. 67.

[52] Vgl. Erbe, a. a. O., S. 54, 360.

[53] So auch — in bezug auf die Niederdt. Union — Roth, Fraktion und Regierungsbildung, S. 31 und Wildenmann, Partei und Fraktion, S. 68 (unter Ziff. 6); anders — in bezug auf den Hamburg-Block — Ipsen, Hamburgs Verfassung und Verwaltung, S. 266 ff. Zu Ipsens These, der Hamburg-Block stelle eine eigene Partei mit CDU, FDP, DP und BHE (bzw. deren hamburgischen Landesverbänden) als Mitgliedern dar, s. oben S. 30 mit Fußn. 35.

[54] Die politischen Hintergründe dieses Bündnisses schildert eingehend Roth, a. a. O., S. 23 f.; zum Motiv der Blockbildung vgl. auch Erbe, a. a. O., S. 54 mit Fußn. 20.

[55] Näheres zur Kumulativklausel s. unten S. 153 und S. 161 f.

[56] Vgl. die Übersicht über das Verhältnis von Wahlkreismandaten zu Listenmandaten in den verschiedenen Wahlgesetzen der personalisierten Verhältniswahl bei Erbe, a. a. O., S. 21. Die Kumulativklausel ist um so einschneidender, je größer der Anteil von Listenmandaten ist.

[57] Unter dieser Parole führten die Parteien der Niederdt. Union den Wahlkampf; vgl. Roth, a. a. O., S. 65 ff.

gemeinsame Liste Listenmandate zu bekommen. Allerdings ging auch diese Rechnung nicht auf. CDU und DP verloren zusammen (bei einem Stimmanteil von 23,8 vH) 22 Sitze, während die SPD (mit 33,7 vH der Stimmen) stärkste Partei im Landtag blieb.

Dagegen lohnte sich für CDU, FDP, DP und BHE die Bildung des Hamburg-Blocks. Die Bündnisparteien errangen zusammen die absolute Mehrheit in der hamburgischen Bürgerschaft und lösten den SPD-Senat ab[58].

§ 4 Schrifttum und Rechtsprechung zur Zulässigkeitsfrage

I. Schrifttum in der Kaiserzeit

1. Stellungnahmen im Schrifttum

Die Wahlbündnisse der Reichstagswahlen der Kaiserzeit haben in der damaligen Rechtswissenschaft — soweit die Literatur zum positiven Wahlrecht in Frage steht — keine Dissussion ausgelöst. Die Lehrbücher zum Staatsrecht der Kaiserzeit behandeln zwar ausführlich das für die Reichstagswahlen maßgebliche Wahlrecht, erwähnen dabei aber Wahlabreden der Parteien nicht[1]. Auch die beiden grundlegenden monographischen Abhandlungen zum Reichswahlrecht der Kaiserzeit, die „Kritischen Bemerkungen über die Wahlen zum deutschen Reichstag" von Robert *von Mohl* aus dem Jahre 1874 und der Aufsatz „Der deutsche Reichstag" von Max *Seydel* aus dem Jahre 1880[2], enthalten

---

[58] Vgl. Erbe, a. a. O., S. 27. Das Gesetz über die Wahl zur hamb. Bürgerschaft i. d. F. vom 29. 11. 1952 (GVBl. S. 257), welches den Bürgerschaftswahlen von 1953 zugrunde lag, sah nicht das System der personalisierten Verhältniswahl vor. Dieses Gesetz stellte neben die Mehrheitswahl in den Einerwahlkreisen einen unvollständigen Verhältnisausgleich über Landeslisten, d. h. die Stimmen der in den Wahlkreisen unterlegenen Bewerber (Reststimmen) sowie die für die Erringung des Wahlkreissitzes überflüssig gewesenen Stimmen der erfolgreichen Bewerber (Überschußstimmen) wurden zusammengezählt und auf diese Stimmen wurden zusätzliche Sitze nach Verhältniswahlgrundsätzen verteilt. Bei diesem System des sog. Restproporzes ist eine Partei mit besonders viel Überschußstimmen im Vorteil; das Schrifttum spricht von einer „Mehrheitsprämie" (Seifert, Kommentar, Einf. I S. 13; Erbe, a. a. O., S. 21 f.). CDU, FDP, DP und BHE taten sich nicht zuletzt deshalb zum Hamburg-Block zusammen, damit der SPD in den Einerwahlkreisen eine politische Gruppe von gleicher Stärke gegenübersteht, sich dadurch die Zahl der Überschußstimmen der SPD vermindert und eine Mehrheitsprämie dieser Partei entfällt (vgl. Erbe, a. a. O., S. 23 f., 27 f.).

[1] Vgl. Schulze, Lb. des Dt. Staatsrechts, 2. Buch, Das Dt. ReichsstaatsR, 1886, S. 74 ff.; Meyer, Lb. des Dt. Staatsrechts, 6. Aufl. 1905, S. 443 ff.; Hatschek, ParlamentsR, 1915, S. 267 ff.; Laband, Dt. ReichsstaatsR, 7. Aufl. 1919, S. 77 ff.

[2] Seydel in: Annalen des Dt. Reiches, Jg. 1880, S. 352—433.

keine Ausführungen über Wahlbündnisse. Im Grunde konnte man angesichts der damaligen „Parteienprüderie"[3] gar nicht dazu kommen, in Wahlabsprachen ein Rechtsproblem zu sehen. Das Wahlgesetz für den Deutschen Reichstag vom 31. 5. 1869 (i. d. F. des Gesetzes vom 25. 6. 1873) nahm von den Parteien keinerlei Notiz, so daß es seinerzeit nahelag, auch die Wahlabsprachen der Parteien als außerhalb der Rechtssphäre liegend zu betrachten.

Dagegen hat sich in der Zeit vor 1918 die *Wahlrechtsreform-Literatur* mit den bei den damaligen Reichstagswahlen vorkommenden Wahlbündnissen — sowie allgemein mit den Einerwahlkreis-Aussparungsabkommen als den in einem Mehrheitswahlsystem üblichen Wahlabreden — beschäftigt.

Cahn stellte im Jahre 1909 in seiner Monographie über das „Verhältniswahlsystem in den modernen Kulturstaaten" als Vorteil des Verhältniswahlrechts heraus, bei diesem Wahlsystem kämen Parteikompromisse und Parteikoalitionen fast ganz in Wegfall, weil jede Gruppe Aussicht habe, nach Maßgabe ihrer wirklichen Stärke Vertreter zu erhalten; das Mehrheitswahlverfahren dagegen nötige zu Parteikoalitionen und Parteikompromissen, weil in wachsendem Maße keine einzelne politische Gruppe in einem Wahlkreis für sich die Mehrheit habe[4]. Vor Cahn hatten sich schon *Hagenbach-Bischoff, Rosin, Pfizer, Gageur* und *Meyer* in gleichem Sinne geäußert[5].

Alle diese Autoren wandten sich vor allem gegen die von ihnen so genannten „unnatürlichen und unsittlichen Wahlbündnisse". Mit dem Begriff des „unnatürlichen und unsittlichen Wahlbündnisses" meinten sie ein Überlassen von Einerwahlkreisen (also ein Einerwahlkreis-Aussparungsabkommen), welches „nicht auf wesentlicher Übereinstimmung der Ziele, sondern nur auf gemeinschaftlichem Haß gegen andere Parteien beruht"[6]. Man sprach von der „schmählichen Rolle der unnatürlichen Wahlbündnisse"[7], die zu Konzessionen der Parteien führten, welche ihrem Programm und ihren Grundsätzen widersprächen[8]. Die unnatürlichen Wahlbündnisse riefen im Angegriffenen ein Gefühl der

---

[3] Fraenkel, Die repräsentative und die plebiszitäre Komponente im demokratischen Verfassungsstaat, S. 57.

[4] Cahn, Verhältniswahlsystem, S. 141—143.

[5] Vgl. Hagenbach-Bischoff, Die Frage der Einführung einer Proportionalvertretung, 1888, S. 6; ders., Die Anwendung der Proportionalvertretung, 1892, S. 26; Rosin, Minoritätenvertretung und Proportionalwahlen, 1892, S. 9; Pfizer, AöR Bd. 7 (1892) S. 509 ff., insb. S. 524 ff.; Gageur, Reform des Wahlrechts, 1893, S. 35 ff., 89 f.; Meyer, Das parl. Wahlrecht, 1901, S. 617 ff., 648. Ebenso Stier-Somlo, Vom parl. Wahlrecht in den Kulturstaaten der Welt, 1918, S. 117.

[6] Pfizer, a. a. O., S. 524.

[7] Hagenbach-Bischoff, Die Anwendung der Proportionalvertretung, S. 26.

[8] Cahn, Verhältniswahlsystem, S. 141 f.

Vergewaltigung durch eine im Kern unwahre und unaufrichtige Vereinigung hervor[9]. Vor allem infolge dieser Wahlabreden lieferten die Reichstagswahlen kein richtiges Bild von der Stimmung des Volkes[10].

Zum Teil führte man die „unnatürlichen Wahlbündnisse" auf die besondere Ausprägung der Mehrheitswahl im Reichswahlgesetz von 1869, also auf die absolute Mehrheitswahl mit Stichwahlgang, zurück[11] oder bekämpfte als „unnatürliche Wahlbündnisse" nur die sog. Stichwahlabkommen[12]. Demgegenüber betonte vor allem *Meyer*, daß Aussparungsabkommen und damit „unnatürliche Wahlbündnisse" in jedem Mehrheitswahlsystem mit Einerwahlkreisen möglich sind[13].

Die Wahlbündnisse der Reichstagswahlen der Kaiserzeit, bzw. allgemein die Einerwahlkreis-Aussparungsabkommen, waren freilich nicht etwa das zentrale Thema der damaligen Wahlrechtsreform-Literatur. Sie bedeuteten nur eines der zahlreichen Argumente gegen das Mehrheitswahlsystem, insbesondere gegen die absolute Mehrheitswahl mit Stichwahlgang.

Das Institut der *Listenverbindung* wurde in der Kaiserzeit in den Werken über das Verhältniswahlsystem von *Siegfried, Klöti* und *Cahn* als „neueste Verbesserung des proportionalen Wahlsystems" begrüßt[14]. Jedoch unterschied man noch nicht klar zwischen der einparteiigen und der mehrparteiigen Listenverbindung. *Siegfried* dachte nur an die einparteiige Listenverbindung als an ein Mittel zur Förderung der Dezentralisation innerhalb einer Partei[15]. Dagegen war die Listenverbindung für *Klöti* und *Cahn* auch ein Wahlbündnis; denn bei diesen Autoren spielte sich die Listenverbindung auch zwischen mehreren Parteien ab. Für Cahn hatte die Listenverbindung in erster Linie den Zweck, „kleineren Gruppen zusammen oder durch Zusammengehen mit größeren Gruppen den Anspruch auf ein Mandat zu verleihen oder wenigstens einer befreundeten Gruppe die sonst glatt unter den Tisch fallenden Stimmen dieser Gruppe zukommen zu lassen"[16].

Demgegenüber lehnte *Lindemann* die (mehrparteiige) Listenverbindung als einen Widerspruch zum System der Verhältniswahl ab, weil

---

[9] Gageur, Reform des Wahlrechts, S. 90.

[10] Pfizer, a. a. O., S. 521 ff.; Gageur, a. a. O., S. 37 ff.

[11] So insbesondere Hagenbach-Bischoff, Die Frage der Einführung einer Proportionalvertretung, S. 6.

[12] So insbesondere Pfizer, a. a. O., S. 524 ff.

[13] Meyer, Das parl. Wahlrecht, S. 618.

[14] Vgl. Siegfried, Proportionalwahl, 2. Ausg. 1898, S. 42 ff.; Klöti, Die Proportionalwahl in der Schweiz, 1901, S. 401 ff.; Cahn, Verhältniswahlsystem, S. 330 ff. (Zitat aus Klöti, S. 401)

[15] Siegfried, a. a. O., S. 44 f.

[16] Cahn, a. a. O., S. 331/332.

hier die heterogensten Gruppen es in der Hand hätten, ihre überschüssige Stimmkraft nicht der Gesamtheit, sondern einer von ihnen zugute kommen zu lassen[17]. Unter Bezugnahme auf die *gemeinsamen Wahlvorschläge* hielt *Cahn* Lindemann entgegen, daß im Verhältniswahlsystem schon bei der Aufstellung einer Kandidatenliste zwei heterogene Gruppen sich verbünden könnten[18]. Von der Zulässigkeit gemeinsamer Listenwahlvorschläge gingen neben Cahn insbesondere auch *Gageur* und *Klöti* aus[19].

2. Exkurs: Stellungnahme in der Begründung zu dem Reformgesetz vom 24. 8. 1918

Die amtliche Regierungsbegründung zu dem „Gesetz über die Zusammensetzung des Reichstags und die Verhältniswahl in großen Reichstagswahlkreisen" vom 24. 8. 1918 (RGBl. S. 1079) enthielt eine grundsätzliche Stellungnahme zu den Wahlbündnissen[20]. Sie wandte sich insbesondere gegen die bei den Reichstagswahlen vereinbarten Aussparungsabkommen. Aus dieser Begründung, die erstmals die drei Grundtypen von Wahlbündnissen einander gegenüberstellte, seien einige Sätze zitiert:

„Unleugbare Vorteile (der Verhältniswahl) sind auch der Wegfall der Nötigung zu unnatürlichen Wahlbündnissen, insbesondere Stichwahlabkommen ... Wahlbündnisse werden, wie bei den Mehrheitswahlen, so auch bei den Verhältniswahlen geschlossen ... Für den Abschluß von Wahlbündnissen gibt es bei der Verhältniswahl zwei Wege: das Aufstellen eines gemeinsamen Wahlvorschlags oder die Verbindung von Wahlvorschlägen. Der erste Weg unterscheidet sich grundsätzlich nur wenig von den Wahlkompromissen bei den Mehrheitswahlen. Der Wähler, der gewillt ist, sich den Wahlvorschlag seiner Parteileitung zu eigen zu machen, ist im Falle eines gemeinschaftlichen Wahlvorschlags genötigt, Bewerbern seine Stimme zu geben, deren Anschauungen nicht den seinigen entsprechen ... Die Verbindung der Wahlvorschläge bietet demgegenüber erhebliche Vorteile ... Die verbundenen Wahlvorschläge sind bei der Wahl selbst völlig selbständig. Der Wähler ist also nicht zu Zugeständnissen genötigt, die seiner Überzeugung wider-

---

[17] Nachweis bei Cahn, a. a. O., S. 332 Fußn. 1.

[18] Cahn, a. a. O., S. 332 Fußn. 1 (s. auch S. 331 Fußn. 1).

[19] Gageur, Reform des Wahlrechts, S. 89 f.; Klöti, a. a. O., insb. S. 412 (Beispiele aus der Schweiz).

[20] Die Stellungnahme ist wiedergegeben bei Schulze, Wahlrecht für die verfassunggebende dt. Nationalvers., S. 117 f. Man hat sie oft herangezogen; so etwa Karin Schauff in: Schauff, Neues Wahlrecht, 1929, S. 131; Bezirkswahlgericht Stade, Beschluß v. 14. 3. 1949, VerwRspr. 1949 S. 457 ff. (461).

sprechen, und die politische Moral wird infolgedessen nicht gefährdet."[21]

II. Schrifttum und Rechtsprechung in der Weimarer Zeit

1. Schrifttum

Auch in der Weimarer Zeit kam man im Rahmen der *Wahlrechtsreform-Diskussion* auf die *Einerwahlkreis-Aussparungsabkommen* des Mehrheitswahlsystems zu sprechen.

Von Recklinghausen rechnete die Aussparungsabkommen zu den „schweren Nachteilen" des Mehrheitswahlverfahrens, weil durch sie die Stimmen der Wähler zu einer Tauschware gemacht und die Wähler veranlaßt würden, Kandidaten zu wählen, welche ihrer Überzeugung widersprächen[22]. Demgegenüber erklärte *Mierendorff*, Argumente wie das von den „unnatürlichen Wahlbündnissen" würden nichts wiegen; an die Stelle der „unnatürlichen Wahlbündnisse" seien in der Verhältniswahl die unnatürlichen Koalitionen getreten, und die Wahlbündnisse der Mehrheitswahl hätten immerhin den gewaltigen Vorteil der Erziehung des Wählers zu selbständigem politischem Denken, weil dem Wähler so schon bei der Wahl beigebracht werde, daß Politik immer eine Entscheidung zwischen zwei Unzulänglichkeiten sei[23]. *Kuenzer* und *Braunias* wandten sich gegen die Stichwahlabkommen der Kaiserzeit als gegen „unnatürliche und unsittliche Wahlbündnisse"[24].

Auch außerhalb der Wahlrechtsreform-Literatur nahm man in der Weimarer Zeit zu den Einerwahlkreis-Aussparungsabkommen Stellung. *Smend* bemerkte, daß infolge der Einführung der Verhältniswahl die Anregung des Mehrheitswahlsystems der Kaiserzeit zu örtlicher politischer Aktivität beim Abschluß von Wahlbündnissen entfallen sei und daher die Integrationskraft der politischen Wahlen sich gemindert habe[25]. Auch nach *Kelsen* — und ähnlich *Koellreutter* — kann der

---

[21] Soweit ersichtlich, spielten die bei den Reichstagswahlen der Kaiserzeit vereinbarten Wahlbündnisse bei der Wahlprüfung — vor 1918 war der Reichstag alleiniges Wahlprüfungsorgan — keine Rolle; vgl. insb. die erschöpfende Zusammenstellung der Wahlprüfungsrechtsprechung des Reichstags bei Ball, Das materielle Wahlprüfungsrecht, S. 55 ff.

[22] Von Recklinghausen, Zeitschr. f. Pol. Bd. 11 (1919), S. 84 f.

[23] Mierendorff in: Schauff, Neues Wahlrecht, S. 34 f.

[24] Kuenzer DJurZ 1931, Sp. 124; Braunias, Das parl. Wahlrecht, Bd. II, S. 185 f.

[25] Smend, Die Verschiebung der konstitutionellen Ordnung durch die Verhältniswahl, 1919, Staatsrechtl. Abhandlungen, S. 64 f.; ders., Verf. und Verfassungsrecht, 1928, Staatsrechtl. Abh., S. 200/201.

Zwang zur Integration in Wahlbündnissen als Vorteil des Mehrheitswahlsystems gewertet werden[26].

Was die *Listenverbindung* betrifft, so gab in der Weimarer Zeit vor allem die positiv-rechtliche Regelung derselben Gelegenheit zu Stellungnahmen.

Wie alle Wahlgesetze, auf Grund deren die Wahlabrede der Listenverbindung praktiziert wurde, so erwähnte auch die Verordnung über die Wahlen zur verfassunggebenden deutschen Nationalversammlung vom 30. 11. 1918 nicht ausdrücklich die *mehrparteiige* Listenverbindung, sondern sprach nur allgemein von der „Verbindung der Wahlvorschläge". Die Autoren waren sich jedoch in der Zeit der Wahl zur Nationalversammlung und auch später darin einig, daß damit auch die mehrparteiige Listenverbindung, die Listenverbindung als Wahlabrede, zugelassen sein sollte[27]. Dagegen war hinsichtlich der Listenverbindungs-Regelung des RWG umstritten, ob sie auch die mehrparteiige Listenverbindung erfaßt. Während dies von *Schulze, Tecklenburg, Schleicher, Seisser, Hatschek* und wohl auch von *v. Jan* verneint wurde, waren *Kaisenberg, Pohl* und *Werner* für die Zulässigkeit der mehrparteiigen Listenverbindung[28]. Allerdings nahmen diese Autoren wenig Notiz voneinander. Es wurde auch kaum beachtet, daß das *Wahlprüfungsgericht beim Reichstag in einer Entscheidung vom 12. 6. 1926* die Verbindung der Listen mehrerer Parteien für zulässig hielt[29]. Das Hauptargument der die mehrparteiige Listenverbindung als unzulässig betrachtenden Autoren war die These, die Listenverbindung als Wahlbündnis sei von der Nationalversammlung verworfen worden, weil die mehrparteiigen Listenverbindungen bei der Wahl zur Nationalversammlung Mißstände gezeitigt hätten[30].

---

[26] Kelsen, Allg. Staatslehre, 1925, S. 346; Koellreutter, Die polit. Parteien im modernen Staate, 1926, S. 68; ders., Der Dt. Staat als Bundesstaat, 1927, S. 25.

[27] Vgl. Schulze, Wahlrecht für die verfassunggeb. dt. Nationalversammlung, 1918, S. 118; Schleicher, Diss. Würzburg 1929, S. 31, 34; Seisser, Diss. Würzburg 1929, S. 31; Hatschek, DtPrStR, Bd. 1, S. 382.

[28] Schulze, Reichstagswahlrecht, 2. Aufl. 1924, S. 131 f.; Tecklenburg, Schmollers Jahrbuch Jg. 50 (1926), S. 122/123; Schleicher, a. a. O., S. 34; Seisser, a. a. O., S. 31; Hatschek, a. a. O., S. 382, 384; von Jan, Reichswahlgesetz, 2. Aufl. 1924, Erl. 1 zu § 16, S. 38; Kaisenberg, Wahl zum Reichstag, 4. Aufl. 1930, Erl. 2 c zu § 16, S. 53; Pohl, Reichstagswahlrecht, HdbDtStR Bd. 1, S. 395; Werner, Diss. Göttingen 1931, S. 12.

[29] WahlPrGericht beim Reichstag, PreußVerwBl. Jg. 47 (1925/1926), S. 527; ebenso das WahlPrGericht beim preuß. Landtag für die Listenverbindung nach dem preuß. Landtagswahlgesetz, Urteil v. 20. 3. 1929 (vgl. Isay, DJurZ 1930, Sp. 460).

[30] Diese These wurde insb. von Schulze, Reichstagswahlrecht, S. 131 f. und von Schleicher, a. a. O., S. 34 vertreten (s. auch die Angaben aus den Verhandlungen der Nationalvers. bei Werner, a. a. O., S. 12).

Unabhängig von dem Problem der Auslegung der Verbindungsnormen des RWG nahm man in der Weimarer Zeit auch zu der prinzipiellen Frage Stellung, ob die (mehrparteiige) Listenverbindung zu befürworten sei oder nicht. *Nawiasky* und *Tecklenburg* traten für die Listenverbindung als Wahlabrede ein. *Nawiasky* betonte, es handele sich bei der (mehrparteiigen) Listenverbindung nicht um die verpönten Wahlkompromisse, vielmehr werde jeder Partei volle Freiheit gelassen und nur vermieden, daß nicht ausgewertete Reststimmen der verbündeten Parteien indirekt die feindlichen Parteien stärkten[31]. In ähnlicher Weise hob *Tecklenburg* hervor, daß die Parteien, die eine Listenverbindung eingingen, nicht auf einen Wettbewerb untereinander verzichteten[32]. Gegen die mehrparteiige Listenverbindung wandten sich insbesondere *Schleicher*, *Seisser* und *Peter*. Nach *Schleicher* bedeutet die Verbindung der Listen verschiedener Parteien eine „Abbiegung des Verhältnisgrundsatzes"[33]. *Seisser* bezeichnete die Wahlabrede der Listenverbindung als „verderblich für die politische Moral und die Reinheit des Wahlergebnisses", weil unter ihr diejenigen Parteien litten, welche sich einer Verbindung enthielten[34]. Nach *Peter* ist die Abschaffung der Listenverbindung im Interesse der Splitterparteibekämpfung erforderlich[35].

Auch gegen Wahlbündnisse über *gemeinsame Wahlvorschläge* wurden in der Weimarer Zeit Bedenken erhoben. *Nawiasky* sprach von den gemeinsamen Wahlvorschlägen als von den „mit einem gewissen Recht verpönten Wahlkompromissen"[36]. *Seisser* und *Hatschek* unterstrichen nachdrücklich, daß bei gemeinsamen Wahlvorschlägen der Wähler genötigt sei, seiner Überzeugung Gewalt anzutun und für den Kandidaten einer anderen Partei zu stimmen[37]. Demgegenüber hatte *Tecklenburg* keine Bedenken gegen gemeinsame Wahlvorschläge, und auch Werner hielt solche Wahlvorschläge für zulässig[38].

2. Rechtsprechung

In der Weimarer Zeit kam es erstmals zu Gerichtsentscheidungen über die Frage der Zulässigkeit von Wahlbündnissen. Neben dem angeführten Erkenntnis des Wahlprüfungsgerichts beim Reichstag sind

---

[31] Nawiasky, AöR Bd. 59 (1931), S. 179/180.

[32] Tecklenburg, Zeitschr. f. d. ges. Staatsw. Bd. 91 (1931), S. 455.

[33] Schleicher, Diss. Würzburg 1929, S. 35.

[34] Seisser, Diss. Würzburg 1929, S. 34.

[35] Peter, Diss. Freiburg 1933, S. 47.

[36] Nawiasky, AöR Bd. 59 (1931), S. 179/180.

[37] Seisser, a. a. O., S. 31; Hatschek, DtPrStR, Bd. 1, S. 382.

[38] Tecklenburg, Zeitschr. f. d. ges. Staatsw. Bd. 91 (1931), S. 455; ders., Schmollers Jahrbuch Jg. 50 (1926), S. 139; Werner, Diss. Göttingen 1931, S. 11 ff.

Entscheidungen der Staatsgerichtshöfe von Thüringen und Bayern zu erwähnen.

Der *Thüringische Staatsgerichtshof* erklärte in einer Entscheidung vom 6. 12. 1926[39] die Wahlabrede der Listenverbindung — bzw. den die Listenverbindung zulassenden § 21 II des thüringischen LWG i. d. F. vom 3. 7. 1925 (Ges.-S. S. 174) — für vereinbar mit § 6 II der Landesverfassung. Diese Verfassungsnorm bestimmte u. a., daß „jede Partei oder Wählergruppe auf je 12000 (oder restliche 9000) der für ihren Vorschlag abgegebenen Stimmen einen Abgeordneten erhält". Der Staatsgerichtshof legte dar, § 6 II der Landesverfassung könne nicht entnommen werden, daß es ausgeschlossen sein solle, daß eine Partei auf dem Wege über die Wahlvorschlagsverbindung mittels der Reststimmen anderer Parteien einen Sitz bekomme. Ob die Wahlabrede der Listenverbindung „unmoralisch" sei, weil die Angehörigen der verbündeten Parteien unter Umständen dazu verleitet würden, gegen ihre Überzeugung zu handeln, und ob es zweckmäßig sei, durch Zulassung der Listenverbindung die Eigenbrötelei und die Parteizersplitterung zu unterstützen, liege ganz auf politischem Gebiet.

Der Staatsgerichtshof von Thüringen hielt in dieser Entscheidung auch gemeinsame Wahlvorschläge mehrerer Parteien für zulässig.

Der *Bayerische Staatsgerichtshof* befaßte sich in einer Entscheidung vom 22. 9. 1931[40] u. a. mit der Frage, ob es der Weimarer Reichsverfassung entsprach, daß das bayerische LWG keine Möglichkeit der Listenverbindung vorsah. Das Gericht betonte[41], daß ein verfassungsrechtlicher Zwang zur Einführung der Listenverbindung nicht bestehe; die Nichtzulassung der Listenverbindung wirke sich auf alle Parteien gleich aus.

III. Schrifttum und Rechtsprechung nach 1945

1. Schrifttum

Auch nach 1945 finden sich Stellungnahmen zu den *Einerwahlkreis-Aussparungsabkommen* im Rahmen der Diskussion über die Wahlsysteme.

Als Verfechter der Mehrheitswahl in Einerwahlkreisen begrüßt *Hermens* die in diesem Wahlsystem üblichen Aussparungsabkommen lebhaft, weil das Mehrheitswahlverfahren so zu einem Zwei-Parteien-System

[39] Lammers-Simons III, S. 298 ff.
[40] Lammers-Simons IV, S. 341 ff.
[41] Lammers-Simons IV, S. 354.

führe: Aus solchen Wahlbündnissen, die oft für das ganze Land geschlossen würden, ergebe sich eine Tendenz zu gemeinsamer Politik und so könne leicht eine Fusion entstehen; die Mehrzahl der Wähler betrachte diese Wahlbündnisse als so natürlich, daß sie oft spontan und ohne Anleitung von seiten ihrer politischen Führer derartige Koalitionen bilde[42]. Auch *Pfister* beurteilt Aussparungsabkommen positiv; er räumt ihnen in der von ihm vorgeschlagenen Variante der Mehrheitswahl sogar eine Schlüsselstellung ein[43].

Hingegen nennt *Kutzer* die Stichwahlabkommen im Rahmen des absoluten Mehrheitswahlsystems „Wahlkapitulationen hinter den Kulissen" und „unmoralische Kuhhandelsgeschäfte", angesichts deren die Wähler zu geschobenem Stimmvieh würden[44]. Auch *Thoma* und *Leibholz* wenden sich gegen Einerwahlkreis-Aussparungsabkommen; für beide Autoren stellen diese Wahlabsprachen ein Argument gegen das Mehrheitswahlsystem dar[45].

Der *Bericht der vom Bundesminister des Innern eingesetzten Wahlrechtskommission „Grundlagen eines deutschen Wahlrechts"* enthält keine Stellungnahme zu den Aussparungsabkommen und zu sonstigen Wahlabreden, sondern schildert nur kurz die Technik der Aussparungsabkommen und der Listenverbindungen[46]. Der Kommissionsbericht zeigt damit, daß die Frage der Wahlabreden in der Diskussion um das zweckmäßigste Wahlssytem auch nach 1945 nur eine untergeordnete Rolle spielt[47].

Was das Schriftum zum positiven Wahlrecht des Bundes und der Länder anlangt, so halten *Forsthoff, Heimerl, Rietdorf, Schröder, Unkelbach, von Wachter, Füßlein, Mahrenholz, Seifert* und *Schwarz* die Einerwahlkreis-Aussparungsabkommen für zulässig[48].

---

[42] Hermens, Demokratie oder Anarchie?, S. 10; ders. in gleichem Sinne in: Parteien, Volk und Staat, S. 16, 19.

[43] Pfister DÖV 51, 323 f. Wahlbündnisse eigener Art empfiehlt Pfister im Rahmen der von ihm vorgeschlagenen Zwei- bzw. Dreistufenwahl; vgl. Pfister, Das ungelöste Wahlproblem, S. 30 ff., 49 ff.

[44] Kutzer SJZ 46, 125.

[45] Thoma, R-St-W, Bd. 1, S. 15; Leibholz, Strukturprobleme, S. 55.

[46] Wahlrechtsbericht, S. 26.

[47] So ist z. B. in den fünf Jahrgängen der Zeitschrift „Der Wähler" (Frankfurt 1951—1955, hrsg. von der — für das Mehrheitswahlsystem eintretenden — deutschen Wählergesellschaft) so gut wie gar nicht von Wahlabsprachen die Rede.

[48] Vgl. Forsthoff, AöR Bd. 76 (1950), S. 376; Heimerl, Diss. Mainz 1954, S. 198; Rietdorf, Landtagswahlgesetz, Anm. 18 zu § 20, S. 40; Schröder, Diss. Köln 1955, S. 84 ff.; Unkelbach, Wahlsystematik, S. 130 Fußn. 4 sowie S. 130/131 Fußn. 5; von Wachter, Diss. München 1956, S. 149 Fußn. 11 sowie S. 157 f.; Füßlein DÖV 57, 603 f.; Mahrenholz, Diss. Göttingen 1957, S. 101 ff.; Seifert, Kommentar, Erl. 1 zu § 19 I BWG, S. 113; ders. DÖV 61, 750 f.; Schwarz DÖV 62, 374.

Nach *Forsthoff* ist das Einerwahlkreis-Aussparungsabkommen — wenn es abgeschlossen wird auf der Grundlage eines Wahlgesetzes der personalisierten Verhältniswahl mit einem Listenverbindungs-Verbot — zwar ein taktischer Gegenzug gegen das Verbot der Listenverbindung, aber keine unzulässige Umgehung desselben, sondern ein vom Gesetz nicht erfaßtes Mittel sui generis, um die Vorteile der Listenverbindung auf anderem Wege zu erreichen[49].

Für *Rietdorf* liegt die „Frage der sog. Wahlkreisabsprachen" „außerhalb des Wahlrechts" und ist „allein eine Sache der Parteien und des Einflusses auf ihre Anhänger"[50].

Unkelbach erklärt, der Mißbrauchsgedanke könne selbst in dem Falle nicht herangezogen werden, in dem ein umfassendes Aussparungsabkommen im Rahmen der personalisierten Verhältniswahl des BWG zu einer großen Zahl von Überhangmandaten führt; denn die Grenzen des Mißbrauchs seien kaum festzustellen[51].

Auch *Seifert* — und ihm folgend *Mahrenholz* — hält selbst die Abkommen für zulässig, die auf das ganze Wahlgebiet ausgedehnt werden: Eine solche horizontale Aufteilung des Wahlgebiets habe in einem Wahlsystem mit vollem Verhältnisausgleich im allgemeinen nur beschränkte Bedeutung, nämlich für die Gewinnung von Grundmandaten zum Überspringen der Sperrklausel und gegebenenfalls für den Erwerb von Überhangmandaten; das Wahlsystem im ganzen werde dadurch nicht in Frage gestellt[52]. Einerwahlkreis-Aussparungsabkommen seien auch dann zulässig, wenn das Wahlgesetz ein Listenverbindungs-Verbot und ein Verbot gemeinsamer Wahlvorschläge vorschreibe; diese Verbote seien, wie Listenverbindungen und gemeinsame Wahlvorschläge selbst, streng umrissene wahlrechtliche Figuren, die keinerlei analoge Ausdehnung auf andere Formen wahltaktischer Kooperation gestatteten[53]. Wahlkreis-Aussparungen seien eine im deutschen Wahlrecht fest verwurzelte und von der Überzeugung ihrer Rechtmäßigkeit getragene Übung, so daß sie als Gewohnheitsrecht angesehen werden müßten[54].

Nach *Schwarz* ist das Einerwahlkreis-Aussparungsabkommen zulässig und ein Verbot desselben unmöglich, weil keine Partei gezwungen werden könne, Wahlvorschläge einzureichen[55].

---

[49] Forsthoff, a. a. O.

[50] Rietdorf, a. a. O. In DÖV 53, 491 wendet sich Rietdorf allgemein gegen Wahlabreden, da diese eine klare Entscheidung des Wählers beeinträchtigten.

[51] Unkelbach, Wahlsystematik, S. 130/131 Fußn. 5.

[52] Seifert, Kommentar, Erl. 1 zu § 19 I BWG, S. 113; Mahrenholz, Diss. Gött. 1957, S. 103 ff.

[53] Seifert DÖV 61, 750 f.

[54] Seifert DÖV 61, 751.

[55] Schwarz DÖV 62, 374.

Röhl und *Eschenburg* wenden sich gegen Einerwahlkreis-Aussparungsabkommen, die im Rahmen der personalisierten Verhältniswahl geschlossen werden, um — unter Ausnützung der Alternativklausel — einer kleinen Partei das Überspringen der 5 vH-Hürde zu ermöglichen[56]. *Röhl* bemerkt zu den von CDU und Zentrum bei den Bundestagswahlen von 1953 und den nordrhein-westfälischen Landtagswahlen von 1954 vereinbarten Abkommen, daß eine derartige Umgehung des Wahlgesetzes dem CDU-Wähler in den bewußten Wahlkreisen die Möglichkeit genommen habe, seine Stimme gemäß seiner Überzeugung abzugeben; es sei aber keine verfassungsrechtliche Handhabe hiergegen ersichtlich[57]; den Parteien sei im Wahlkampf alles erlaubt, was nicht ausdrücklich verboten sei[58]. *Eschenburg* spricht von „Wahlkreisgeschäften“, die einen Verstoß gegen den institutionellen Zweck der 5 vH-Sperrklausel und damit eine Umgehung dieser Klausel darstellten[59].

Förmliche gemeinsame Wahlvorschläge sind nach *Heimerl, Rietdorf, von Wachter* und *Seifert* unzulässig[60].

Nach *Seifert* — ähnlich *Heimerl* und *von Wachter* — sind die Wahlgesetze der personalisierten Verhältniswahl, insbesondere das BWG, auf die Figur des förmlichen gemeinsamen Wahlvorschlags nicht zugeschnitten, weil bei solchen Wahlvorschlägen die Verrechnung von Wahlkreis- und Listenmandaten nicht funktionieren könne. Das BWG lasse an mehreren Stellen (so in den §§ 6 II 1, 21 IV, 28 II) ausdrücklich nur den einfachen einparteiigen Parteiwahlvorschlag zu.

Verdeckt-gemeinsame Wahlvorschläge werden von *Schröder* und *Seifert* für statthaft gehalten, weil die Parteizugehörigkeit des Bewerbers vom Standpunkt des Wahlrechts unerheblich sei[61]. Auch *Feneberg* erachtet es für zulässig, daß eine Partei Bewerber einer anderen Partei in ihren Wahlvorschlag aufnimmt[62].

---

[56] Vgl. Röhl DVBl. 54, 562; Eschenburg, Festgabe für Hartung, S. 415 f.

[57] So auch Schröder, Diss. Köln 1955, S. 85.

[58] So auch von Wachter, Diss. München 1956, S. 158; Mahrenholz, Diss. Göttingen 1957, S. 104 f.

[59] Eschenburg, a. a. O., S. 416. Allerdings dürfte die Stellungnahme Eschenburgs nicht in dem Sinne einer rechtlichen Unzulässig-Erklärung, sondern als politisches Werturteil gemeint sein.

[60] Vgl. Heimerl, Diss. Mainz 1954, S. 198; Rietdorf, Landtagswahlgesetz, Anm. 18 zu § 20, S. 40; von Wachter, a. a. O., S. 149; Seifert, Kommentar, Erl. 1 zu § 19 I BWG, S. 112 f. (Die Ausführungen von Heimerl, von Wachter und Seifert beziehen sich nur auf förmliche gem. Wahlvorschläge im Rahmen der personalisierten Verhältniswahl.)

[61] Vgl. Schröder, Diss. Köln 1955, S. 84 f.; Seifert, Kommentar, Erl. 1 zu § 19 I BWG, S. 112 sowie Erl. zu § 21 I 1 BWG, S. 120.

[62] Feneberg, Landeswahlgesetz, Erl. I 3 zu Art. 40, S. 66.

Gegen *Wahlvorschläge eines Parteienblocks* wenden sich *Schröder* und *Seifert*[63]: Organisatorische Zusammenschlüsse selbständiger Parteien seien nur dann wahlvorschlagsberechtigt, wenn der Zusammenschluß in der Verschmelzung mehrerer Parteien zu einer neuen Partei bestehe. Nach *Seifert* sind insbesondere die Vorschriften über die innerparteiliche Bewerberaufstellung (die §§ 22, 28 V BWG) bei Wahlvorschlägen eines Parteienblocks nicht ausführbar.

Dagegen halten *Heimerl, Ipsen* und *von Wachter* Wahlvorschläge eines Parteienblocks für zulässig[64]. Diese Autoren betrachten den Parteienblock als wahlvorschlagsberechtigte „Partei" im Sinne der Wahlgesetze und betonen insbesondere, daß ein Listenverbindungs-Verbot Wahlvorschläge eines Parteienblocks nicht erfasse.

Zur Wahlabrede der *Listenverbindung* nehmen *Schälchlin, Forsthoff, von Mangoldt, von Wachter* und *Maunz* in positivem Sinne Stellung[65].

Nach *Schälchlin* ergeben sich gegen die mehrparteiige Listenverbindung deshalb keine Bedenken, weil jede Gruppe, die an einer Listenverbindung beteiligt sei, auf eigene Rechnung kämpfe und die Bedeutung der Verbindung auf die Restmandate beschränkt sei.

Forsthoff, von Mangoldt, von Wachter und *Maunz* wenden sich gegen wahlgesetzliche Listenverbindungs-Verbote. Nach *Forsthoff, von Mangoldt* und *von Wachter* bedeutet der Ausschluß der Listenverbindung eine die Gleichheit der Wettbewerbschancen verletzende Benachteiligung der kleineren Parteien[66]. *Von Mangoldt* und *von Wachter* sehen im Listenverbindungs-Verbot außerdem einen Verstoß gegen die Wahlgleichheit, weil die Wähler kleinerer Parteien ihrer Freiheit beraubt würden, über die Reststimmen zugunsten einer wesensverwandten Partei zu verfügen, und damit gegenüber den Wählern der Massenparteien, deren Reststimmen nicht verlorengingen, benachteiligt seien. Auch nach *Maunz* engt das Listenverbindungs-Verbot die Freiheit der Wähler ein.

---

[63] Vgl. Schröder, a. a. O., S. 81, 83 f.; Seifert, Kommentar, Erl. 1 zu § 19 I BWG, S. 112 f.; ders., Ergänzungsheft, Erl. zu § 19 I BWG, S. 43 f.

[64] Vgl. Heimerl, Diss. Mainz 1954, S. 199; Ipsen, Hamburgs Verf. und Verwaltung, S. 266 ff.; von Wachter, Diss. München 1956, S. 151, 154 f., 321. Für die Zulässigkeit von Block-Wahlvorschlägen offenbar auch Feneberg, Landeswahlgesetz, Erl. I 3 zu Art. 40, S. 66.

[65] Vgl. Schälchlin, Diss. Zürich 1946, S. 37 f.; Forsthoff DRZ 50, 315; ders., AöR Bd. 76 (1950), S. 372; von Mangoldt DÖV 50, 573; ders., Bonner Grundgesetz, Art. 38 Erl. 3, S. 232; von Wachter, a. a. O., S. 151 ff., 317 ff.; Maunz-Dürig, Art. 38 Randnr. 47.

[66] Diese These erhält Forsthoff in AöR Bd. 76 (1950), S. 372 Fußn. 4 nicht mehr voll aufrecht.

Demgegenüber lehnen *Schnewlin, Groß, Heimerl, Schröder* und *Müller* die Wahlabrede der Listenverbindung ab[67].

Nach *Schnewlin* ist die mehrparteiige Listenverbindung „nichts anderes als politische Spekulation", auf die der Wähler keinerlei Einfluß habe und die nur der politischen Feindschaft zu gegnerischen Parteien entspringe[68].

Für *Groß* „steht und fällt das demokratische System einer politischen Willensbildung mit dem Verbot einer Verbindung von Wahlvorschlägen mehrerer Parteien"[69]; Groß befürchtet, daß die politische Entscheidung der Wahl durch Wahlabreden vorweggenommen wird. *Heimerl* begrüßt das Listenverbindungs-Verbot als „legitimes Kampfmittel gegen die Parteizersplitterung"[70].

Nach *Schröder* wird durch die mehrparteiige Listenverbindung die klare Entscheidung des Wählers beeinträchtigt; der Wähler wolle seine Stimme nur „seiner" Partei geben, nicht einer wesensverwandten oder gar disparaten Partei, mit der die Parteileitung zufällig ein Wahlbündnis geschlossen habe; das Listenverbindungs-Verbot stelle geradezu eine Sanktionierung der Chancengleichheit dar, weil sonst die verbündeten Parteien im Vorteil seien[71].

Müller führt gegen die mehrparteiige Listenverbindung u. a. an, es widerspreche dem Rechtsdenken, einen Erfolg von erheblicher materieller Tragweite wie den Gewinn eines oder mehrerer Restmandate von einer bloßen Zahlenzufälligkeit abhängig zu machen; die mehrparteiige Listenverbindung entwerte die angestrebte Proportionalität, ihr Verbot dagegen fördere die Klärung der großen politischen Richtungen und gebe der Reststimmenverteilung ihren ursprünglichen Charakter — die proportional genaue Auswertung — zurück[72].

Nach *Klein* und *Seifert* ist sowohl die Listenverbindung wie auch das Listenverbindungs-Verbot verfassungsrechtlich zulässig[73]. Sei-

---

[67] Vgl. Schnewlin, Diss. Bern 1946, S. 138 ff.; Groß DÖV 51, 291 f.; Heimerl, Diss. Mainz 1954, S. 204 ff.; Schröder, Diss. Köln 1955, S. 82 f.; Müller, Wahlsystem, S. 244 ff.

[68] Schnewlin, a. a. O., S. 141.

[69] Groß, DÖV 51, 291; die polemischen Ausführungen von Groß richten sich — wie man den Beispielen entnehmen muß — offenbar auch gegen Aussparungsabkommen und gegen Abkommen über gemeinsame Wahlvorschläge.

[70] Heimerl, a. a. O., S. 206.

[71] Schröder, a. a. O., S. 82 f.

[72] Müller, a. a. O., S. 246 f.

[73] Vgl. von Mangoldt-Klein, Art. 38 Erl. III 2 e, S. 881; Seifert, Ergänzungsheft, Art. 38 GG Randnr. 17. Beide Autoren machen dabei keinen Unterschied zwischen der einparteiigen und der mehrparteiigen Listenverbindung.

fert führt aus, es handele sich bei der Listenverbindung um eine rein positivrechtliche Regelung, die der Gesetzgeber auf Grund seiner Dispositonsmöglichkeit über die Proporzausgestaltung so oder so entscheiden könne.

2. Rechtsprechung

a) Das Bundesverfassungsgericht

Das Bundesverfassungsgericht hat in mehreren Entscheidungen kurz zum *Einerwahlkreis-Aussparungsabkommen* Stellung genommen.

Besondere Beachtung verdienen die Urteile des 2. Senats vom 5. 4. 1952[74] und vom 11. 8. 1954[75], die beide einen Organstreit zwischen dem Südschleswigschen Wählerverband (SSW) und dem Landtag sowie der Landesregierung von Schleswig-Holstein zum Gegenstand haben.

Das Urteil vom 5. 4. 1952, die erste Wahlrechtsentscheidung des Bundesverfassungsgerichts, beschäftigte sich mit der Sperrklausel gegen Splitterparteien, die das schleswig-holsteinische LWG vom 22. 10. 1951 (GVBl. S. 180) — im Rahmen des personalisierten Verhältniswahlsystems — auf den Hundertsatz von 7,5 erhöht hatte. Das Gericht führte aus, es müßten ganz besondere, zwingende Gründe gegeben sein, um ein über den gemeindeutschen Satz von 5 vH hinausgehendes Quorum zu rechtfertigen. Obwohl das Gericht solche Gründe in den Verhältnissen von Schleswig-Holstein nicht zu finden vermochte, verwarf es die 7,5 vH-Sperrklausel des schleswig-holsteinischen LWG nicht schon deshalb. Es war nämlich der Ansicht, daß im System der personalisierten Verhältniswahl ein an sich zu hohes Quorum durch die Alternativklausel, nach welcher — unabhängig vom Quorum — bei Gewinn eines Mandats im Einerwahlkreis die Teilnahme am Verhältnisausgleich offensteht (§ 3 I des schleswig-holst. LWG), gewissermaßen „gerettet" werde. In diesem Zusammenhang kam das Gericht auf Einerwahlkreis-Aussparungsabkommen zu sprechen[76]: In den beiden Flensburger Wahlkreisen, die bisher die Domäne des SSW gewesen seien, fehle es angesichts des Gegensatzes zwischen der deutschen Mehrheit und der dänischen Minderheit an der vorausgesetzten normalen Situation des Wettbewerbs der sich um einen Sitz bewerbenden politischen Parteien. Dort könnten sich nämlich — wie die Vorgänge bei der Bundestagswahl 1949 gezeigt hätten — Parteien, die in allen übrigen Wahlkreisen des Landes eigene Kandidaten aufstellten und sich bekämpften, zusammentun, um dem SSW die Wahlkreismandate und damit die Mög-

---

[74] BVerfGE 1, 208 ff.

[75] BVerfGE 4, 31 ff.

[76] BVerfGE 1, 259 f.

lichkeit der Teilnahme am Verhältnisausgleich zu nehmen. Da angesichts dieser besonderen konkreten Lage in den betroffenen Wahlkreisen die normale Situation gestört sei, vermöge die Kombination des Quorums von 7,5 vH mit der alternativen Voraussetzung eines direkt erlangten Mandats die Rechtsgültigkeit der Sperrklausel nicht zu begründen.

Als der schleswig-holsteinische Gesetzgeber auf Grund dieser Entscheidung die Sperrklausel auf 5 vH reduzierte, fühlte sich der SSW deshalb benachteiligt, weil ihm als Partei einer nationalen Minderheit keine Sonderbehandlung in Gestalt einer Ausnahme vom Quorum zuteil wurde. Das Bundesverfassungsgericht erklärte in seiner Entscheidung vom 11. 8. 1954, die Eigenschaft einer politischen Partei als Vertretung einer nationalen Minderheit begründe keine so wesentliche Verschiedenheit, daß der Gesetzgeber sie bei der Gestaltung der Rechte der politischen Parteien im Wahlverfahren berücksichtigen müßte. Darüber hinaus distanzierte sich der 2. Senat von denjenigen Darlegungen seiner Entscheidung vom 5. 4. 1952, die der „Rettung" eines zu hohen Quorums durch die Alternativklausel galten und Aussparungsabkommen betrafen. Bezüglich der Wahlbündnisse stellte er nun fest[77], daß alles das, was sich durch die rechtlich erlaubten Maßnahmen der politischen Parteien im Wahlkreis entwickle, „normale Situation" in einem Wahlkampf sei; wenn sich andere Parteien gegen den SSW zusammenschließen und ihn dadurch um das sonst vielleicht erreichbare Grundmandat bringen würden, so sei das keine „anormale Situation", sondern die Konsequenz eines für alle Parteien bestehenden Risikos.

Daß der 2. Senat des Bundesverfassungsgerichts die Aussparungsabkommen innerhalb kurzer Zeit so gegensätzlich beurteilte, dürfte u. a. auch daraus zu erklären sein, daß er die Frage der rechtlichen Grenzen derartiger Wahlbündnisse nicht eingehend behandelte. Er hätte dies in der Entscheidung vom 5. 4. 1952 tun müssen; denn was er dort zu den Aussparungsabkommen ausführte, bedeutete — im Gegensatz zu der Stellungnahme im Urteil vom 11. 8. 1954 — kein bloßes obiter dictum[78].

Eine weitere Stellungnahme zu den Einerwahlkreis-Aussparungsabkommen findet sich in der Entscheidung des Bundesverfassungsgerichts (2. Senat) vom 23. 1. 1957[79]. In dieser Entscheidung wurde zur Alter-

---

[77] BVerfGE 4, 43.

[78] Möglicherweise wurde die Meinungsänderung des 2. Senats durch die Entscheidung des 1. Senats des Bundesverfassungsgerichts vom 3. 6. 1954 (BVerfGE 3, 383 ff.) mit ausgelöst; der 1. Senat setzte in dieser Entscheidung (vgl. S. 398) — en passant — die Zulässigkeit von Einerwahlkreis-Aussparungsabkommen als selbstverständlich voraus.

[79] BVerfGE 6, 84 ff.

nativklausel des BWG (§ 6 IV 1) ausgeführt, durch die Erhöhung der Zahl der zum Überspringen der 5 vH-Sperre nötigen Wahlkreismandate von 1 auf 3 würden Manipulationen erschwert, die dem Grundgedanken der Privilegierung von Schwerpunktparteien zuwiderliefen[80]. Mit dem Ausdruck „Manipulationen" konnten nur Aussparungsabkommen zur Ausnutzung der Alternativklausel gemeint sein.

Zu den Wahlabreden über *Listenverbindungen* hat sich der 1. Senat des Bundesverfassungsgerichts in einem Beschluß vom 13. 6. 1956[81] geäußert.

In der diesem Beschluß zugrunde liegenden Verfassungsbeschwerde gegen das Wahlgesetz zum zweiten Bundestag, insbesondere gegen dessen Sperrklausel, war u. a. vorgetragen worden, die Ungerechtigkeit der 5 vH-Sperrklausel werde dadurch vergrößert, daß das Verbot der (mehrparteiigen) Listenverbindung (§ 10) das Gewicht dieser Klausel noch verstärke; damit sei zugleich das Recht der Vereinigungsfreiheit aus Art. 9 GG verletzt. Das Gericht entschied, auch das Listenverbindungs-Verbot mache die Sperrklausel nicht verfassungswidrig[82]: Dieses Verbot solle vor allem eine Umgehung der Sperrklausel verhindern und verfolge schon deshalb ein legitimes Ziel; inwiefern es gegen Art. 9 GG verstoßen solle, sei nicht ersichtlich; mit der Zulassung verbundener Listen habe die Vereinigungsfreiheit nichts zu tun.

b) Die Ländergerichte

Das *Oberverwaltungsgericht Lüneburg* und der *Staatsgerichtshof von Baden-Württemberg* haben das Problem der rechtlichen Grenzen von Wahlabsprachen in bezug auf *Einerwahlkreis-Aussparungsabkommen* eingehend erörtert.

Dem *Urteil des OVG Lüneburg vom 19. 6. 1950*[83] lag eine Klage von CDU, FDP und DP gegen das Land Schleswig-Holstein wegen zweier Bestimmungen des schleswig-holsteinischen LWG vom 27. 2. 1950 (GVBl. S. 77) zugrunde — der Bestimmung der sog. Kumulativklausel, wonach nur solche Parteien am Verhältnisausgleich teilnehmen, die in allen Einerwahlkreisen Wahlvorschläge einreichen (§ 3 I LWG), und der Bestimmung über das Verbot der Verbindung von Wahlvorschlägen (§ 24 III 1 LWG). Das beklagte Land hatte Widerklage erhoben, die sich gegen das von den klagenden Parteien vereinbarte Aussparungsabkom-

---

[80] BVerfGE 6, 96 f.

[81] BVerfGE 5, 77 ff.

[82] BVerfGE 5, 84.

[83] OVGE 2, 157 ff. = AöR Bd. 76 (1950), S. 344 ff. mit Anm. von Forsthoff. Das OVG Lüneburg entschied als Verfassungsgerichtshof für Schleswig-Holstein (in einem Organstreit).

men richtete, nach welchem bei der am 9. 7. 1950 bevorstehenden Landtagswahl in jedem der 46 Wahlkreise des Wahlgebiets jeweils nur eine der drei Parteien einen Bewerber zur Wahl stellen sollte[84]. Das OVG wies Klage und Widerklage als unbegründet ab.

Bezüglich des Verbindungs-Verbots sprach das OVG von einer „Linie der Beschränkung der freien Listenverbindung im deutschen Wahlrecht“: derartige Verbote beeinträchtigten weder die Freiheit der Parteigründung noch die Freiheit der politischen Wirkungsmöglichkeiten der Parteien.

Ausführlicher ging das Gericht auf das Aussparungsabkommen der klagenden Parteien ein. Die Landesregierung hatte in der Widerklage vorgetragen, dieses Abkommen verstoße gegen die Kumulativklausel, gegen die 5 vH-Sperrklausel, gegen das Verbot der Verbindung von Wahlvorschlägen mehrerer Parteien und gegen die Vorschriften über die Wahl der Bewerber auf Parteiversammlungen; das Abkommen habe den Zweck, alle diese Gesetzesbestimmungen zu umgehen; es lasse außerdem den einzelnen Wähler einflußlos werden.

Das OVG erklärte, es bestehe kein Anlaß, das Abkommen unter dem Gesichtspunkt der Splitterparteibekämpfung zu prüfen; denn die Bekämpfung der Splitterparteien erfolge erst auf Landesebene mittels der 5 vH-Klausel; an der Wahl über Landeslisten aber nähmen die klagenden Parteien keinen Anteil, weil sie — bei Bejahung der Frage nach der Gültigkeit der Kumulativklausel — infolge ihrer Taktik der Wahlkreis-Aussparung keine Landeslisten aufstellen dürften.

Zur Frage, ob durch Aussparungsabkommen das Listenverbindungs-Verbot umgangen wird, führte das Gericht aus, daß zwar dem praktischen Erfolg nach Aussparungsabkommen bis zu einem gewissen Grade einer Verbindung gleichkämen, daß aber Verbindungs-Verbote als das wahltaktische Verhalten einschränkende Ausnahmevorschriften eng auszulegen seien und nicht durch analoge Anwendung erweitert werden dürften. Die Parteien dürften sich im Kampf um die Macht aller Mittel bedienen, die nicht ausdrücklich für unzulässig erklärt worden seien.

Nach Ansicht des Gerichts war nicht erkennbar, daß das zu beurteilende Abkommen in die demokratische Struktur des Parteilebens, insbesondere in die freie Entschließung innerhalb der Parteiorganisationen, eingreift. Das Gericht erklärte, eine Nominierung der einzelnen Wahlkreisbewerber auf ordnungsmäßigen Parteiversammlungen sei nach wie vor möglich — selbst wenn das Abkommen allein von den Parteiführern getroffen worden sein sollte.

---

[84] Die CDU sollte 24, die DP 13 und die FDP 9 Wahlkreise erhalten.

Schließlich verletzte das Aussparungsabkommen der klagenden Parteien nach Auffassung des Gerichts auch nicht den Grundatz der freien Wahl: Man könne grundsätzlich damit rechnen, daß die Parteileitungen ein solches Abkommen in Übereinstimmung mit dem Willen ihrer Anhänger schließen. Wenn Teile der Anhängerschaft das Abkommen nicht billigten, so brauchten die Wähler dem Kandidaten, der ihnen vorgestellt werde, ihre Stimme nicht zu geben, vielmehr könnten sie sich für den Bewerber einer anderen Partei entscheiden oder sich notfalls der Stimme enthalten — jedenfalls bleibe ihnen immer noch die Freiheit ihrer Entschließung. —

Der *Staatsgerichtshof von Baden-Württemberg* hielt in seiner *Entscheidung vom 6.2.1961*[85] das bei den baden-württembergischen Landtagswahlen vom 15.5.1960 von CDU und FDP/DVP vereinbarte Aussparungsabkommen, nach dem im Wahlkreis Waiblingen I die FDP/DVP und im Wahlkreis Waiblingen II die CDU keinen Kandidaten nominierte, für unzulässig. Das Gericht gab einer Wahlprüfungsbeschwerde statt und hob die Wahl in den beiden Waiblinger Wahlkreisen auf.

Der StGH führte zunächst aus, die Wahlfreiheit sei durch das Waiblinger Abkommen nicht verletzt worden; es sei kein Druck oder Zwang auf den Wähler ausgeübt worden. Die Parteien seien nicht verpflichtet, Wahlvorschläge einzureichen; das Recht des einzelnen auf Wahlfreiheit sei beschränkt durch das aus Art. 21 GG folgende Recht der Parteien auf die Freiheit zur Mitwirkung an der Gestaltung des Verfassungslebens.

Der StGH stützte seine Entscheidung auf Art. 4 des baden-württembergischen LWG, der die Verbindung von Wahlvorschlägen und die Aufstellung gemeinsamer Wahlvorschläge untersagt. Das Gericht legte dar, daß gegen dieses Verbot weder unter dem Gesichtspunkt der in Art. 21 GG den Parteien eingeräumten Freiheiten noch unter dem Gesichtspunkt der Wahlfreiheit Bedenken zu erheben seien. Jede politische Wahl stehe heute notwendig im Spannungsfeld zwischen der Wahlfreiheit des Bürgers einerseits und der Entfaltungsmöglichkeit der Parteien andererseits. Für die Ausgestaltung dieses Spannungsfelds habe die Verfassung dem Gesetzgeber einen weiten Spielraum gelassen.

Nach Ansicht des StGH stellte das Waiblinger Aussparungsabkommen eine unzulässige Umgehung des Art. 4 LWG dar: Diese Bestimmung wolle — wie die Entstehungsgeschichte ergebe — klare politische Verhältnisse schaffen und den Wähler vor eine echte politische Entschei-

---

[85] ESVGH 11 II, 25 ff. = DÖV 61, 744 ff. mit Anm. von Seifert.

dung stellen. Bei gemeinsamen Wahlvorschlägen müsse der Wähler sich gleichzeitig für eine Mehrheit verbundener Parteien mit mehr oder minder gegensätzlicher Zielsetzung entscheiden, so daß ihm eine klare politische Entscheidung unmöglich gemacht würde. Eine derartige unklare Situation entstehe auch dann, wenn zwei Parteien Abreden über wechselseitige Verpflichtungen zu Wahlkreis-Aussparungen treffen und diese Abreden ihren Wählern bekanntgeben würden mit der gemeinsamen Aufforderung, die Absprache zu befolgen. Der Wähler werde nämlich dann im Grunde dazu aufgefordert, die eine, ihm mißliebige, Partei zu wählen, *damit* er durch seine Stimmgabe das Wahlabkommen realisiere und so zugleich der anderen — „seiner" — Partei im anderen Wahlkreis zum Erfolg verhelfe; denn der Wähler müsse sich sagen, daß das Abkommen den beabsichtigten Erfolg nur dann haben könne, wenn die Anhänger der verbündeten Parteien in ihrer Mehrheit die Aufforderung befolgten. Dem Wähler werde so gerade das angesonnen, was durch das Verbot gemeinsamer Wahlvorschläge verhindert werden sollte: zugleich die eine *und* mittelbar die andere Partei zu wählen. Es komme hinzu, daß die Parteien des Waiblinger Bündnisses in gemeinsamen Wahlinseraten erklärt hätten, sie würden in den betreffenden Wahlkreisen „gemeinsam wählen". Auch hierdurch sei für den Durchschnittswähler eine unklare Situation entstanden und der Zweck des Art. 4 LWG vereitelt worden. —

Das *Hamburgische Verfassungsgericht* hat in einem *Urteil vom 1. 12. 1958* zu *Listenverbindungen* und zu *Wahlvorschlägen eines Parteienblocks* Stellung genommen und insbesondere die Frage erörtert, ob wahlgesetzliche Verbote von Listenverbindungen und Block-Wahlvorschläge zulässig sind[86].

In der dem Urteil zugrunde liegenden Wahlprüfungsbeschwerde war behauptet worden, § 18 des Gesetzes über die Wahl zur hamburgischen Bürgerschaft vom 6. 12. 1956 (GVBl. S. 497) sei insoweit mit dem Grundgesetz und der hamburgischen Verfassung unvereinbar, als er die Listenverbindung verbiete sowie „Parteienverbindungen" die Befugnis zum Einreichen von Wahlvorschlägen abspreche; daher sei die Wahl zur hamburgischen Bürgerschaft vom 10. 11. 1957 ungültig. Das Verfassungsgericht wies die Wahlprüfungsbeschwerde zurück.

Das Gericht führte aus, gegen die Listenverbindung, die früher ein fester Bestandteil des Verhältniswahlrechts gewesen sei, bestünden grundsätzlich keine Bedenken; der Gesetzgeber könne sie jedoch verbieten. Dies verstoße nicht gegen Gleichheit und Freiheit der Wahl. Das Verbindungs-Verbot verfolge deshalb einen legitimen Zweck, weil

---

[86] HVerfG 1 u. 2/58; das Urteil ist nicht veröffentlicht.

bei Zulassung der Listenverbindung die Wirkung der 5 vH-Sperrklausel gegen Splitterparteien völlig verloren gehen würde.

Daß das Wahlgesetz Wahlvorschläge einer „Parteienverbindung" ausschließt, hielt das Gericht ebenfalls für verfassungsmäßig. Es legte dar, mit „Parteienverbindung" meine der Gesetzgeber den Fall, daß zwei oder mehr Parteien sich zu einer Organisation — zu einem „Block", „Bund" od. dgl. — zusammenschließen würden und dabei jede einzelne Partei ihre Selbständigkeit aufrechterhalten würde. Ein solcher Parteienblock sei nicht als Partei im Sinne der Wahlgesetze zu qualifizieren. Wahlvorschläge eines Parteienblocks seien selbst dann unzulässig, wenn das Wahlgesetz — wie das BWG — keine besondere Bestimmung dahingehend enthalte, daß Wahlvorschläge „nicht von Parteienverbindungen" eingereicht werden könnten.

3. Exkurs: Stellungnahmen im Bundestag

In der politischen Diskussion sind Wahlabsprachen gewöhnlich eine Quelle heftigen Streits. Hiervon legen vor allem die Wahlgesetz-Debatten des Bundestages Zeugnis ab.

Im Bundestag entzündeten sich immer wieder die politischen Leidenschaften, als man über Bestimmungen beriet, die den Abschluß gewisser Wahlbündnisse erleichtern oder einen Anreiz zum Abschluß von Wahlbündnissen bieten, und man auch Wahlabrede-Verbote erörterte[87]. Dabei ergab sich in der Beurteilung der Wahlabsprachen ein scharfer Gegensatz zwischen der SPD einerseits und den übrigen Parteien andererseits. Dies sei anhand von zwei Äußerungen belegt, welche die Grundhaltung der beiden Fronten zum Ausdruck brachten:

Der *CDU-Abgeordnete Brand* erklärte am 15. 3. 1956:

„Die SPD möchte alle Hilfen für Wahlabsprachen beseitigen ... Wir aber möchten die Wahlabsprachen fördern, denn Wahlabsprachen sind gut; sie fügen zusammen, sie unieren, was andere trennen möchten, um darüber zu herrschen"[88].

Der *SPD-Abgeordnete Rehs* erklärte am 7. 2. 1957:

„Die Demokratie kann auch auf andere Weise gefährdet werden als durch die Existenz einiger kleiner Parteien: dazu gehört das ganze Ka-

---

[87] Vgl. insbesondere: Verhandlungen des dt. Bundestages, 1. Wahlperiode 1949, Sten.Ber. Bd. 15, S. 12 202 D — 12 235 (254. Sitzung des 1. Bundestages vom 18. 3. 1953); 2. Wahlp. 1953, Sten.Ber. Bd. 26, S. 5317 D — 5349 A (94. Sitzung des 2. Bundestages vom 6. 7. 1955); 2. Wahlp. 1953, Sten.Ber. Bd. 28, S. 6934 B — 6950 (134. Sitzung des 2. Bundestages vom 15. 3. 1956).

[88] Verhandlungen des dt. Bundestages, 2. Wahlp. 1953, Sten.Ber. Bd. 28, S. 6936 B.

pitel der Strangulierung der kleinen Parteien und der Korrumpierung des Wahlgedankens durch Methoden aller möglichen und unmöglichen Wahlmanipulationen, Blockabsprachen und Kuhhandeleien, mit denen der Wille der Wähler schon vor der Wahl retuschiert und entstellt wird."

„Wir haben Sie immer wieder vor diesen Methoden und ihren Folgen gewarnt. In jeder Wahlgesetzdebatte haben wir Sie aufgefordert, endlich den Wähler zu respektieren und ihn unverfälscht seinen Willen sprechen zu lassen. Sie haben unsere Anträge auf Verbot von Wahlabsprachen, Listenverbindungen usw. immer wieder abgelehnt"[89].

[89] Verhandlungen des dt. Bundestages, 2. Wahlp. 1953, Sten.Ber. Bd. 35, S. 10885 C.

Zweiter Abschnitt

Die verbotsunabhängigen Grenzen von Wahlabsprachen

Erstes Kapitel

Bestimmungen des objektiven Rechts als Grenze

§ 5 Die Bestimmungen über die Wahlvorschläge als Grenze

I. Art. 21 GG als verfassungsrechtlicher Hintergrund

Bei der Erörterung der Frage, was sich aus den wahlgesetzlichen Bestimmungen über die Wahlvorschläge der Parteien für die Beurteilung von Wahlbündnissen ergibt, geht man am besten von Art. 21 GG aus; denn dieser Artikel ist die verfassungsrechtliche Basis für die Teilnahme der politischen Parteien an Parlamentswahlen.

Wenn man — was in dieser Arbeit geschehen soll — als „Parteienstaat" einen Staat bezeichnet, dessen „staatsrechtliche Organisationsform ohne entscheidende Mitwirkung der politischen Parteien nicht funktionsfähig ist"[1] und dessen Rechtsordnung dies berücksichtigt, dann darf man in Art. 21 GG die verfassungsrechtliche Anerkennung und die Grundnorm unseres heutigen Parteienstaats sehen[2]. Art. 21 GG enthält in Abs. I S. 1 die institutionelle Garantie der Mitwirkung der

---

[1] Koellreutter, Die polit. Parteien im modernen Staate, S. 86. Daß im parlamentarisch-demokratischen Staat des 20. Jahrhunderts Parteien unentbehrlich sind, ist unbestritten.

[2] Ob Art. 21 GG eine prinzipielle Abkehr von der repräsentativen Demokratie und eine Hinwendung zu einer plebiszitären Demokratie auf der Grundlage von Parteien bedeutet und ob der Begriff „Parteienstaat" in diesem weitergehenden Sinne zu verstehen ist (so vor allem Leibholz, Der Strukturwandel der modernen Demokratie, in: Strukturprobleme, S. 78 ff., insb. S. 86 ff.; ders., Das Wesen der Repräsentation und der Gestaltwandel der Demokratie im 20. Jahrhundert, S. 225 ff.), braucht hier nicht untersucht zu werden. Soweit in dieser Arbeit auf den plebiszitären Charakter der heutigen Parlamentswahlen Bezug genommen wird, ist nur der offenkundige politisch-soziologische Tatbestand gemeint.

Parteien bei der politischen Willensbildung des Volkes[3]. Er bedeutet in der Terminologie *Triepels*[4], daß nach der „Bekämpfung“, „Ignorierung“ und „Anerkennung und Legalisierung“ nunmehr das vierte Stadium der „verfassungsmäßigen Inkorporation“ der Parteien erreicht ist. Die in der Rechtsprechung des Bundesverfassungsgerichts und im Schrifttum übliche Formel von der „verfassungsmäßigen Inkorporation der Parteien“[5] darf freilich nur bildlich verstanden werden: Die Parteien sind — das ist mit der h. M. in dieser Arbeit zugrunde zu legen — durch Art. 21 GG nicht zu Staatsorganen im technischen Sinne geworden, sondern stehen weiterhin als freie gesellschaftliche Gebilde außerhalb der organisierten Staatlichkeit[6].

Der Begriff „Mitwirkung“ in Art. 21 Abs. I S. 1 GG meint — neben den sonstigen herkömmlichen Betätigungsformen der Parteien wie etwa dem Handeln im Parlament (Fraktionsbildung, Fraktionstätigkeit und dgl.) — vor allem die Beteiligung der Parteien an den Parlamentswahlen[7]. Dabei ist in unserem bundesstaatlichen Gefüge auch an die Wahlen zu den Parlamenten der Bundesländer gedacht; Art. 21 GG gilt auch für die auf Länderbasis sich betätigenden Parteien[8].

---

[3] Vgl. Scheuner, R-St-W, Bd. 4, S. 102 (mit Einschränkungen); Wernicke, Bonner Kommentar, Art. 21 Erl. II 1 b; von der Heydte und Sacherl, Soziologie der dt. Parteien, S. 74; von Mangoldt-Klein, Art. 21 Erl. II 4, S. 614 f.; Fuß JZ 59, 393; Maunz, StaatsR, S. 71; Maunz-Dürig, Art. 21 Randnr. 37.

[4] Triepel, Die Staatsverfassung und die politischen Parteien, S. 12.

[5] Vgl. z. B. BVerfGE 2, 73; 5, 134; von Mangoldt-Klein, Art. 21 Erl. II 4 b, S. 615 f.; Rinck, JöR NF Bd. 10 (1961), S. 229/300; Sasse JZ 61, 723; Giese-Schunck, Art. 21 Erl. II 1, S. 63; Maunz-Dürig, Art. 21 Randnr. 4.

[6] So Seifert DÖV 56, 2; von Mangoldt-Klein, Art. 21 Erl. II 5, S. 616 f.; Parteienrechtsbericht, S. 70, 158; Scheuner DÖV 58, 642; Hesse, VVDStRL Nr. 17 (1959), S. 33 ff.; Lenz und Sasse JZ 62, 237; Luthmann DVBl. 62, 166; Maunz, StaatsR, S. 72; Maunz-Dürig Art. 21 Randnr. 4, 45, 46; Schüle, Koalitionsvereinbarungen im Lichte des Verfassungsrechts, S. 37 ff., insb. S. 39; ebenso die Regierungsbegründung zum Parteiengesetz-Entwurf, 3. Wahlp., BT-Drucks. 1509, S. 11, 14. — Demgegenüber für eine Qualifikation der Parteien als Staatsorgane: Giese, AöR Bd. 80 (1955/56), S. 377 ff.; Hamann, Kommentar, Art. 21 Erl. A 3, S. 216; Müller-Heidelberg DVBl. 61, 759/760. — Die Streitfrage, wie die Rechtsstellung der Parteien des Näheren zu konstruieren ist — etwa als Mischstatus der Überlagerung allgemeinen Vereinsrechts durch Art. 21 GG (Parteienrechtsbericht, S. 111 f., 158 f.) oder als Parallele zum beliehenen Unternehmer des Verwaltungsrechts (Menger, AöR Bd. 78, 1952/53, S. 161; Seifert DÖV 56, 2 f.) oder als Konzeption von teilrechtsfähigen Verbänden des öffentlichen Rechts (Bachof, AöR Bd. 83, 1958, S. 274 Fußn. 88) oder als singulärer öffentlich-rechtlicher Status (Hesse, a. a. O., S. 41 ff.) — braucht hier nicht erörtert zu werden.

[7] Dies ist unstreitig; vgl. von Mangoldt-Klein, Art. 21 Erl. III 4 c u. d, S. 623; Maunz-Dürig, Art. 21 Randnr. 36.

[8] Dies folgt aus der Bedeutung des Art. 21 GG als Grundsatznorm (insb. auch im Hinblick auf Art. 21 II GG) sowie aus seiner Stellung im Abschnitt II des Grundgesetzes und ist im Ergebnis unstreitig; vgl. Wernicke, Bonner Kommentar, Art. 21 Erl. II; von Mangoldt-Klein, Art. 21 Erl. II 7, S. 618; Parteienrechtsbericht, S. 135 f.; Giese-Schunck, Art. 21 Erl. II 1, S. 63; Maunz,

Ob Art. 21 I GG den Parteien hinsichtlich der Wahlen eine Monopolstellung einräumt, kann hier dahinstehen[9]; faktisch und zum Teil auch wahlgesetzlich[10] haben die Parteien im heutigen Parteienstaat ein solches Monopol.

II. Die vier Gruppen von Normen über die Wahlvorschläge

Die Grundnorm über die Beteiligung der Parteien an Parlamentswahlen — Art. 21 I 1 GG — wird durch die Wahlgesetze „ausgefüllt" und konkretisiert. Indem die Wahlgesetze das Zustandekommen der Parteiwahlvorschläge, ihren Inhalt, die Formalien ihrer Einreichung und Zulassung sowie die Auswertung ihrer Stimmen regeln, ergänzen sie die Mitwirkungsgarantie des Art. 21 I 1 GG, die aus sich allein — was die Beteiligung an Wahlen betrifft — nicht realisierbar wäre.

Den Ausgangspunkt der *Regelungen des Wahlvorschlagsrechts im BWG* bildet die scharfe Unterscheidung zwischen Wahlvorschlägen, deren Träger Parteien sind, und solchen, die von Wahlberechtigten, d. h. von Wählergemeinschaften und Wählergruppen, eingereicht werden (§ 19 I BWG). Dem Parteiwahlvorschlag als dem Instrument der „Mitwirkung" gelten vier Gruppen von Bestimmungen:

Zunächst werden die Parteien selbst — als Träger der Wahlvorschläge — erfaßt. Das BWG enthält zwar keinen eigenen Parteibegriff, so daß ihm unmittelbar der Parteibegriff des Art. 21 GG zugrunde zu legen ist[11], stellt aber in § 19 II an (durch besondere Tatbestandsmerkmale bestimmte) „neue" Parteien, die Wahlvorschläge einreichen wollen, die drei Minimalanforderungen des demokratisch gewählten Vor-

---

StaatsR, S. 68; Maunz-Dürig, Art. 21 Randnr. 20. — Im übrigen kennt lediglich die Verfassung von Berlin eine dem Art. 21 GG vergleichbare Regelung; Art. 27 der Verfassung von Berlin spricht von den „staatsrechtlichen Aufgaben der Parteien und ihren Pflichten gegenüber der Öffentlichkeit".

[9] Nach h. M. folgt aus Art. 21 GG kein Wahlvorschlagsmonopol der Parteien (vgl. Forsthoff DRZ 50, 315; Empfehlung des 38. Dt. Juristentages, 1950, Verhandl. des 38. Dt. Juristentages, S. C 97; Maunz-Dürig, Art. 21 Randnr. 36); a. A. Grewe, Kaufmann-Festgabe, S. 69 Fußn. 8.

[10] Nach dem BWG und den LWGs von Niedersachsen, Nordrhein-Westfalen und Schleswig-Holstein können Listenwahlvorschläge nur von Parteien eingereicht werden (BWG § 28 I 1: LWG Nieders. § 15 I; Nordrh.-Westf. § 20 I; Schl.-Holst. § 24 V). Nach Art. 26 II 1 der Verfassung von Berlin besteht schlechthin, also auch bezüglich der Wahlvorschläge für Einerwahlkreise, ein Wahlvorschlagsmonopol der Parteien.

[11] Art. 21 GG setzt nicht nur einen Parteibegriff voraus, er legt die wesentlichen Elemente des Begriffs der politischen Partei selbst fest (so mit Recht von der Heydte, Grundrechte, Bd. II, S. 462 ff., 466; Parteienrechtsbericht, S. 123; Nass, Wahlorgane, S. 74) — wobei er vom überkommenen Vorstellungsbild der Partei ausgeht.

stands, der schriftlichen Satzung und des schriftlichen Programms[12]. Diese drei Anforderungen sind als Konkretisierungen des Parteibegriffs des Art. 21 GG aufzufassen: Die „neuen" Parteien sollen durch entsprechende Belege ihren Parteicharakter nachweisen[13]. Die „alten" Parteien sind hiervon nur deshalb befreit, weil ihre Partei-Eigenschaft unterstellt wird.

Die zweite Gruppe der Normen zum Parteiwahlvorschlag betrifft den innerparteilichen Vorgang der Bestimmung der auf den Wahlvorschlägen zu benennenden Bewerber. Die §§ 22 und 28 V BWG schreiben die Bewerberaufstellung durch geheime Wahl auf Mitglieder- oder Vertreterversammlungen der Parteien vor, regelen wichtige Punkte dieses Vorgangs und verweisen ergänzend auf das Parteisatzungsrecht. Diese Normen stellen eine Konkretisierung des Gebots der innerparteilichen Demokratie (Art. 21 I 3 GG) dar; die Bewerberaufstellung ist einer der wichtigsten Akte im Rahmen der „inneren Ordnung" der Parteien[14].

Der dritte Normenkomplex bezieht sich unmittelbar auf Form und Inhalt der Wahlvorschläge sowie auf das Verfahren der Einreichung und Zulassung. Hierzu zählen die technischen Bestimmungen über die Frist zur Einreichung (§ 20), die Bezeichnung der Vertrauensmänner (§§ 23, 28 V), die Möglichkeiten der Zurücknahme und Änderung des Wahlvorschlags (§§ 24, 25, 28 V), das Mängelbeseitungsverfahren vor den Wahlorganen (§§ 26, 28 V) und die amtliche Zulassung des Wahlvorschlags (§§ 27, 29). Diese Bestimmungen des BWG gelten auch für

---

[12] Das Gesetz zur Änderung des BWG vom 14. 2. 1964 (BGBl. I. S. 61) hat hinsichtlich der Wahlbeteiligung der „neuen" Parteien eine Rechtsänderung gebracht: Nach dem nunmehrigen § 19 II BWG können die „neuen" Parteien „als solche einen Wahlvorschlag nur einreichen, wenn sie spätestens am siebenundvierzigsten Tage vor der Wahl dem Bundeswahlleiter ihre Beteiligung an der Wahl angezeigt haben und der Bundeswahlausschuß ihre Parteieigenschaft festgestellt hat". Indessen haben auch die bisherigen Anforderungen des demokratisch gewählten Vorstands, der schriftlichen Satzung und des schriftlichen Programms, die sich — wie unten dargelegt wird — in Länderwahlgesetzen noch heute finden, lediglich der Feststellung der Partei-Eigenschaft gedient (vgl. das Folgende).

[13] S. hierzu Nass, a. a. O., S. 73 ff.; Seifert, Kommentar, Erl. zu § 19 II BWG, S. 114 f.; ders., Ergänzungsheft, Erl. zu § 19 II BWG, S. 44 f.; Feneberg, Bundeswahlgesetz, Erl. 3 b zu § 19, S. 51. — Das Erfordernis des demokratisch gewählten Vorstands darf nicht in dem Sinne verstanden werden, daß die Wahlorgane befugt seien, den demokratischen Aufbau einer Vereinigung materiell zu prüfen und einen Wahlvorschlag trotz zu bejahender Partei-Eigenschaft wegen undemokratischer Vorstandsbestellung zurückzuweisen; bei einer solchen Auslegung würde dieses Erfordernis wohl dem Entscheidungsmonopol des Bundesverfassungsgerichts aus Art. 21 II GG widersprechen. Zum Ganzen eingehend in diesem Sinne Seifert, Ergänzungsheft, a. a. O.; für Verfassungswidrigkeit des Erfordernisses Nass, a. a. O., S. 72 f.; a. A. BVerfGE 3, 404.

[14] So mit Recht Parteienrechtsbericht, S. 160, 167 ff.

Wahlvorschläge von Wählergruppen. Demgegenüber erstrecken sich nur auf die Parteiwahlvorschläge die Vorschriften über die Unterzeichnung der Parteiwahlvorschläge durch den Landesvorstand der einreichenden Partei (§§ 21 II 1, 28 I 2) und über die obligatorische Benennung der Parteiwahlvorschläge mit dem Namen der einreichenden Partei als Kennwort (§§ 21 IV, 28 II). Einer besonderen Erwähnung bedarf das sog. Unterschriften-Quorum der §§ 21 II, 21 III und 28 I 2 BWG, nach dem Wahlvorschläge „neuer" Parteien (sowie solche von Wählergruppen) von einer bestimmten Zahl von Wahlberechtigten unterschrieben sein müssen. Die mit einem solchen Quorum verbundene Differenzierung zwischen „alten" und „neuen" Parteien (bzw. zwischen „alten" Parteien und Wählergruppen) sowie Einschränkung der Wahlvorschlagsbefugnis sieht man heute mit Recht als zulässig an[15]. Das Unterschriften-Quorum will ausschließen, daß eine Unzahl völlig aussichtsloser Wahlvorschläge eingereicht wird; es will auf diese Weise eine reibungslose Durchführung des Wahlvorgangs sicherstellen[16].

Zum Wahlvorschlagsrecht kann man schließlich — als vierte Normengruppe — auch die Normen über Stimmzettel und Stimmabgabe sowie

[15] Vgl. Ipsen, Grundrechte, Bd. II, S. 193; Wahlrechtsbericht, S. 36 f., 126; Leibholz, Strukturprobleme, S. 52; Feneberg, Bundeswahlgesetz, Erl. II 2 zu § 21, S. 55; Seifert, Ergänzungsheft, Art. 38 GG Randnr. 27; Maunz-Dürig, Art. 38 Randnr. 52, 53. — Selbstverständlich darf ein Unterschriften-Quorum nicht unangemessen hoch sein.

[16] Das Unterschriften-Quorum ist in seiner Zwecksetzung scharf von der 5 vH-Sperrklausel zu unterscheiden, die im Interesse der Arbeitsfähigkeit des Parlaments Splitterparteien von der Mandatszuteilung ausschließt. Das Unterschriften-Quorum darf kein Instrument zur Ausschaltung von Splitterparteien sein. Eine Partei kann legitimerweise erst im Stadium der Wahlauswertung — auf Grund ihrer Stimmenzahl — als Splitterpartei qualifiziert werden. Eine Partei bereits im Wahlvorbereitungsverfahren als Splitterpartei auszuschalten, nimmt dem Wähler die Möglichkeit, über den Splitterpartei-Charakter dieser Partei zu entscheiden, und ist durch die ratio der Splitterparteibekämpfung (Sicherung der Arbeitsfähigkeit des Parlaments) nicht gedeckt. In diesem Sinne für eine klare Unterscheidung von Unterschriften-Quorum und Sperrklausel: Laschitza, Diss. Heidelb. 1954, S. 116 ff.; Schröder, Diss. Köln 1955, S. 42 ff.; Bläsi, Diss. Heidelb. 1956, S. 106 ff.; Mahrenholz, Diss. Gött. 1957, S. 83 f.; Bayer.VerfGH, VGHE NF 3 II, 124, NF 5 II, 74. Das Unterschriften-Quorum darf hiernach lediglich dazu dienen, den „Wahlablauf zu sichern", bzw. die „Ernsthaftigkeit der Wahlvorschläge zu gewährleisten". Richtigerweise rechtfertigen das Unterschriften-Quorum allein mit dieser Zwecksetzung ferner: Ipsen, a. a. O.; Rinck, JöR NF Bd. 10 (1961), S. 301; Seifert, a. a. O.; BVerfGE 5, 81 f.; 12, 27; 12, 137; OVG Lüneburg, OVGE 2, 191 f. Demgegenüber legitimieren das Unterschriften-Quorum nicht nur aus dem Gesichtspunkt der ordnungsmäßigen Durchführung des Wahlverfahrens, sondern zugleich auch aus dem der Splitterparteibekämpfung bzw. der Sicherung der Arbeitsfähigkeit des Parlaments: Unland, Diss. Köln 1955, S. 83; Wahlrechtsbericht, S. 37; von Wachter, Diss. München 1956, S. 296 ff.; BVerfGE 4, 381; 6, 98; StGH Baden-Württemberg, Baden-Württ. VerwBl. 60, 123 f.; wohl auch Maunz-Dürig, Art. 38 Randnr. 53. Erst recht nicht zu billigen Leibholz, a. a. O., sowie BVerfGE 3, 27 und 3, 393 f., für die Unterschriften-Quoren ausschließlich dasselbe Ziel verfolgen wie Sperrklauseln.

über die Ermittlung des Wahlergebnisses rechnen, soweit sie auf die Wahlvorschläge Bezug nehmen (§§ 31, 35, 37 ff. i. V. mit §§ 5 ff. BWG). Freilich enthalten diese Normen mehr als bloß Regelungen der Wahlvorschläge. So verwirklichen beispielsweise die Normen über die Ermittlung des Wahlergebnisses die Gedanken der Verhältniswahl und der Splitterparteibekämpfung — Rechtsprinzipien, an denen Wahlabsprachen gesondert zu messen sein werden. —

Diese vier Gruppen von Bestimmungen über die Wahlvorschläge finden sich auch in den Wahlgesetzen der elf Bundesländer[17]. Die *Wahlvorschlags-Normen der Länderwahlgesetze* — insbesondere die Normen über die Parteien als Wahlvorschlagsträger[18], die Bewerberaufstellung[19], den Inhalt sowie die Einreichung und Zulassung der Wahlvorschläge[20] — sehen zumeist ähnliche Regelungen wie das BWG vor[21], so daß man von einem *gemeindeutschen Wahlvorschlagsrecht* sprechen kann.

III. Der gemeinsame Leitgedanke dieser Normen

Wendet man sich der Frage zu, welche Aussagen sich auf Grund dieser Normen des Wahlvorschlagsrechts zum Problem der Zulässigkeit von Wahlabsprachen machen lassen, so erscheint es methodisch wenig sinnvoll, einige Vorschriften — die durch bestimmte Wahlabreden verletzt erscheinen könnten — herauszugreifen und Folgerungen zu ziehen, ohne vorher das Recht der Parteiwahlvorschläge auf einen in den Einzelvorschriften zum Ausdruck kommenden Leitgedanken hin zu untersuchen. Es gilt, den wesentlichen Kern der Gesamtregelung des Wahlvorschlagsrechts herauszuschälen.

Die Normen des Wahlvorschlagsrechts begreifen den Parteiwahlvorschlag als Produkt und Instrument des sozialen Gebildes „Partei".

---

[17] Von folgenden Ausnahmen abgesehen: Die Wahlgesetze von Baden-Württ., Hessen und Rheinl.-Pfalz enthalten keine Bestimmungen, nach denen die Parteien als Wahlvorschlagsträger ihren Parteicharakter durch Erfüllung gewisser Qualifikationen (Programm, Satzung, demokr. Vorstand) nachweisen müssen. Das LWG Rheinl.-Pfalz kennt außerdem keine Norm über die Bewerberaufstellung innerhalb der Parteien.

[18] Vgl. LWG Bayern Art. 40 I 2; Berl. § 16 III; Bremen § 19 II; Hamb. § 23 I; Nieders. § 14 IV; Nordrh.-Westf. §§ 19 II 2, 20 II; Saarl. § 26 III 1; Schl.-Holst. § 24 I 2.

[19] Vgl. LWG Baden-Württ. Art. 25 IV 1; Bayern Art. 41, 42; Berl. § 18; Bremen § 21; Hamb. § 24; Hessen § 24; Nieders. § 17; Nordrh.-Westf. § 18; Saarl. § 27; Schl.-Holst. § 23.

[20] Vgl. LWG Baden-Württ. Art. 25 ff.; Bayern Art. 40 ff.; Berl. §§ 16 ff.; Bremen §§ 19 ff.; Hamb. §§ 22 ff.; Hessen §§ 20 ff.; Nieders. §§ 14 ff.; Nordrh.-Westf. §§ 19 ff.; Rheinl.-Pfalz §§ 31 ff.; Saarl. §§ 26 ff.; Schl.-Holst. §§ 24 ff.

[21] Z. B. normieren alle Länderwahlgesetze ebenfalls ein Unterschriften-Quorum.

Dies wird besonders deutlich bei den Bestimmungen, die den zur Nominierung der Bewerber führenden Willensbildungsprozeß innerhalb des Verbandes „Partei“ regeln, und bei denjenigen Bestimmungen, die vorschreiben, daß ein Parteiwahlvorschlag sich auch als Wahlvorschlag einer Partei auszuweisen hat (Unterzeichnung durch den Parteivorstand, Kennzeichnung mit dem Parteinamen). Die Grundkonzeption des Gesetzes ist die Vorstellung, daß hinter einem bestimmten Wahlvorschlag eine bestimmte gesellschaftliche Gruppe „Partei“ steht, welche sich mit dieser öffentlich-rechtlichen Willenserklärung[22] an der Wahl beteiligen möchte. Eine solche Konzeption ergibt sich nicht nur aus dem Wortlaut einzelner Bestimmungen, in denen jeweils von einem Wahlvorschlag *„der“* Partei die Rede ist[23] — sie liegt vielmehr der Gesamtregelung des Wahlvorschlagsrechts zugrunde.

Sinn und Zweck der Gesamtreglung des Wahlvorschlagsrechts lassen sich nur dann voll erschließen, wenn man vergleichsweise auf die entsprechenden Vorschriften des RWG der Weimarer Zeit zurückblickt.

Das RWG erwähnte die Parteien nur an einer einzigen Stelle, nämlich bei der Regelung der Stimmzettel. In seiner ersten Fassung vom 27. 4. 1920 (RGBl. S. 627) enthielt es in § 25 I, nach dem „die Angabe einer Partei auf dem Stimmzettel nicht beachtet“ wurde, eine Absage an den Parteienstaat. Das Gesetz vom 24. 10. 1922 (RGBl. I S. 801) strich den § 25 RWG und änderte den § 24 II RWG dahingehend, daß der Stimmzettel „an Stelle der Namen aus einem der Kreiswahlvorschläge oder neben ihnen auch die Angabe der Partei enthalten darf“. Schließlich fügte das Gesetz vom 31. 12. 1923 (RGBl. 1924 I S. 1) im Zusammenhang mit der Einführung amtlicher Einheitsstimmzettel einen neuen § 25 ein; § 25 RWG normierte nunmehr, daß „die Stimmzettel alle zugelassenen Kreiswahlvorschläge unter Angabe der Partei ... enthalten“ müssen. Die Tatsache, daß die Wahlvorschläge von Parteien getragen wurden, fand also immer stärkere normative Berücksichtigung[24].

Der wesentliche Unterschied zwischen der Wahlvorschlagsregelung der heutigen Wahlgesetze und der des RWG liegt darin, daß die Be-

---

[22] Zum Wahlvorschlag als öffentlich-rechtl. Willenserklärung s. Nass, Wahlorgane, S. 52 mit Fußn. 30.

[23] Vgl. etwa die §§ 6 II 1, 21 IV, 28 II, 31 II BWG. Auch in den meisten Länderwahlgesetzen heißt es z. B. in den Vorschriften über die Kennzeichnung der Wahlvorschläge mit dem Parteinamen, daß die „Wahlvorschläge von Parteien den Namen *der einreichenden Partei* enthalten müssen“; vgl. LWG Baden-Württ. Art. 26 III; Hamb. § 25 IV; Hessen § 20 III; Rheinl.-Pfalz § 33 II a; Saarl. § 28 II Nr. 1; Schl.-Holst. § 24 IV 1.

[24] Man durfte der skizzierten Rechtsentwicklung eine stillschweigende gesetzliche Anerkennung der Befugnis der Parteien zum Einreichen von Wahlvorschlägen entnehmen. Freilich wurden nach dem RWG formaliter die Wahlvorschläge weiterhin ausschließlich von Wahlberechtigten zur Wahl gestellt.

fugnis zum Einreichen von Wahlvorschlägen heute ausdrücklich als Befugnis der Parteien anerkannt und als solche ausgestaltet wird: Die Partei wird heute in der Ausübung ihrer Funktion als „Einreicher“ von Wahlvorschlägen in den normativen Bereich einbezogen. Im Zuge dieser parteienstaatlichen Entwicklung kann heute Sinn und Zweck der Gesamtregelung des Wahlvorschlagsrechts nur sein, eine enge *Zuordnung zwischen Wahlvorschlag und Partei* zu schaffen. Wie das Wahlgesetz davon ausgeht, daß eine Partei in einem Listenwahlbereich nur eine Liste und in einem Einerwahlkreis nur einen Kreiswahlvorschlag einreicht[25], so will es umgekehrt einen als Parteiwahlvorschlag eingereichten Wahlvorschlag einem bestimmten, mit dem Mitwirkungsrecht des Art. 21 I 1 GG ausgestatteten Verband „Partei“ als dessen Instrument der Wahlbeteiligung zuordnen.

IV. Folgerungen für Wahlabsprachen

1. Gemeinsame Wahlvorschläge

Alle Typen gemeinsamer Wahlvorschläge bedeuten, daß mehrere Parteien zusammen einen Wahlvorschlag tragen. Dies widerspricht dem Prinzip der Zuordnung von Wahlvorschlag und Partei. Nach dem Grundprinzip des Wahlvorschlagsrechts hat eine Gruppe „Partei“, die Kandidaten zur Wahl stellen will, sich des Instruments eines eigenen Wahlvorschlags zu bedienen — eines Wahlvorschlags, der allein ihr zugerechnet werden kann und an dem nicht zugleich eine andere Gruppe „Partei“ mit beteiligt ist.

Daß gemeinsame Wahlvorschläge der heutigen parteienstaatlichen Ausgestaltung des Wahlvorschlagsrechts widersprechen, zeigt sich am deutlichsten bei förmlichen gemeinsamen Wahlvorschlägen und bei Wahlvorschlägen eines Parteienblocks.

Im Falle eines förmlichen gemeinsamen Wahlvorschlags treten mehrere Parteien offen als Träger *eines* Wahlvorschlags auf, obwohl die Wahlgesetze bei der Erwähnung *„eines* Wahlvorschlags“ jeweils nur von *„einer* Partei“ sprechen, jeden Wahlvorschlag (soweit diese von Parteien herrühren) als Ergebnis des in *einer* gesellschaftlichen Gruppe „Partei“ stattfindenden Willensbildungsprozesses der Bewerberaufstellung verstehen und von der Einreichergruppe eines Parteiwahlvorschlags erwarten, daß sie sich durch Satzung, Programm und demokra-

---

[25] So ausdrücklich § 19 III BWG (nunmehr, auf Grund des Gesetzes zur Änderung des BWG vom 14. 2. 1964, § 19 IV) sowie § 20 II LWG Hessen, § 14 VI LWG Nieders. und § 26 II 1 LWG Saarl.

tischen Vorstand als *ein* gesellschaftlicher Verband „Partei" ausweist. Alle diese Vorschriften sind verletzt[26].

Wenn ein Parteienblock als solcher in gleicher Weise wie eine keine Blockbildung bedeutende einheitliche Gruppe „Partei" Wahlvorschläge einreicht, erhebt er zwar den Anspruch, eine Partei zu sein. Da er jedoch als organisatorische Verbindung mehrerer selbständiger Parteien keine Partei im Sinne des Art. 21 GG und der Wahlgesetze darstellt, verstoßen seine Wahlvorschläge gegen den Grundgedanken und gegen diejenigen Einzelvorschriften des Wahlvorschlagsrechts, die auf die Parteien als Wahlvorschlagsträger Bezug nehmen. Die Wahlgesetze wollen einem Parteienblock nicht die Befugnis zum Einreichen von Wahlvorschlägen geben[27].

Auch verdeckt-gemeinsame Wahlvorschläge sind mit der Gesamtregelung des Wahlvorschlagsrechts nicht vereinbar. Die parteienstaatliche Zuordnung von Wahlvorschlag und Partei führt notwendig dazu, daß es einer Partei verwehrt ist, in ihre Wahlvorschläge Bewerber einer anderen Partei aufzunehmen. Weil die — durch die Entsendung von Bewerbern erfolgende — Beteiligung der einen Partei an dem formell allein von der anderen Partei eingereichten Wahlvorschlag im Zulassungsverfahren nicht zum Ausdruck kommt und somit dem äußeren Anschein nach das Prinzip der Zuordnung von Wahlvorschlag und Partei beachtet wird, kann man die Vereinbarung verdeckt-gemeinsamer Wahlvorschläge als Umgehung dieses Prinzips bezeichnen.

Da gemeinsame Wahlvorschläge jeden Typs den Rechtssätzen über die Wahlvorschläge widersprechen, dürfen sie von den Wahlorganen nicht zugelassen, sondern müssen als rechtswidrig zurückgewiesen werden. Dieser Konsequenz stehen weder technische Schwierigkeiten für die Wahlorgane noch die Rechte der Parteien, Kandidaten und Wähler entgegen.

Die Wahlorgane haben die eingereichten Wahlvorschläge daraufhin zu prüfen, ob sie den Wahlgesetzen entsprechen[28]. Es ist im Rahmen dieser Prüfung möglich, zu untersuchen, ob ein Wahlvorschlag als gemeinsamer Wahlvorschlag mehrerer Parteien betrachtet werden muß; eine solche Prüfungsmöglichkeit wird von den Wahlgesetzen, die ein ausdrückliches Verbot gemeinsamer Wahlvorschläge normieren, ja auch vorausgesetzt. Freilich sind den Prüfungsmöglichkeiten der Wahlorgane

---

[26] Anders das Unterschriften-Quorum; dessen Zweck, einen ordnungsmäßigen Ablauf des Wahlvorgangs zu garantieren, wird durch gemeinsame Wahlvorschläge nicht beeinträchtigt.

[27] So auch Schröder, Diss. Köln 1955, S. 83 f.; Seifert, Ergänzungsheft, Erl. zu § 19 I BWG, S. 43/44; Hamb.VerfG, E. v. 1. 12. 1958, HVerfG 1 u. 2/58.

[28] Hierzu eingehend Nass, Wahlorgane, S. 52 ff., 58 ff.

aus der Natur der Sache — insbesondere infolge des Zeitdrucks, unter dem die Entscheidungen im Wahlvorbereitungsverfahren ergehen — Grenzen gesetzt[29].

Wenn gemeinsame Wahlvorschläge mehrerer Parteien nicht zugelassen und die Parteien somit auf den Weg eigener Wahlvorschläge verwiesen werden[30], kommt dies im Ergebnis einem ausdrücklichen Verbot gemeinsamer Wahlvorschläge gleich; bei der Erörterung der Wahlabrede-Verbote wird darzulegen sein, daß der Ausschluß gemeinsamer Wahlvorschläge die verfassungsmäßigen Rechte der Parteien, Kandidaten und Wähler nicht verletzt.

Nach alldem sind gemeinsame Wahlvorschläge jeden Typs wegen Verstoßes gegen die Bestimmungen über die Wahlvorschläge für unzulässig zu erklären. Dies bedeutet zugleich, daß die Wahlbündnisse, welche die Grundlage solcher Wahlvorschläge abgeben, rechtswidrig sind.

2. Listenverbindungen

Die Wahlabrede der Listenverbindung wurde bisher nur auf Grund einer wahlgesetzlichen Regelung der Wahlvorschlagsverbindung praktiziert. Es stellt sich die Frage, wie diese Wahlabrede zu beurteilen ist, wenn das Wahlgesetz — wie die Wahlgesetze von Bayern, Niedersachsen, Nordrhein-Westfalen, Rheinland-Pfalz und Schleswig-Holstein — in seinen Bestimmungen über die Wahlvorschläge die Wahlvorschlagsverbindung überhaupt nicht erwähnt. Folgt aus dem Wahlvorschlagsrecht derjenigen Wahlgesetze, die einerseits kein Listenverbindungs-Verbot vorsehen, andererseits aber auch keine Bestimmungen über Zulässigkeit, Voraussetzung und Folge der Listenverbindung treffen, die Unzulässigkeit der Wahlabrede der Listenverbindung?

---

[29] Dies wirkt sich vor allem im Falle verdeckt-gemeinsamer Wahlvorschläge aus. Förmliche gemeinsame Wahlvorschläge und Wahlvorschläge eines Parteienblocks sind anhand der Angaben, die die Parteien bei der Wahlvorschlagseinreichung machen müssen, erkennbar; allerdings können bei Wahlvorschlägen eines Parteienblocks Abgrenzungsprobleme dahingehend auftreten, ob nicht bereits eine Fusion und damit eine neue Partei vorliegt, so daß die betreffenden Wahlvorschläge nicht mehr als gemeinsame Wahlvorschläge zu qualifizieren sind. Was verdeckt-gemeinsame Wahlvorschläge anlangt, so darf man die Wahlorgane jedenfalls dann für verpflichtet halten, (im Rahmen des Ausführbaren) entsprechende Untersuchungen anzustellen, wenn sich Anhaltspunkte für das Vorliegen eines solchen Wahlbündnisses ergeben.

[30] Mehrere Parteien können nicht etwa als „Wählergruppe" zusammen einen Wahlvorschlag zur Wahl stellen, um so den gleichen Erfolg zu erreichen wie mit einem als Partei-Wahlvorschlag eingereichten gemeinsamen Wahlvorschlag. Dies wäre eine unzulässige Umgehung der Regeln über die Partei-Wahlvorschläge.

Die Einzelvorschriften über die Parteien als Wahlvorschlagsträger, die innerparteiliche Bewerberaufstellung, Form und Inhalt der Wahlvorschläge und die Formalien der Wahlvorschlagseinreichung werden durch Listenverbindungen nicht verletzt. Auch das Grundprinzip der Zuordnung von Wahlvorschlag und Partei wird nicht beeinträchtigt: Eine an einer mehrparteiigen Listenverbindung beteiligte Liste ist keine gemeinsame Liste mehrerer Parteien, sie ist allein einer Partei als deren Instrument der Wahlbeteiligung zuzurechnen[31].

Jedoch folgt aus dem Wahlvorschlagsrecht derjenigen Wahlgesetze, die die Wahlvorschlagsverbindung nicht erwähnen, mittelbar die Unzulässigkeit der Verbindung; denn die Wahlvorschlagsverbindung setzt wahlgesetzliche Vorschriften dahingehend voraus, daß die Wahlvorschläge für verbunden erklärt werden können, sowie darüber, was die Verbindungserklärung zu beinhalten hat, in welcher Form und Frist sie gegenüber den Wahlorganen abzugeben ist und welche Folgen sie zeitigt. Technisch gesehen ließe sich die Listenverbindung — als traditionelle Rechtsfigur im Rahmen des (reinen) Verhältniswahlsystems — möglicherweise auch bei Fehlen solcher Vorschriften verwirklichen: die Verbindungserklärung wäre unter Beachtung der für die Wahlvorschlagseinreichung vorgeschriebenen Formen und Fristen abzugeben und bei der Mandatszuteilung wäre entsprechend dem herkömmlichen Verbindungsmechanismus von Ober- und Unterverteilung zu verfahren. Aber damit wäre für alle an der Wahl Beteiligten, insbesondere für die Wahlorgane, eine große Rechtsunsicherheit gegeben. Entscheidend fällt ins Gewicht, daß die Listenverbindung eine *besondere Art der Stimmenverwertung* darstellt. Wie die Wahlorgane die Verwertung der Stimmen vorzunehmen haben, regeln die Wahlgesetze *erschöpfend*. Die Wahlorgane sind bei der Ermittlung des Wahlergebnisses an das Gesetz gebunden und nicht befugt, auf Grund einer Verbindungserklärung den Mechanismus der Wahlvorschlagsverbindung durchzuführen, obwohl die einschlägigen Normen des Wahlgesetzes diesen Mechanismus nicht vorsehen.

Somit ist die Listenverbindung — die einparteiige wie die mehrparteiige — in dem Fall, in dem das Wahlgesetz die Verbindung gar nicht erwähnt, rechtswidrig. Die Wahlabrede der Listenverbindung zielt dann auf eine vom Gesetz abweichende Art der Ermittlung des Wahlergebnisses ab und ist daher unzulässig.

Aus dem gleichen Grunde ist die mehrparteiige Listenverbindung unzulässig, wenn das Wahlgesetz — wie das BWG in § 7 I — ausdrück-

---

[31] Wenn der Verbindungsmechanismus u. U. dazu führt, daß eine Partei über ihre Liste mittels der Stimmen einer anderen Partei ein zusätzliches Mandat erhält, so liegt dies außerhalb des Prinzips der Zuordnung von Wahlvorschlag und Partei.

lich nur die einparteiige Listenverbindung gestattet. In der Zulassung und Regelung nur der einparteiigen Listenverbindung liegt — wie bei der Erörterung der Wahlabrede-Verbote darzulegen sein wird — zugleich ein Verbot der mehrparteiigen Listenverbindung.

Die Rechtswidrigkeit der Verbindungs-Abrede bedeutet, daß sie von den Wahlorganen nicht durchgeführt werden darf, d. h. die Verbindungserklärung ist weder bei der Wahlvorbereitung noch bei der Ermittlung des Wahlergebnisses zu beachten.

3. Einerwahlkreis-Aussparungsabkommen

a) Unter dem Gesichtspunkt der Regeln über die Bewerberaufstellung

Einerwahlkreis-Aussparungsabkommen erfordern eine gesonderte Beurteilung unter dem Gesichtspunkt der Regeln über die innerparteiliche Aufstellung der Bewerber.

Das BWG und die Wahlgesetze von Hessen und Nordrhein-Westfalen räumen einer auf der Ebene des Einerwahlkreises zusammentretenden Mitglieder- oder Delegiertenversammlung der Partei die Befugnis zur Auswahl der Person ein, die als Wahlkreiskandidat nominiert wird[32]. Es fragt sich, ob es statthaft ist, daß der Parteivorstand auf Grund eines Wahlbündnisses einen Wahlkreis ohne oder gar gegen den Willen dieser unteren Parteiinstanz ausspart[33]. Der Parteivorstand (Landesvorstand) wäre hierzu in der Lage, da er für die Einreichung nicht nur der Landeslisten, sondern auch der Kreiswahlvorschläge wahlgesetzlich zuständig ist[34].

Es würde dem Sinn und Zweck der dem unteren Parteigremium eingeräumten Kompetenz zur Bestimmung des Wahlkreiskandidaten — der Sicherung der innerparteilichen Demokratie — nicht entsprechen, würde man sie allein auf die Auswahl der Person des Kandidaten beziehen. Sie umfaßt vielmehr auch die Entscheidung darüber, ob die Partei im Wahlkreis überhaupt einen Kandidaten zur Wahl stellt oder nicht. Folg-

---

[32] Vgl. BWG § 22; LWG Hessen § 24 II; Nordrh.-Westf. § 18 S. 1.

[33] Die Frage wird kaum erörtert. Reif stellt auf dem 38. Dt. Juristentag (1950) das Problem lediglich zur Diskussion (vgl. Verhandlungen des 38. Dt. Juristentages, S. C 87). Das OVG Lüneburg begegnet dem Argument, das zu beurteilende Aussparungsabkommen sei eine gegen den Willen der unteren Parteigremien geschlossene „Boß-Abrede", mit allgemeinen und unergiebigen Formulierungen (vgl. OVGE 2, 176 f.). Seifert neigt dazu, den Parteivorstand auch gegen den Willen der Wahlkreisversammlung der Partei aussparen zu lassen (vgl. Kommentar, Erl. zu § 22 IV BWG, S. 131).

[34] Dies ergibt sich daraus, daß auch die Kreiswahlvorschläge von dem zuständigen Landesvorstand der Partei unterzeichnet sein müssen; vgl. BWG § 21 II; LWG Hessen § 21 III 1; Nordrh.-Westf. § 19 II 1.

lich darf über die Aussparung eines Wahlkreises nur die Mitglieder- oder Delegiertenversammlung dieses Wahlkreises befinden, und es ist nicht zulässig, daß der Parteivorstand ohne deren Zustimmung ein Aussparungsabkommen durchführt. Der Parteivorstand (Landesvorstand) ist insbesondere verpflichtet, einen von der Wahlkreisversammlung beschlossenen Wahlvorschlag einzureichen — auch wenn er den betreffenden Wahlkreis in ein Aussparungsabkommen einbeziehen möchte[35].

Entsprechendes gilt, wenn nach dem Wahlgesetz eine Parteiversammlung anderer Art, etwa eine Landesversammlung, die Aufstellung der Wahlkreiskandidaten vorzunehmen hat[36]. Dann muß diese Versammlung einem Aussparungsabkommen zustimmen.

Ein Einerwahlkreis-Aussparungsabkommen, mit dem die auf dem Wahlgesetz beruhende Kompetenz eines bestimmten Parteiorgans zur Nominierung des Wahlkreiskandidaten übergangen wird, ist zwar unzulässig; es führt aber nicht zu wahlrechtlichen Sanktionen derart, daß die Wahlorgane oder die Wahlprüfungsinstanzen eingreifen könnten. Solche Folgen lassen sich den — fragmentarischen — wahlgesetzlichen Regeln über die innerparteiliche Demokratie beim Zustandekommen der Wahlvorschläge nicht entnehmen. Seifert spricht in diesem Zusammenhang mit Recht von einer lex imperfecta[37].

b) Unter dem Gesichtspunkt der sonstigen Normen des Wahlvorschlagsrechts

Sieht man von den Bestimmungen über die innerparteiliche Bewerberaufstellung ab, so ergeben sich aus den Regeln des Wahlvorschlagsrechts keine Bedenken gegen Einerwahlkreis-Aussparungsabkommen. Die an einem Aussparungsabkommen beteiligten Parteien reichen ihre Wahlvorschläge entsprechend den einzelnen Vorschriften des Wahlvor-

---

[35] Das BWG gibt dem Landesvorstand in § 22 IV 1 ein Einspruchsrecht gegen den Nominationsbeschluß. Die Wahlkreisversammlung kann jedoch den Einspruch gemäß § 22 IV 2 u. 3 BWG durch erneute Abstimmung überwinden. Die Einspruchsmöglichkeit steht daher der Annahme einer Einreichungspflicht nicht entgegen. Im Gegenteil darf die Regelung des § 22 IV BWG als Indiz für eine solche Pflicht gewertet werden. — Die Tatsache, daß der Landesvorstand den eingereichten Wahlvorschlag zurückziehen kann (§ 24 BWG), spricht ebenfalls nicht gegen eine Einreichungspflicht (a. A. Seifert, Kommentar, Erl. zu § 22 IV BWG, S. 131). Vielmehr darf die Zurückziehung nur im Einvernehmen mit der Wahlkreisversammlung erfolgen.

[36] Nach § 23 I 3 LWG Schl.-Holst. können die Wahlkreisbewerber durch eine Wahlkreis- oder eine Landesversammlung ausgewählt werden. Nach § 18 LWG Berl. entscheidet eine Parteiversammlung auf Bezirksebene. Die Wahlgesetze von Baden-Württ. (§ 25 IV 1) und Nieders. (§ 17 I) überlassen die Bestimmung des zuständigen Parteiwahlorgans den Satzungen der Parteien.

[37] Seifert, Kommentar, Erl. zu § 22 IV BWG, S. 131.

schlagsrechts ein. Die Parteien eines Aussparungsabkommens halten sich auch im Rahmen des Prinzips der Zuordnung von Wahlvorschlag und Partei; denn ihre Wahlvorschläge sind jeweils nur von *einer* Partei (und nicht von mehreren Parteien zusammen) zur Wahl gestellt und dienen allein dieser *einen* Partei zum Mandatsgewinn.

Die Regeln über die Wahlvorschläge würden dann durch Aussparungsabkommen beeinträchtigt, wenn sie die Parteien zur Einreichung von Wahlvorschlägen verpflichten würden; denn das Wesentliche an der Technik dieser Abkommen liegt im Verzicht auf die Einreichung von Wahlvorschlägen. Jedoch statuiert keine Vorschrift des Wahlvorschlagsrechts eine solche Pflicht. In den Wahlordnungen findet sich die Bestimmung, daß die Wahlleiter „durch öffentliche Bekanntmachung zur möglichst frühzeitigen Einreichung der Wahlvorschläge auffordern“[38]. Aber diese „Aufforderung“ ist nicht etwa als eine die Parteien belastende Verfügung mit der Folge einer Pflicht zur Wahlvorschlagseinreichung ausgestaltet[39]. Auch der Gesamtregelung des Wahlvorschlagsrechts kann keine Pflicht zur Einreichung von Wahlvorschlägen entnommen werden; diese Gesamtregelung besagt nur, daß die Parteien, wenn und soweit sie an der Wahl teilnehmen wollen, sich des Instruments eigener Wahlvorschläge zu bedienen haben.

Eine Aussparungsabkommen entgegenstehende Pflicht zur Einreichung von Wahlvorschlägen kann auch nicht aus dem Parteibegriff des Art. 21 GG und der Wahlgesetze gefolgert werden. Allerdings gehört nach h. M. zum Parteibegriff das Element der Wahlbeteiligung[40]. Damit ist aber nicht an ein Gebot zur Wahlvorschlagseinreichung derart gedacht, daß es den Parteien verwehrt wäre, bei einer bestimmten Wahl teilweise oder gänzlich auf eine Kandidatur zu verzichten. Vielmehr ist nur das allgemeine Postulat gemeint, daß die Parteien, welche sich die Qualifikation „Partei“ erhalten wollen, nicht dauernd von Wahlen fernbleiben dürfen[41].

Nach alldem erscheinen Einerwahlkreis-Aussparungsabkommen, denen das nach den Wahlgesetzen für die Bewerberaufstellung zuständige Parteigremium zustimmt, *unter dem Gesichtspunkt des Wahl-*

---

[38] So z. B. § 29 I 1 der Bundeswahlordnung vom 16. 5. 1957 (BGBl. I S. 441, 532) i. d. F. der VO vom 30. 5. 1961 (BGBl. I S. 621).

[39] Nach Nass, Wahlorgane, S. 48 ist die „Aufforderung“ nicht einmal speziell an die Parteien gerichtet, sondern hat keinen bestimmten Adressaten.

[40] Vgl. Scheuner, R-St-W, Bd. 3, S. 143; von der Heydte, Grundrechte, Bd. II, S. 473; Wernicke, Bonner Kommentar, Art. 21 Erl. II 1 a; Seifert DÖV 56, 3; Parteienrechtsbericht, S. 127 f.; Seuffert, Festgabe für Carlo Schmid, S. 208 ff.; Maunz-Dürig, Art. 21 Randnr. 13; ebenso § 1 des Regierungsentwurfs zum Parteiengesetz, 3. Wahlperiode, BT-Drucks. 1509.

[41] So ist es unbestritten, daß eine vorübergehende Nichtbeteiligung an Wahlen die Partei-Eigenschaft nicht aufhebt; vgl. Seifert, a. a. O.; Parteienrechtsbericht, S. 128; Maunz-Dürig, a. a. O.; BVerwGE 6, 100 f.

vorschlagsrechts als zulässig. Ihre Technik wird von den Regeln über die Wahlvorschläge nicht erfaßt. Dieser Sachverhalt kommt in Schrifttum und Rechtsprechung in den verschiedensten Formulierungen zum Ausdruck. Beispielsweise stellt das *Bezirkswahlgericht Stade* über Aussparungsabkommen fest, sie berührten im Gegensatz zu gemeinsamen Wahlvorschlägen und Listenverbindungen das amtliche Wahlverfahren nicht; *Rietdorf,* sie stünden außerhalb des Wahlrechts; *Seifert,* sie seien — im Gegensatz zu den im Rahmen des formalen Wahlrechts liegenden präzisen wahltechnischen Kooperationsformen wie den gemeinsamen Wahlvorschlägen und den Listenverbindungen — eine außerhalb des Wahlverfahrens liegende wahltaktische Form der Zusammenarbeit mehrerer Parteien[42].

Freilich darf aus vorstehenden Überlegungen allein nicht der Schluß gezogen werden, daß Aussparungsabkommen — den Fall des fehlenden Einverständnisses des für die Bewerberaufstellung zuständigen Parteiorgans ausgenommen — schlechthin zulässig seien; denn zur Beurteilung dieser wie der übrigen Wahlbündnisse sind neben dem Wahlvorschlagsrecht noch *weitere rechtliche Maßstäbe* heranzuziehen. Der These *Seiferts,* Einerwahlkreis-Aussparungsabkommen seien als gewohnheitsrechtlich zulässig anzusehen[43], kann nicht zugestimmt werden. Wie obiger Überblick über Schrifttum und Rechtsprechung zeigt, fehlt es an einer Gewohnheitsrecht begründenden opinio juris.

§ 6 Das Prinzip der Verhältniswahl als Grenze

I. Problemstellung

Das BWG und die Länderwahlgesetze kennen neben dem formalen Prinzip der Zuordnung von Wahlvorschlag und Partei, das in den Bestimmungen des Wahlvorschlagsrechts niedergelegt ist, zwei grundlegende materielle Prinzipien: den Verhältniswahlgedanken und den Gedanken der Splitterparteibekämpfung. Beide Prinzipien sind nicht im Grundgesetz, wohl aber in einigen Länderverfassungen besonders verankert[1].

---

[42] BezirkswahlG Stade, E. v. 14. 3. 1949, VerwRspr. 49, 462; Rietdorf, Landtagswahlgesetz, Anm. 18 zu § 20, S. 40; Seifert DÖV 61, 751.

[43] Seifert DÖV 61, 751.

[1] Die Verhältniswahl schreiben folgende Verfassungen vor: Verf. Baden-Württ. Art. 28 I („Verfahren, das die Persönlichkeitswahl mit den Grundsätzen der Verhältniswahl verbindet"); Verf. Bayern Art. 14 I 1 („verbessertes Verhältniswahlrecht"); Verf. Rheinl.-Pfalz Art. 80 I („Grundsätze der Verhältniswahl"); Verf. Saarl. Art. 68 I 2 („Grundsätze des Verhältniswahlrechts"). — Zur verfassungsrechtlichen Festlegung der Splitterparteibekämpfung s. unten S. 103/104 Fußn. 4.

Zwischen dem Verhältniswahlprinzip einerseits und den Wahlabkommen andererseits bestehen Spannungen. Dies sei einleitend mit einem Beispiel für jeden der drei Grundtypen von Wahlabsprachen angedeutet:

Einerwahlkreis-Aussparungsabkommen können im Rahmen der personalisierten Verhältniswahl zu überproportionalen Mandaten einer Partei (zu sog. Überhangmandaten) führen. Mittels *gemeinsamer Wahlvorschläge* kann eine Partei unabhängig von einer auf sie bezogenen Verhältnisrechnung — d. h. einer Verhältnisrechnung auf der Grundlage ihr allein zugedachter Stimmen — zu Mandaten kommen. Auf Grund von *Listenverbindungen* kann eine kleinere Partei mit unverhältnismäßig vielen Mandaten im Parlament vertreten sein.

Im Hinblick auf solche Abweichungen von der Proportionalität stellt sich das Problem, welche Folgerungen sich aus dem Verhältniswahlprinzip für die Frage der Zulässigkeit von Wahlabsprachen ziehen lassen. Bei der Erörterung dieses Problems erscheint es angebracht, je nach der positivrechtlichen Ausgestaltung des Verhältniswahlgedankens zwischen dem System der reinen Verhältniswahl und dem der personalisierten Verhältniswahl zu unterscheiden. Die personalisierten Verhältniswahlsysteme sehen im Gegensatz zu den reinen Verhältniswahlsystemen vor, daß ein Teil der Abgeordneten im Wege der Mehrheitswahl in Einerwahlkreisen gewählt wird. Sie ermöglichen Einerwahlkreis-Aussparungsabkommen und werfen damit besondere Fragen auf.

Die Untersuchung der Auswirkungen des Verhältniswahlgedankens auf die Beurteilung von Wahlabreden setzt voraus, daß dieser Gedanke in seinen Ausprägungen als reine sowie als personalisierte Verhältniswahl dargelegt wird.

II. Der Gedanke der reinen Verhältniswahl

Das System der reinen Verhältniswahl gilt in Bremen, Hamburg, Rheinland-Pfalz und dem Saarland[2]. Den Gesetzen der reinen Verhältniswahl, die entweder das Wahlgebiet in große Listenwahlbereiche einteilen[3] oder überhaupt nur einen einzigen Listenwahlbereich vorsehen[4], liegt die Idee zugrunde, daß jede Partei soviel Mandate erhalten soll, wie der Zahl der für sie abgegebenen Stimmen entspricht.

[2] Die Wahlgesetze von Bremen, Hamb. und Rheinl.-Pfalz erklären ausdrücklich, daß nach den „Grundsätzen der Verhältniswahl" gewählt wird; vgl. LWG Bremen § 8 I; Hamb. § 4 I; Rheinl.-Pfalz § 28 I.

[3] So LWG Bremen §§ 6 I, 8 I (zwei Wahlbereiche); Rheinl.-Pfalz § 7 (sieben Wahlbereiche); Saarl. § 3 I (drei Wahlbereiche).

[4] So LWG Hamb. § 4 II.

Freilich denkt der Gesetzgeber dabei nicht an eine mathematisch bis ins Letzte exakt durchgeführte Proportionalität, welche den frühen Theoretikern der Verhältniswahl vorgeschwebt haben mag, die im Parlament ein „Abbild des Volkes", einen „Spiegel der Nation" — eine Vertretung aller Strömungen im Volke genau entsprechend deren Stärke — gesehen haben[5].

Gewisse Einschränkungen der Proportionalität sind unvermeidbar. Es wird immer Richtungen geben, die die für ein Mandat erforderliche Stimmenzahl (den sog. Wahlquotienten) nicht erreichen und leer ausgehen. Angesichts der Unteilbarkeit der Mandate ist eine proportional absolut genaue Mandatsverteilung nicht möglich: die verschiedenen Methoden der Verhältnisrechnung — der „Umsetzung" der von einer Gruppe errungenen Stimmen in Mandate — nähern sich der mathematisch exakten Proportionalität nur mehr oder weniger an. Die Einschränkung der Proportionalität, welche dadurch entsteht, daß das Wahlgesetz mehrere „endgültige" Listenwahlbereiche kennt, also keine Reststimmenverrechnung über die einzelnen Listenwahlbereiche hinaus normiert[6], ist zwar nicht unumgänglich, wird aber als legitim empfunden[7]. Ebenso wird die — erhebliche — Einschränkung der Proportionalität, die mit der 5 vH-Sperrklausel gegen Splitterparteien[8] verbunden ist, als mit dem Prinzip der (reinen) Verhältniswahl vereinbar angesehen[9].

Berücksichtigt man diese Einschränkungen der Propotionalität, so kann man feststellen, daß der Gesetzgeber des reinen Verhältniswahlsystems von der Vorstellung einer möglichst weitgehend den Stimmanteilen entsprechenden Vertretung der Parteien im Parlament ausgeht — unter Beachtung des Wahlzwecks der Schaffung eines arbeitsfähigen Parlaments (Sperrklausel).

---

[5] So insb. Mirabeau und Prevost-Paradol; vgl. die Nachweise bei Cahn, Verhältniswahlsystem, S. 75 mit Fußn. 3, 102.

[6] So die Wahlsysteme von Bremen und Rheinl.-Pfalz; bei derartigen Wahlsystemen bezieht sich die Proportionalität jeweils auf die einzelnen Listenwahlbereiche.

[7] Vgl. hierzu etwa Lorentzen, Diss. Marb. 1931, S. 58; Peter, Diss. Freib. 1933, S. 45 ff.

[8] Vgl. LWG Bremen § 8 IV; Hamb. § 5 II; Rheinl.-Pfalz § 42 II; Saarl. § 48 I.

[9] Wie noch darzulegen sein wird — rechtfertigt man die 5 vH-Sperrklausel allgemein aus dem Zweck der Wahl (Schaffung eines *arbeitsfähigen* Parlaments). Es ist deshalb nicht angängig, von einem Widerspruch zwischen dem Verhältniswahlgedanken und dieser Klausel zu sprechen (so aber z. B. Wildenmann, Partei und Fraktion, S. 152 unter Ziff. 27; Hermens, Parteien, Volk und Staat, S. 21). Vielmehr ergänzen das Verhältniswahlprinzip und die Splitterparteibekämpfung in Gestalt der Prozentklausel einander in sinnvoller Weise.

Als Bezugspunkt der Proportionalität fungieren — wie betont werden muß — die politischen Parteien. Das Verhältniswahlsystem kann heute nur in der Zuordnung auf die politischen Parteien begriffen werden[10]; denn die Verhältniswahl entspricht dem plebiszitären Charakter der Parlamentswahlen in der modernen parteienstaatlichen Massendemokratie[11], der es nahelegt, die Mandatsverteilung gemäß den — als Ausdruck plebiszitärer Entscheidung gewerteten — Stimmanteilen der Parteien vorzunehmen.

III. Folgerungen für Wahlabsprachen

1. Gemeinsame Listen

Gemeinsame Listen im Rahmen des Systems der reinen Verhältniswahl bedeuten ein Abweichen vom Prinzip der verhältnisgerechten Vertretung der Parteien.

Zum Beispiel bestimmen im Falle eines Parteienblocks die verbündeten Parteien mit der Blockbildung weitgehend ihre künftige parlamentarische Stärke, indem sie die Plätze auf der gemeinsamen Liste unter sich verteilen. Mag sich auch die Zahl der Mandate, die auf die Block-Liste entfällt, aus der Zahl der Stimmen dieser Liste ergeben und insofern Verhältnismäßigkeit bestehen, entscheidend ist, daß die parteimäßige Zusammensetzung des Parlaments bezüglich der verbündeten Parteien nicht auf einer aus dem Wahlakt hervorgehenden Proportionalität beruht. Das Gleiche gilt im Falle förmlicher gemeinsamer und verdeckt-gemeinsamer Listen.

Gemeinsame Listen jeden Typs widersprechen dem Gedanken der reinen Verhältniswahl, weil sie ausschließen, daß die einzelnen verbündeten Parteien möglichst entsprechend der Zahl *ihrer* Stimmen im Parlament vertreten sind. Die Stimmen einer gemeinsamen Liste — also einer Liste, auf der Bewerber mehrerer Parteien nominiert sind — können gar nicht einer bestimmten Bündnispartei zugerechnet werden. Folglich bezieht sich die Verhältnisrechnung, die als Mittel zur Herbei-

---

[10] Daß das Verhältniswahlsystem ein entscheidender Schrittmacher auf dem Wege zum Parteienstaat war, wurde mit Recht immer wieder hervorgehoben; vgl. z. B. Hula, Zeitschr. f. öff. Recht Bd. VI (1927), S. 213 ff.; Triepel, Die Staatsverfassung und die polit. Parteien, S. 25; Kendziora, Diss. Berlin 1935, S. 49.

[11] Es wird allgemein registriert, daß die Parlamentswahlen heute eine Art plebiszitärer Entscheidung für die Parteien — bzw. ihre Programme und „Regierungsmannschaften" — darstellen; vgl. z. B. von der Heydte, Grundrechte, Bd. II, S. 476; Friesenhahn, VVDStRL Nr. 16 (1958), S. 26; Leibholz, Strukturprobleme, S. 104; ders., Wesen der Repräsentation, S. 231; Rinck JZ 58, 195; Willms JZ 58, 268; Wildenmann, Macht und Konsens als Problem der Innen- und Außenpolitik, S. 116 f.

führung der verhältnisgerechten parlamentarischen Vertretung jeder an der Wahl beteiligten Partei gedacht ist, im Grunde nur auf den gemeinsamen Wahlvorschlag und nicht auf die einzelne Bündnispartei selbst: es wird nur ermittelt, wieviel Mandate auf die gemeinsame Liste entsprechend deren Stimmenzahl entfallen.

Gegen diese Überlegungen könnten zwei Argumente vorgebracht werden. Man könnte einwenden, das Prinzip der Verhältnismäßigkeit in den Gesetzen der reinen Verhältniswahl beziehe sich primär auf die Listenwahlvorschläge, nicht auf die Parteien selbst, es bedeute also lediglich die Zuteilung der Mandate an die Listen entsprechend deren Stimmenzahlen. Eine solche Argumentation verkennt, daß das Verhältniswahlprinzip heute seinem Wesen nach auf der Wahlbeteiligung der Parteien aufbaut; sie klammert die Parteien in dem entscheidenden Punkt der Wahlsystematik aus dem Normenbereich der Verhältniswahlgesetze aus und stellt damit einen Rückfall in die Zeit dar, in der die Parteien noch „extrakonstituionelle Erscheinungen"[12] waren. Daß sie nicht dem Sinn und Zweck des positiven Rechts entspricht, ergibt sich ferner aus dem Prinzip der Zuordnung von Wahlvorschlag und Partei, das sich hier in einer besonderen Funktion zeigt: Indem das Wahlgesetz der reinen Verhältniswahl jede Liste *einer* bestimmten Partei zuordnet, soll die verhältnisgerechte Vertretung der an der Wahl beteiligten Parteien sichergestellt werden.

Als zweites Argument könnte man anführen, daß die einzelnen Bündnisparteien mit dem Abschluß von Wahlvereinbarungen über gemeinsame Listen aus freien Stücken darauf verzichteten, eine ihrer Stimmenzahl entsprechende Zahl von Mandaten zu erhalten. Diese Argumentation geht deshalb fehl, weil der Gedanke der reinen Verhälniswahl ein objektives Rechtsprinzip darstellt, das eine Art rechtsgeschäftlicher Disposition der Parteien ausschließt. Die Parteien sind an den Verhältniswahlgedanken, der dem objektiven Recht der Verhältniswahlgesetze als wahlsystematischer Ausgangspunkt zugrunde liegt, genauso wie an jede andere Norm der Wahlgesetze gebunden. —

Sonach sind gemeinsame Wahlvorschläge auf der Grundlage der reinen Verhältniswahlgesetze — von den Regeln über die Wahlvorschläge abgesehen — auch deshalb unzulässig, weil sie gegen das Verhältniswahlprinzip dieser Gesetze verstoßen.

2. Listenverbindungen

Im Falle der mehrparteiigen Listenverbindung führt der Verbindungsmechanismus dazu, daß bei der Ermittlung der Zahl der einer Partei zustehenden Mandate nicht nur die Stimmen dieser Partei, sondern

---

[12] Triepel, Die Staatsverfassung und die polit. Parteien, S. 29.

auch die einer verbündeten Partei eine Rolle spielen. Dies widerspricht dem Gedanken der reinen Verhältniswahl. Das Prinzip der reinen Verhältniswahl verlangt, daß die Stimmen der einzelnen Parteien bei der Verhältnisrechnung getrennt bleiben; denn nur so wird gewährleistet, daß jede Partei möglichst genau entsprechend *ihren* Stimmen im Parlament vertreten ist.

Im Zuge des Verbindungsmechanismus von Ober- und Unterverteilung der Mandate kann eine Partei mittels der Stimmen einer verbündeten Partei ein (oder ein zusätzliches) Mandat gewinnen, das über ihren Anteil an der Gesamtstimmenzahl hinausgeht und das sie nicht erlangen könnte, wenn die Zahl ihrer Mandate ausschließlich auf der Grundlage *ihrer* Stimmen ermittelt würde. Freilich wirkt sich nur ein Teil der mehrparteiigen Listenverbindungen so aus; die Mandatsverteilung im Falle einer Verbindungs-Abrede stimmt im Ergebnis oft mit der Mandatsverteilung überein, welche sich ergeben hätte, wenn das Wahlbündnis der Listenverbindung nicht eingegangen worden wäre. Dennoch verstoßen alle mehrparteiigen Listenverbindungen gegen das Prinzig der reinen Verhältniswahl: Die Bündnisparteien ersetzen die diesem Prinzip konforme Art der Verhältnisrechnung durch einen gegenläufigen Mechanismus und verfolgen dabei nur den Zweck, einer dritten Partei das sog. Restmandat zu „entreißen“[13], welches diese gemäß der dem Verhältniswahlprinzip konformen Verhältnisrechnung für sich beanspruchen kann. *Müller* bemerkt mit Recht, die mehrparteiige Listenverbindung entwerte die angestrebte Proportionalität durch ein völlig systemfremdes Element[14].

Sonach darf die Wahlabrede der Listenverbindung — von dem Fehlen einer wahlgesetzlichen Zulassung abgesehen — auch deshalb nicht auf der Grundlage eines reinen Verhältniswahlgesetzes, das die Verbindung nicht erwähnt oder ausdrücklich nur die einparteiige Listenverbindung zuläßt, praktiziert werden, weil sie mit dem Verhältniswahlgedanken dieses Wahlgesetzes nicht vereinbar ist.

Wenn freilich das Wahlgesetz die mehrparteiige Listenverbindung ausdrücklich zulassen würde, könnte deren Unvereinbarkeit mit dem Verhältniswahlprinzip insofern keinen Unzulässigkeitsgrund abgeben, als dann der Verhältniswahlgedanke durch den Gesetzgeber entsprechend modifiziert wäre. Diese Modifizierung wäre jedoch dort verfassungswidrig, wo die Verfassung die Verhältniswahl anordnet.

---

[13] Ein Ausdruck, der in diesem Zusammenhang oft gebraucht wird; vgl. z. B. Schnewlin, Diss. Bern 1946, S. 143.

[14] Müller, Wahlsystem, S. 247; in gleichem Sinne Schleicher, Diss. Würzburg 1929, S. 35.

IV. Der Gedanke der personalisierten Verhältniswahl

Das System der personalisierten Verhältniswahl gilt für die Bundestagswahlen sowie für die Parlamentswahlen in Baden-Württemberg, Bayern, Berlin, Hessen, Niedersachsen, Nordhein-Westfalen und Schleswig-Holstein[15]. Um die Tragweite des Verhältniswahlgedankens im System der personalisierten Verhältniswahl darlegen zu können, muß kurz auf die Wirkungsweise dieses Wahlsystems eingegangen werden:

Das Grundschema der personalisierten Verhältniswahlsysteme besteht darin, daß nach Verhältniswahlgrundsätzen ermittelt wird, wieviel Mandate einer Partei insgesamt zustehen, von dieser Zahl die Zahl der in den Einerwahlkreisen (im Wege der Mehrheitswahl) errrungenen Mandate abgezogen und der Rest von Mandaten in einer besonderen Sitzzuteilung zugewiesen wird[16]. Dieses Schema wird durch die Wahlgesetze unterschiedlich ausgeformt. Beim BWG und den Wahlgesetzen von Hessen, Niedersachsen, Nordrhein-Westfalen und Schleswig-Holstein erfolgt die besondere Sitzzuteilung — der sog. Verhältnisausgleich — aus Landeslisten, bei den Wahlgesetzen von Baden-Württemberg und Berlin aus unterlegenen Wahlkreisbewerbern der Parteien. Grundlage der Verhältnisrechnung sind in den *Ein-Stimmen-Systemen* von Baden-Württemberg, Berlin, Hessen, Niedersachsen, Nordrhein-Westfalen und Schleswig-Holstein die Stimmen der Wahlkreisbewerber der Parteien, im *Zwei-Stimmen-System des BWG* die sog. Zweitstimmen, die — unabhängig von den den Wahlkreisbewerbern geltenden sog. Erststimmen — für die Listen abgegeben werden[17,18].

---

15 Das BWG und die Wahlgesetze von Bayern, Nordrh.-Westf. und Schl.-Holst. erwähnen ausdrücklich, daß sie eine Verhältniswahl normieren; vgl. BWG § 1 I 2 („mit der Personenwahl verbundene Verhältniswahl"); LWG Bayern Art. 36 („verbessertes Verhältniswahlrecht"); Nordrh.-Westf. § 33 II 4 („Verhältniswahlrecht"); Schl.-Holst. § 1 S. 2 („Verhältniswahl").

16 Vgl. BWG § 6; LWG Baden-Württ. Art. 3; Bayern Art. 51—53; Berl. §§ 11—13; Hessen § 36; Nieders. § 32; Nordrh.-Westf. § 33; Schl.-Holst. § 3.

17 Das LWG Baden-Württ. bezieht den Proporz nicht — wie die Wahlgesetze von Berl., Hessen, Nieders., Nordrh.-Westf. und Schl.-Holst. — auf das Land, sondern auf die einzelnen Regierungsbezirke. Das BWG legt zwar als Regelfall den Proporz auf Länderebene (Landeslistenproporz) zugrunde, doch besteht infolge der Möglichkeit der Verbindung von Landeslisten derselben Partei praktisch ein Proporz auf Bundesebene (Bundesproporz); vgl. hierzu Seifert DÖV 56, 258; ders., Kommentar, Erl. zu § 7 II BWG, S. 75; Nass DVBl. 60, 424; Maunz, StaatsR, S. 302/303.

18 Das LWG Bayern gestaltet die personalisierte Verhältniswahl in eigener Weise aus. Hier bilden der Wahlvorschlag für den Einerwahlkreis und die Ergänzungsliste zusammen einen einheitlichen Wahlvorschlag (der für den Bereich des Regierungsbezirks einzureichen ist; Art. 40); der Wähler hat zwei Stimmen: eine für den Bewerber im Einerwahlkreis und eine für die Ergänzungsliste (der Wähler kann sich dabei für einen bestimmten Listenbewerber entscheiden — das Prinzip der starren Liste gilt nicht); beide Stimmen

Die Wahlsysteme der personalisierten Verhältniswahl werden durch die Bezeichnung „personalisierte Verhältniswahl" treffend charakterisiert[19]. Sie sind einerseits der Tendenz und dem Ergebnis nach Verhältniswahlsysteme[20], andererseits streben sie dadurch, daß ein Teil der Abgeordneten nach dem Prinzip der relativen Mehrheitswahl in Einerwahlkreisen gewählt wird, eine „Personalisierung" an. Durch die Wahl in den Einerwahlkreisen soll eine engere Verbindung zwischen Wählern und Gewählten hergestellt werden; die Persönlichkeit der Wahlkreisbewerber und nicht allein die Partei soll die Stimmabgabe beeinflussen.

Was über den Sinn und die Tragweite des Verhältniswahlprinzips im System der reinen Verhältniswahl ausgeführt wurde, gilt auch für den Verhältniswahlgedanken im personalisierten Verhältniswahlsystem. Der Verhältniswahlgedanke erfährt jedoch in den Gesetzen der personalisierten Verhältniswahl zusätzliche Einschränkungen.

Wenn im Ein-Stimmen-System der Wähler, welcher eine Vorliebe für eine bestimmte Partei hat, aber den Wahlkreisbewerber „seiner" Partei ablehnt, im Sinne der Personalisierung nicht für diesen Bewerber stimmt, so schadet er damit zugleich „seiner" Partei; denn dieser Partei geht eine Stimme für die Verhältnisrechnung verloren. Infolgedessen gibt die parteimäßige Zusammensetzung des Parlaments die wirkliche parteimäßige Einstellung der Wählerschaft möglicherweise nur verzerrt wieder[21]. Im Zwei-Stimmen-System des BWG kann diese

---

zählen für die (auf der Ebene der Regierungsbezirke erfolgende) Verhältnisrechnung. Das bayer. Wahlsystem bleibt wegen seiner zahlreichen Besonderheiten in dieser Arbeit außer Betracht. Zu diesem Wahlsystem s. insb. Schwarz, Gerechtigkeit durch Personwahl, S. 35 ff.

[19] Diese Bezeichnung hat sich allgemein durchgesetzt; vgl. etwa Wahlrechtsbericht, S. 21; Unkelbach, Wahlsystematik, S. 46 f.; Seifert, Kommentar, Einführung III S. 21. Die Benennung als „gemischtes System" (so z. B. Wildenmann, Partei und Fraktion, S. 119, 126 ff.; Schwarz, a. a. O., S. 20; von Mangoldt-Klein, Art. 38 Erl. III 4, S. 885/886) ist irreführend.

[20] Im Gegensatz zum System des sog. Restproporzes, das früher in einigen Bundesländern galt (z. B. in Hamburg 1949 und 1953, in Hessen 1950, in Schleswig-Holstein 1947; vgl. hierzu Erbe in: Wahlen in Westdeutschland, S. 23). Bei diesem System werden die Stimmen der erfolglosen Wahlkreisbewerber (sog. Reststimmen) sowie die Stimmen, die die erfolgreichen Wahlkreisbewerber für ihren Mehrheits-Sieg nicht mehr benötigt hätten (sog. Überschußstimmen oder Mehrstimmen), nach Verhältniswahlgrundsätzen verrechnet und auf diese Stimmen Mandate über Landeslisten verteilt, die zu den Wahlkreismandaten hinzutreten. Dieses System ist nicht daraufhin angelegt, daß die Sitzzahlen der Parteien den Stimmanteilen entsprechen. Das Schrifttum spricht von einem Mehrheitswahlsystem mit Teilverhältnisausgleich oder unvollständigem Verhältnisausgleich; vgl. Wahlrechtsbericht, S. 23; Seifert, Kommentar, Einführung I S. 12 f.; Erbe, a. a. O., S. 21 ff.

[21] Stellt man allein auf die effektive Stimmabgabe ab, so liegt hierin keine Beeinträchtigung der Proportionalität; aber zum Verhältniswahlgedanken gehört an sich mit die Vorstellung, daß die Mandatszahl einer Partei sich nach der Zahl der Wähler richtet, die dieser Partei innerlich zuneigen.

„Verzerrung“ nicht eintreten. Hier steht dem Wähler neben der Erststimme für die Wahl im Einerwahlkreis eine Zweitstimme für die Wahl nach Landeslisten zur Verfügung, die allein für die Verhältnisrechnung maßgeblich ist.

Diejenigen Systeme der personalisierten Verhältniswahl, die den Verhältnisausgleich über Landeslisten durchführen, normieren nicht etwa eine Pflicht zur Einreichung von Listen. Hieraus ergibt sich eine weitere Einschränkung des Verhältniswahlgedankens: Bezüglich der Parteien, die von einer Listenkandidatur Abstand nehmen und nur in den Einerwahlkreisen Wahlvorschläge einreichen, besteht keine Sitzverteilung nach dem Verhältnis der Stimmanteile.

Eine Einschränkung des Verhältniswahlprinzips kann schließlich mit den sog. *Überhangmandaten* verbunden sein. Man spricht von Überhangmandaten, wenn der Anrechnungsmechanismus der personalisierten Verhältniswahl — also das Subtrahieren der Zahl der von einer Partei errungenen Wahlkreissitze von der Zahl der ihr auf Grund der Verhältnisrechnung zustehenden Sitze — ergibt, daß eine Partei mehr Wahlkreissitze gewonnen hat als sie nach der Verhältnisrechnung an Sitzen beanspruchen kann[22]. Nach den Wahlgesetzen von Baden-Württemberg, Berlin, Hessen, Niedersachsen und Nordrhein-Westfalen werden in einem solchen Fall nicht nur die Überhangmandate (Mehrsitze) der Partei belassen, sondern die übrigen Parteien erhalten zur Entschädigung zusätzliche Sitze über den Verhältnisausgleich: die Gesamtzahl der Parlamentssitze erhöht sich um so viele, als nötig sind, um unter Einbeziehung der Überhangmandate die Sitzverteilung nach dem Verhältnis der Gesamtstimmenzahlen der Parteien zu gewährleisten[23]. Dagegen verbleiben nach dem BWG und dem LWG Schleswig-Holstein die Überhangmandate, ohne daß ein solcher Ausgleich für die übrigen Parteien stattfindet[24]. Dies bedeutet ein Abweichen des Ge-

---

[22] Vgl. Wahlrechtsbericht, S. 131; Seifert, Kommentar, Erl. zu § 6 III BWG, S. 70 f.

[23] Vgl. LWG Baden-Württ. Art. 3 V; Berl. § 12; Hessen § 36 III; Nieders. § 32 VII (hier kann sich die Gesamtzahl der Sitze höchstens um das Doppelte der Mehrsitze erhöhen); Nordrh.-Westf. § 33 II 7. — In Bayern werden Überhangmandate kassiert (vgl. LWG Bayern Art. 53 II; danach gelangen von den im Einerwahlkreis siegreichen Bewerbern der betreffenden Partei so viele nicht ins Parlament, wie der Zahl der Überhangmandate entspricht, und zwar ist für das Ausscheiden die Reihenfolge der niedrigsten Stimmenzahlen dieser Bewerber maßgebend; s. dazu Feneberg, Landeswahlgesetz, Erl. zu Art. 53, S. 101 f.). Der Bayer. VerfGH erklärt diese Lösung für verfassungsmäßig (VGHE NF 7 II, 105 f.). Der Wahlrechtsbericht (S. 51/52) bemerkt zu dieser Lösung mit Recht, es begegne in der Wählerschaft keinem Verständnis, wenn ein im Einerwahlkreis mit Mehrheit gewählter Bewerber infolge der Gesamtverrechnung der Parteistimmen auszuscheiden hätte.

[24] Vgl. BWG § 6 III; LWG Schleswig-Holst. § 3 IV.

setzes von dem Grundsatz der Sitzverteilung entsprechend den Stimmanteilen der Parteien[25].

---

[25] Nach h. M. ist diese Abweichung bzw. die damit verbundene Differenzierung des Stimmengewichts verfassungsmäßig, d. h. mit der Wahlrechtsgleichheit vereinbar; vgl. Wahlrechtsbericht, S. 33; Seifert, Kommentar, Erl. zu § 6 III BWG, S. 71; BVerfGE 7, 74 f.; BVerfG NJW 63, 1601. Man kann der h. M. — mit Bedenken — zustimmen. Überhangmandate sind eine kaum ins Gewicht fallende Ausnahmeerscheinung (vgl. Seifert, a. a. O.; BVerfGE 3, 395/396; Bayer. VerfGH, VGHE NF 2 II, 211; NF 5 II, 143; NF 7 II, 104/105). Denn das personalisierte Verhältniswahlsystem ist auf Proportionalität der Mandatsverteilung hin angelegt; die Gesetze der personalisierten Verhältniswahl bringen deshalb die Gesamtzahl der Wahlkreissitze und die Gesamtzahl der über den Verhältnisausgleich zuzuteilenden Sitze in ein solches Verhältnis zueinander, daß sich im Regelfall keine Überhangmandate einer Partei ergeben (nach dem BWG beläuft sich dieses Verhältnis auf 1 zu 1; vgl. die §§ 1 und 54 Nr. 1 BWG). Immerhin kam es bei den Bundestagswahlen 1949 zu 2, 1953 zu 3, 1957 zu 3 und 1961 zu 5 Überhangmandaten. Diese Überhangmandate sind zum größten Teil auf die Wahlkreiseinteilung zurückzuführen, die trotz der seit 1949 im Bundesgebiet eingetretenen Bevölkerungsverschiebungen bei den vier Bundestagswahlen die gleiche geblieben ist; vgl. dazu die eingehende Analyse von Schwarz, DÖV 62, 375 f. So entfielen fast alle Überhangmandate, die bei den vier Bundestagswahlen entstanden, auf die CDU in Schleswig-Holstein, wo es — gemessen an der Bevölkerungszahl — zu viel Wahlkreise gab. Dieser Sachverhalt grenzt an eine verfassungswidrige Wahlkreisgeometrie (in diesem Sinne auch Schwarz, a. a. O.). Das BVerfG hat in einem Wahlprüfungsverfahren, in dem die Beschwerdeführer die Gültigkeit der Bundestagswahl vom 17. 9. 1961 wegen der von der CDU in Schleswig-Holstein erzielten (drei) Überhangmandate in Abrede gestellt haben, mit Recht entschieden, daß die Wahlkreiseinteilung, die den vier Bundestagswahlen zugrunde gelegen hat, nunmehr, *nach* der Bundestagswahl von 1961, als verfassungswidrig angesehen werden müsse, weil offenkundig geworden sei, daß sie mit der gegenwärtigen Bevölkerungsverteilung nicht mehr in Einklang stehe, und sich daraus beim Gewinn von Überhangmandaten — in Auswirkung der Überhangmandats-Regelung des BWG — eine nicht mehr zu ignorierende Differenzierung des Stimmengewichts ergebe (Beschluß vom 22. 5. 1963, NJW 63, 1600 ff.; noch am 26. 8. 1961 hatte das BVerfG eine gegen die Wahlkreiseinteilung des BWG gerichtete Verfassungsbeschwerde — gemäß § 91 a BVerfGG — verworfen und dabei lediglich nebenbei bemerkt, daß eine im Rahmen des BWG unter Ausnutzung des Instituts der Überhangmandate mögliche Wahlkreisgeometrie mit dem Gleichheitssatz unvereinbar wäre; vgl. BVerfGE 13, 129). Mittlerweile hat der Bundesgesetzgeber durch das Gesetz zur Änderung des BWG vom 14. 2. 1964 (BGBl. I S. 61) die Wahlkreiseinteilung geändert, wobei insbesondere der Grundsatz des § 3 III 2 BWG (keine Abweichung von der durchschnittlichen Bevölkerungszahl der Wahlkreise um mehr als 33 1/3 vH nach oben oder unten) berücksichtigt worden ist. Gegen die Regelung, die das BWG hinsichtlich der Überhangmandate trifft — also das Belassen der Überhangmandate ohne verhältnisgerechte Entschädigung der übrigen Parteien —, bestehen auch unabhängig von der Frage der Wahlkreiseinteilung Bedenken. Diese Regelung kann, unter dem Gesichtspunkt der Systemreinheit betrachtet, nicht befriedigen. Die These des BVerfG, die Regelung des BWG bzw. die mit ihr verbundene Differenzierung des Stimmengewichts fände „ihren letzthin rechtfertigenden Grund im besonderen Anliegen der personalisierten Verhältniswahl" (BVerfGE 7, 74/75; in gl. Sinne BVerfG NJW 63, 1601), überzeugt nicht; denn ein verhältnisgerechter Ausgleich für die anderen Parteien — wie er in den genannten Ländern durchgeführt wird — ist dem Gedanken der Personalisierung nicht abträglich. Es trifft eben nicht zu, daß die mit der Überhangmandats-Regelung des BWG verbundene Differenzierung des Stimmengewichts — wie es in BVerfG NJW

V. Folgerungen für Wahlabsprachen

1. Aussparungsabkommen

a) Einerwahlkreis-Aussparungsabkommen

Beurteilt man Einerwahlkreis-Aussparungsabkommen unter dem Gesichtspunkt des Gedankens der personalisierten Verhältniswahl, so ergeben sich keine durchgreifenden Bedenken gegen dieselben.

Im Ein-Stimmen-System der personalisierten Verhältniswahl können die Wähler, deren Wahlkreis von einer Partei zugunsten einer anderen Partei ausgespart wird, sich nicht mehr für erstere Partei entscheiden[26] und daher ihre Stimmen auch nicht in die Verhältnisrechnung dieser Partei „einbringen". Möglicherweise neigt jedoch ein großer Teil der Wähler dieser Partei zu. Einerwahlkreis-Aussparungsabkommen tragen so dazu bei, daß das Parlament nicht ensprechend der parteimäßigen Einstellung der Wählerschaft zusammengesetzt ist. Dies gilt vor allem für umfassende Abkommen, durch welche die verbündeten Parteien das gesamte Wahlgebiet untereinander aufteilen.

Hieraus folgt jedoch nicht, daß Einerwahlkreis-Aussparungsabkommen im Ein-Stimmen-System der personalisierten Verhältniswahl unzulässig sind. Diejenigen Parteien, welche von einer Listenkandidatur absehen, sind nach der Anlage des Wahlsystems vom Proporz ausgenommen. Soweit dies bei den Parteien des Aussparungsabkommens der Fall ist, scheidet also der Verhältniswahlgedanke als anzulegender Rechtsmaßstab aus. Was die anderen Fälle betrifft, so muß berücksichtigt werden, daß die durch das Aussparungsabkommen ausgelösten Verzerrungen der Proportionalität letztlich auf die Technik des Nichteinreichens von Wahlvorschlägen zurückzuführen sind. Daher stellt sich die Frage, ob das Verhältniswahlprinzip im Rahmen des Ein-Stimmen-Systems der personalisierten Verhältniswahl die Parteien — soweit sie am Verhältnisausgleich teilnehmen — verpflichtet, in den Einerwahlkreisen zu kandidieren. Diese Frage ist zu verneinen. Eine solche Pflicht läßt sich den Vorschriften, die das Verhältniswahlprinzip normieren, nicht entnehmen. Vielmehr sind umgekehrt in einem Verhältniswahlsystem, welches in der Art des Ein-Stimmen-Systems der personalisierten Verhältniswahl auf der Mehrheitswahl in Einerwahlkreisen aufbaut, Verzerrungen der Proportionalität von vornherein mit angelegt. Schließlich sind mit der Mehrheitswahl in Einerwahlkreisen herkömmlicherweise Wahlkreisaussparungen verbunden. Einerwahlkreis-Aussparungsabkommen können sogar durchaus im Sinne der Personali-

---

63, 1601 heißt — „notwendige Folge des spezifischen Zieles der personalisierten Verhältniswahl" ist.

[26] Dazu näher unten § 8 unter III 1.

sierung liegen; so sprach *Smend* mit Recht von einer „schöpferischen Dialektik" der Mehrheitswahl im Zuge von Wahlbündnissen auf lokaler Ebene, durch welche die Parteianhänger aktiviert würden[27].

Im Zwei-Stimmen-System des BWG verursachen Einerwahlkreis-Aussparungsabkommen nicht die erwähnte Verzerrung der Proportionalität; denn für die Verhältnisrechnung zählt allein die Zweitstimme (Listenstimme), mit welcher der Wähler sich auch zu der Partei bekennen kann, die seinen Wahlkreis ausgespart hat[28].

Im Zwei-Stimmen-System wie im Ein-Stimmen-System der personalisierten Verhältniswahl können Einerwahlkreis-Aussparungsabkommen zu Überhangmandaten führen. In den Fällen, in denen eine größere Partei mehrere Wahlkreise zugunsten einer kleineren Partei ausspart, bewirkt im Zwei-Stimmen-System des BWG die Konzentration von Erststimmen auf die Wahlkreisbewerber der kleineren Partei leicht, daß diese mehr Wahlkreissitze gewinnt als ihr auf Grund ihres Zweitstimmenanteils nach Verhältniswahlgrundsätzen an Mandaten zusteht[29]. Im Ein-Stimmen-System wirkt sich die Stimmenkonzentration, welche die kleinere Partei in den vom Bündnispartner ausgesparten Wahlkreisen für sich verbuchen kann, auch bei der Verhältnisrechnung zu deren Gunsten aus; deshalb entstehen hier nicht so leicht Überhangmandate.

Wenn das Wahlgesetz — wie das BWG und das LWG Schleswig-Holstein — Überhangmandate beläßt, ohne für die übrigen Parteien einen (verhältnisgerechten) Ausgleich vorzusehen, dann wird durch Überhangmandate verursachende Einerwahlkreis-Aussparungsabkommen die Proportionalität der Sitzverteilung beeinträchtigt. Jedoch macht dies Aussparungsabkommen nicht unzulässig. Der Gesetzgeber der personalisierten Verhältniswahl schränkt selbst die Proportionalität ein, indem er die genannte Regelung trifft. Deshalb wäre es nicht angängig zu behaupten, daß die Parteien eines zu Überhangmandaten führenden Aussparungsabkommens das Prinzip der verhältnisgerechten Vertretung der Parteien verletzen.

b) Das Abkommen der „vertikalen Aufteilung der Wahlvorschläge"

Einer besonderen Erwähnung bedarf das Wahlbündnis über eine „vertikale Aufteilung der Wahlvorschläge", nach dem im Zwei-Stim-

---

[27] Smend, Die Verschiebung der konstitutionellen Ordnung durch die Verhältniswahl, in: Staatsrechtl. Abhandlungen, S. 64 f.; ders., Verfassung und Verfassungsrecht, in: Staatsrechtl. Abhandlungen, S. 200/201.

[28] Sofern diese Partei mit einer Landesliste vertreten ist; andernfalls ist sie am Proporz nicht beteiligt.

[29] So gewann bei der Bundestagswahl von 1953 die DP in Hamburg infolge des mit der CDU und der FDP vereinbarten Aussparungsabkommens ein Überhangmandat; vgl. Schwarz DÖV 62, 374; s. auch oben S. 45/46.

men-System des BWG von zwei Parteien die eine nur in den Einerwahlkreisen, die andere nur auf Landeslisten kandidiert. Mit diesem Abkommen können die verbündeten Parteien einen erheblichen Mehrgewinn an Mandaten erzielen, falls ihre Anhänger auf das Abkommen eingehen und die Erststimmen für die Kreiswahlvorschläge der einen, die Zweitstimmen für die Listen der anderen Partei abgeben. Dann kann die eine Partei mit den Stimmen ihrer Anhänger und der Anhänger der anderen Partei Wahlkreismandate, die andere Partei ebenfalls mit erhöhter Stimmenzahl Listenmandate erlangen, ohne daß eine Verrechnung von Wahlkreismandaten und sich aus der Verhältnisrechnung ergebenden Mandaten stattfindet — ohne daß also der die Verhältnismäßigkeit der Sitzverteilung garantierende Anrechnungsmechanismus der personalisierten Verhältniswahl zum Zuge kommt.

Indem die Anhänger der beiden Parteien dieses Abkommens der einen Partei zum Gewinn von Wahlkreismandaten, der anderen Partei zum Gewinn von Listenmandaten verhelfen, verdoppeln sie die Kraft ihres Stimmrechts gegenüber dem Normalfall, in welchem Erst- und Zweitstimme derselben Partei zugute kommen und die Wahlkreismandate auf die Listenmandate angerechnet werden (gemäß § 6 II 1 BWG). Die Verdoppelung der Stimmkraft bzw. der hieraus resultierende Mehrgewinn an Mandaten kann nicht im Sinne des Verhältniswahlgedankens liegen — von den Bedenken aus dem Gesichtspunkt der Wahlgleichheit abgesehen. *Seifert* kennt das Abkommen der „vertikalen Aufteilung" treffend einen unzulässigen Rechtsmißbrauch durch Ausnutzung formaler Rechtsgestaltungsmöglichkeiten zur Umgehung des Anrechnungsmechanismus des § 6 II 1 BWG[30].

Der Gesetzgeber hat diesem Mißbrauch in § 6 I 2 BWG — einer Neuerung gegenüber dem Wahlgesetz zum zweiten Bundestag — Rechnung getragen. Nach § 6 I 2 BWG werden bei der Verteilung der nach Landes-

[30] Seifert, Kommentar, Erl. 1 zu § 19 I BWG, S. 113; in gleichem Sinne Füßlein DÖV 57, 603/604. Für Unzulässigkeit des Abkommens der „vertikalen Aufteilung" auch Mahrenholz, Diss. Gött. 1957, S. 104. A. A. Heimerl, Diss. Mainz 1954, S. 198/199; Unkelbach, Wahlsystematik, S. 130 Fußn. 4; von Wachter, Diss. München 1956, S. 157 f. Nach Heimerl liegt deshalb keine Umgehung des Anrechnungsprinzips vor, weil die Partei, die nur in den Wahlkreisen kandidiere, aus dem Parteienproporz herauszunehmen und sinngemäß den parteilosen Bewerbern gleichzustellen sei; diese Argumentation wird dem komplexen Vorgang, den das Abkommen der „vertikalen Aufteilung" darstellt, nicht gerecht. Die These von v. Wachter, die Annahme einer Umgehung liefe darauf hinaus, daß jede Partei sowohl in Wahlkreisen als auch auf der Landesliste aufzutreten gezwungen sei, ist irrig; die Annahme einer Umgehung besagt lediglich, daß zwei Parteien nicht *im Wege dieses Abkommens* vorgehen dürfen. Unkelbach vermißt eine gesetzliche Grundlage für die Unzulässig-Erklärung; diese Grundlage ist im Systemzusammenhang des BWG, insbesondere in Sinn und Zweck des Anrechnungsmechanismus des § 6 II 1, zu erblicken.

listen zu besetzenden Sitze die Zweitstimmen derjenigen Wähler nicht berücksichtigt, die ihre Erststimme für einen erfolgreichen Wahlkreisbewerber abgegeben haben, der von einer Partei vorgeschlagen ist, die in dem betreffenden Land keine Landesliste eingereicht hat. Damit hat das ohnehin nie praktizierte Wahlbündnis der „vertikalen Aufteilung der Wahlvorschläge" für die Parteien keinen Sinn mehr[31].

Allerdings ist im Zwei-Stimmen-System des BWG ein dem Bündnis der „vertikalen Aufteilung" ähnelndes Abkommen vorstellbar, mit dem sich ein Mehrgewinn an Mandaten erzielen läßt, weil es durch § 6 I 2 BWG nicht erfaßt wird. Wenn von zwei verbündeten Parteien die eine Kreiswahlvorschläge und Listen, die andere ebenfalls Kreiswahlvorschläge und Listen oder auch nur Listen einreicht und die Anhänger beider Parteien — entsprechend einer gemeinsamen Empfehlung dieser Parteien — mit der Erststimme die eine, mit der Zweitstimme die andere Partei wählen, kann die erwähnte Steigerung der Stimmkraft eintreten[32].

Auf diese Weise würden zwei Parteien das Prinzip der getrennten Abgabe von Wahlkreis- und Listenstimme dazu benützen, sich dem Anrechnungsmechanismus der personalisierten Verhältniswahl praktisch zu entziehen. Ein solches Vorgehen stellt wie das Abkommen der „vertikalen Aufteilung" eine mit dem Verhältniswahlgedanken nicht vereinbare Gesetzesumgehung dar[33]. Freilich haben die Wahlorgane kein Mittel, um hiergegen einzuschreiten. Es kommt allein die wahlprüfungsrechtliche Sanktion in Betracht. In der Praxis dürfte ein derartiges Wahlbündnis nicht vorkommen, weil es sich — wie auch das Abkommen der „vertikalen Aufteilung" — kaum realisieren läßt. Zwei Parteien sind nicht in der Lage, alle oder auch nur die Mehrzahl ihrer Anhänger dahingehend zu „dirigieren", geschlossen die Erststimme der einen, die Zweitstimme der anderen Partei zu geben.

2. Gemeinsame Wahlvorschläge

Betrachtet man die Wahlvereinbarungen über gemeinsame Wahlvorschläge unter dem Gesichtspunkt des Gedankens der personalisier-

---

[31] Dies übersieht Füßlein DÖV 57, 603 f., desgleichen wohl auch Unkelbach, a. a. O., S. 129 f. in Verb. mit S. 215.

[32] Dieses Wahlbündnis meint wohl Seifert, wenn er bei der Erörterung des Abkommens der „vertikalen Aufteilung" den Fall erwähnt, in dem formal und zum Schein eine Landesliste eingereicht werde und deshalb § 6 I 2 BWG nicht eingreife; vgl. Seifert, Kommentar, Erl. 1 zu § 19 I BWG, S. 113.

[33] So auch Seifert, a. a. O. Zwar kann der Wähler im Zwei-Stimmen-System des BWG auch unabhängig von einem Wahlbündnis mit der Erststimme einer Partei zum Wahlkreissieg, mit der Zweitstimme einer anderen Partei zum Gewinn von Listenmandaten verhelfen; doch ist dieser Fall einer doppelten Stimmkraft vom Gesetz lediglich als Ausnahme in Kauf genommen (vgl. Seifert, Kommentar, Erl. 3 zu § 4 BWG, S. 58).

ten Verhältniswahl, so lassen sich verschiedene Fälle auseinanderhalten (dabei wird vorausgesetzt, daß es überhaupt zur Einreichung und Zulassung gemeinsamer Wahlvorschläge kommt, also von den oben behandelten Normen des Wahlvorschlagsrechts bzw. der daraus resultierenden Unzulässigkeit gemeinsamer Wahlvorschläge jeden Typs abgesehen):

Wenn im Zwei-Stimmen-System des BWG zwei Parteien förmliche gemeinsame Kreiswahlvorschläge, aber eigene Listen einreichen, kann das Anrechnungsprinzip nicht durchgeführt werden; der siegreiche Wahlkreisbewerber kann dann nämlich weder der einen noch der anderen Partei gemäß § 6 II 1 BWG angerechnet werden, da er weder von der einen noch von der anderen Partei (allein) vorgeschlagen ist. Damit ist — wie Seifert treffend feststellt — „letzten Endes der ganze Proporz auseinandergesprengt"[34]. Im umgekehrten Falle, in dem verbündete Parteien eine förmliche gemeinsame Landesliste, aber eigene Kreiswahlvorschläge einreichen, ist es zwar technisch möglich, die Zahl der siegreichen Wahlkreisbewerber der Bündnisparteien von der Zahl der auf die gemeinsame Liste entfallenden Sitze abzuziehen, aber eine solche Anrechnung verbietet sich, weil die Wahlvorschlagsträger von Kreiswahlvorschlag und Liste nicht identisch sind. Auch in diesem Fall wird das Funktionieren des Anrechnungsmechanismus der personalisierten Verhältniswahl beeinträchtigt und damit gegen den Verhältniswahlgedanken verstoßen. In beiden Fällen erscheint der förmliche gemeinsame Wahlvorschlag deshalb unstatthaft, weil er dazu dient, zur Erzielung eines Mehrgewinns an Mandaten den Anrechnungsmechanismus zu umgehen[35].

Diese beiden Fälle von Wahlbündnissen über gemeinsame Wahlvorschläge sind im Ein-Stimmen-System der personalisierten Verhältniswahl nicht möglich; denn in diesem System können Listenmandate nur auf Grund der Stimmen der Kreiswahlvorschläge errungen werden, die

---

[34] Seifert, Kommentar, Erl. 1 zu § 19 I BWG, S. 112; in gleichem Sinne Heimerl, Diss. Mainz 1954, S. 198; von Wachter, Diss. München 1956, S. 149.

[35] Diese beiden Fälle von Wahlabsprachen, in denen die Parteien Kreiswahlvorschläge und Landeslisten hinsichtlich der Trägerschaft der Wahlvorschläge differieren, dadurch den Anrechnungsmechanismus nicht zur Auswirkung kommen lassen und damit unter Ausnutzung des Zwei-Stimmen-Prinzips die Zahl ihrer Mandate erhöhen, stellen bisher nicht realisierte Konstruktionen dar. Durch die Neuerung des § 6 I 2 BWG dürfte auch ihnen die Grundlage entzogen sein (was Seifert, a. a. O., übersieht). Nach § 6 I 2 BWG werden die Zweitstimmen derjenigen Wähler nicht berücksichtigt, die ihre Erststimme für den erfolgreichen Wahlkreisbewerber einer Partei abgegeben haben, für die keine Landesliste zugelassen ist: Die Berücksichtigung der Zweitstimmen von Wählern eines im Einerwahlkreis siegreichen Parteibewerbers setzt also offensichtlich voraus, daß die Partei, auf deren Kreiswahlvorschlag der gewählte Bewerber nominiert wurde, mit einer Landesliste vertreten ist, welche in der Parteibezeichnung mit diesem Kreiswahlvorschlag übereinstimmt.

Stimmen der Kreiswahlvorschläge werden aber nur für eine in der Parteibezeichnung gleichlautende Landesliste verwertet.

Wenn verbündete Parteien sowohl förmliche gemeinsame Kreiswahlvorschläge wie förmliche gemeinsame Listen oder wenn sie als Parteienblock Kreiswahlvorschläge und Listen des Blocks zur Wahl stellen (sei es im Ein-Stimmen-System der personalisierten Verhältniswahl der Länderwahlgesetze, sei es im Zwei-Stimmen-System der personalisierten Verhältniswahl des BWG), entziehen sie sich dem Anrechnungsmechanismus nicht. Aber diese Wahlabreden verstoßen deshalb gegen das Verhältniswahlprinzip, weil sie die allein für eine Partei geltende Stimmabgabe und damit die an den Stimmen je einer Partei orientierte Verhältnismäßigkeit der Sitzverteilung ausschließen. Es gelten die obigen Überlegungen zu gemeinsamen Listen im reinen Verhältniswahlsystem.

Im Zwei-Stimmen-System des BWG könnte es — immer von den (technischen) Regeln des Wahlvorschlagsrechts abgesehen — dazu kommen, daß verbündete Parteien förmliche gemeinsame Listen einreichen, sich dagegen an der Wahl in den Einerwahlkreisen überhaupt nicht beteiligen. Auch dann widersprechen die gemeinsamen Listen dem Verhältniswahlgedanken. Hingegen ergeben sich in dem — im Ein-Stimmen-System wie im Zwei-Stimmen-System möglichen — umgekehrten Fall, in dem verbündete Parteien förmliche gemeinsame Kreiswahlvorschläge zur Wahl stellen und auf die Einreichung von Landeslisten verzichten, keine Bedenken gegen die gemeinsamen Wahlvorschläge; denn diejenigen Systeme der personaliserten Verhältniswahl, welche den Verhältnisausgleich über Landeslisten herstellen, sind so angelegt, daß hinsichtlich der Parteien, die keine Landeslisten einreichen, keine Verhältnismäßigkeit der Sitzverteilung besteht.

Wenn die verbündeten Parteien auf die Einreichung von Landeslisten verzichten und nur Kreiswahlvorschläge einreichen, somit gewissermaßen vom Proporz freigestellt sind, sind auch gegen verdeckt-gemeinsame Wahlvorschläge keine Bedenken zu erheben. Ansonsten laufen verdeckt-gemeinsame Wahlvorschläge im Rahmen der personalisierten Verhältniswahl — Kreiswahlvorschläge wie Listen — dem Verhältniswahlprinzip in gleicher Weise zuwider wie verdeckt-gemeinsame Listen im System der reinen Verhältniswahl. —

Sonach verstoßen gemeinsame Wahlvorschläge im Rahmen der personalisierten Verhältniswahl in den meisten Fällen gegen den Verhältniswahlgedanken dieses Wahlsystems. Vom praktischen Ergebnis her gesehen ist freilich die hier vorgenommene Differenzierung nach Fallgruppen insofern ohne Belang, als im Hinblick auf die Bestimmungen des Wahlvorschlagsrechts alle gemeinsamen Wahlvorschläge unzulässig sind und von den Wahlorganen zurückgewiesen werden müssen.

3. Listenverbindungen

Im folgenden ist die Frage zu erörtern, wie Wahlabreden über Listenverbindungen unter dem Gesichtspunkt des Gedankens der personalisierten Verhältniswahl zu beurteilen sind.

Da Verbindungs-Abreden bisher nur im System der reinen Verhältniswahl praktiziert worden sind, bedarf es in diesem Zusammenhang zunächst eines Hinweises darauf, daß die mehrparteiige Listenverbindung auch im Rahmen des personalisierten Verhältniswahlsystems verwirklicht werden könnte (wobei von der oben behandelten Frage der Notwendigkeit einer ausdrücklichen wahlgesetzlichen Zulassung abgesehen wird). Die Wahlabrede der Listenverbindung würde im personalisierten Verhältniswahlsystem bedeuten, daß die der Verhältnisrechnung zugrunde zu legenden Stimmen der verbündeten Parteien (im Ein-Stimmen-System die Stimmen der Wahlkreisbewerber der verbündeten Parteien, im Zwei-Stimmen-System nach der Art des BWG die für die Listen abgegebenen Zweitstimmen) zusammengezählt werden und die Zahl der auf die Summe entfallenden Mandate ermittelt wird (Oberverteilung); nach der Unterverteilung würde das Anrechnungsprinzip der personalisierten Verhältniswahl zur Anwendung gelangen, es würde also von der für eine Bündnispartei errechneten Mandatszahl die Zahl der Wahlkreismandate dieser Partei abgezogen.

Das so auch in der personalisierten Verhältniswahl mögliche Wahlbündnis der Listenverbindung ist mit dem Verhältniswahlgedanken dieses Wahlsystems nicht vereinbar. Es gelten obige Überlegungen über die Beeinträchtigung des Verhältniswahlprinzips durch mehrparteiige Listenverbindungen im reinen Verhältniswahlsystem. Der Gedanke der Personalisierung der Verhältniswahl gibt für eine abweichende Beurteilung nichts her.

Sonach ist die Wahlabrede der Listenverbindung in einem System der personalisierten Verhältniswahl, das diese Abrede nicht ausdrücklich zuläßt, — vom Fehlen einer solchen Regelung abgesehen — auch wegen Verstoßes gegen den Verhältniswahlgedanken unzulässig[36].

---

[36] Wenn das Wahlgesetz der personalisierten Verhältniswahl die mehrparteiige Listenverbindung regeln würde, müßte auch hier — wie im System der reinen Verhältniswahl (s. oben S. 90) — eine andere Beurteilung Platz greifen.

§ 7 Das Prinzip der Splitterparteibekämpfung als Grenze

I. Problemstellung

Das neben dem Verhältniswahlgedanken zweite materielle Grundprinzip der heutigen Parlamentswahlgesetze, das Prinzip der Splitterparteibekämpfung, kommt ebenfalls als „Grenze" für Wahlabsprachen in Betracht. Auch zwischen diesem Prinzip und den Wahlabsprachen bestehen Spannungen. Dies gilt für jeden der drei Grundtypen von Wahlabsprachen:

Zum Beispiel können *Einerwahlkreis-Aussparungsabkommen* im Rahmen der personalisierten Verhältniswahl dazu führen, daß eine Partei, die weniger als 5 vH der Stimmen erhalten hat, Wahlkreismandate erobert und darüber hinaus mit Hilfe der Alternativklausel auch zu Listenmandaten kommt — obwohl die 5 vH-Sperrklausel an sich Parteien mit einem Stimmanteil unter 5 vH vom Verhältnisausgleich ausschließt. Über *gemeinsame Wahlvorschläge* kann eine Partei, welche mit eigenen Wahlvorschlägen die zum Überwinden der Sperrklausel erforderliche Stimmenzahl nicht erreichen würde, Mandate gewinnen. Auch die Wahlabrede der *Listenverbindung* kann einer kleinen Partei, die ohne die Technik der Wahlvorschlagsverbindung leer ausginge, ein Mandat einbringen.

Wo das Wahlgesetz Bestimmungen gegen Splitterparteien enthält, suchen die Parteien in den Wahlvereinbarungen einen Weg, diese Bestimmungen zu entkräften. Das Problem, welche Folgerungen sich aus Normen gegen Splitterparteien für die Frage der Zulässigkeit von Wahlabsprachen herleiten lassen, stellt daher ein allgemeines Wahlrechtsproblem dar[1].

---

[1] So ergab sich dieses Problem bereits in der Weimarer Zeit. Dies sei im folgenden kurz dargelegt:

Das RWG normierte in den §§ 31 I 4, 32 S. 3, Kautelen gegen Splitterparteien. Nach § 32 S. 3 RWG durfte einem Reichswahlvorschlag höchstens die gleiche Zahl Sitze zugeteilt werden, die auf die ihm angeschlossenen Listen (die sog. Kreiswahlvorschläge) entfiel — wobei zu den Sitzen der Kreiswahlvorschläge auch die über die Reststimmenverrechnung im Wahlkreisverband (also über die Listenverbindung) erlangten Sitze zählten. Nach § 31 I 4 RWG konnte nur dann ein Sitz über die Reststimmenverrechnung im Wahlkreisverband gewonnen werden, wenn wenigstens für einen der verbundenen Kreiswahlvorschläge 30 000 Stimmen (also die Hälfte der für ein Mandat nötigen Stimmenzahl) abgegeben wurden. Diese Kautelen wollten u. a. verhindern, daß eine Partei, welche in keinem Listenwahlkreis 30 000 Stimmen erlangt, über die Sammlung ihrer im ganzen Reich verstreuten Stimmen Mandate gewinnt. Im Falle einer mehrparteiigen Listenverbindung konnte nun eine Partei auch dann einen Mandatsgewinn erzielen, wenn nicht sie, sondern nur die Bündnispartei auf einem der verbundenen Kreiswahlvorschläge wenigstens 30 000 Stimmen verbuchte. Ferner konnte eine Partei, für die in keinem Listenwahlbereich 30 000 Stimmen abgegeben wurden, über einen —

Bei der Untersuchung des Einflusses der geltenden Splitterparteibestimmungen auf die Beurteilung von Wahlabsprachen ist es zweckmäßig, zwischen der positivrechtlichen Ausgestaltung des Gedankens der Splitterparteibekämpfung im System der reinen Verhältniswahl und derjenigen im System der personalisierten Verhältniswahl zu unterscheiden.

II. Die Splitterparteibekämpfung im System der reinen Verhältniswahl

In den Gesetzen der reinen Verhältniswahl ist das Prinzip der Splitterparteibekämpfung in 5 vH-Sperrklauseln festgelegt. Nach diesen Klauseln wird eine Partei, welche nicht 5 vH aller gültigen Stimmen gewinnt, bei der Verhältnisrechnung nicht berücksichtigt und erhält keine Mandate[2]. Diejenigen Parteien, welche sich in der Wahl als Kleinstparteien erwiesen haben, sollen im Parlament nicht vertreten sein, damit eine Gewähr für dessen Arbeitsfähigkeit besteht. Durch diese Zwecksetzung hebt sich die 5 vH-Sperrklausel klar von dem die Ordnungsmäßigkeit des Wahlvorgangs garantierenden Unterschriften-Quorum für die Wahlvorschläge ab[3].

Da Sinn und Zweck der 5 vH-Sperrklausel sich letztlich aus der — in jeder Verfassung vorgezeichneten — Aufgabe der Wahl, ein *arbeitsfähiges* Parlament zu schaffen, ergeben, müssen die mit ihr verbundenen Einschränkungen der Rechte der Wähler und der Parteien sowie des Verhältniswahlgedankens hingenommen werden. Daß Parteien mit einem Stimmanteil von weniger als 5 vH keine Mandate zugeteilt werden, ist daher auch dann zulässig, wenn die Verfassung[4] eine solche Sperrklausel nicht eigens erwähnt[5].

---

zusammen mit einer größeren Partei eingereichten — gemeinsamen Reichswahlvorschlag zu Mandaten kommen, sofern nur die Bündnispartei mit ihren — der gemeinsamen Reichsliste angeschlossenen — Kreiswahlvorschlägen Mandate erlangte. Das Wahlprüfungsgericht beim Reichstag erklärte es für rechtmäßig, daß auf diese Weise eine Splitterpartei über eine gemeinsame Reichsliste Mandate erhielt (vgl. hierzu Werner, Diss. Gött. 1931, S. 11 f.). Schleicher und Werner erblickten hierin eine Umgehung der §§ 31, 32 RWG, die aber angesichts der Unzulänglichkeit der Gesetzesbestimmungen nicht verboten sei (vgl. Schleicher, Diss. Würzb. 1929, S. 35; Werner, a. a. O., S. 12).

[2] Vgl. LWG Bremen § 8 IV; Hamb. § 5 II; Rheinl.-Pfalz § 42 II; Saarl. § 48 I. Das LWG Bremen bezieht die 5 vH-Klausel nicht auf das ganze Land: Die Parteien, welche in einem der beiden Listenwahlbereiche 5 vH erreichen, erhalten in diesem Bereich Mandate.

[3] Dazu, daß Unterschriften-Quoren (die sich nicht speziell gegen Splitterparteien richten) und Prozentklauseln in ihrer Zwecksetzung auseinanderzuhalten sind, s. oben S. 75 Fußn. 16.

[4] Folgende Verfassungen normieren eine Prozentklausel gegen Splitterparteien: Nach Art. 26 II 2 Verf. Berl. und Art. 75 III Verf. Bremen *muß* der Wahlgesetzgeber eine 5 vH-Sperrklausel einführen, nach Art. 28 III 2 Verf.

Im Gegensatz zur Zeit nach 1945 waren in der Weimarer Zeit der Gedanke der Splitterparteibekämpfung und seine Fixierungen in den Verhältniswahlgesetzen — insbesondere die §§ 31 I 4, 32 S. 3 RWG — sehr umstritten[6]. Wenn das Prinzip der Splitterparteibekämpfung in Gestalt der 5 vH-Sperrklauseln, das man besser *Prinzip der Erhaltung der Arbeitsfähigkeit des Parlaments* nennen müßte, heute allgemein anerkannt wird, so darf dies im Lichte der grundgesetzlichen Abkehr von der Weimarer „Formaldemokratie" gesehen werden[7].

III. Folgerungen für Wahlabsprachen

1. Gemeinsame Listen

Durch gemeinsame Listen im Rahmen der reinen Verhältniswahl kann der Zweck der 5 vH-Sperrklausel vereitelt werden.

Zwar erlangen Parteien, die bei der Wahl mit gemeinsamen Listen vertreten sind, nur dann Mandate, wenn auf die gemeinsamen Listen

---

Baden-Württ., Art. 75 III 2 Verf. Hessen und Art. 80 IV 2 Verf. Rheinl.-Pfalz *kann* er es. Nach Art. 4 III 3 Verf. Nieders. kann das Wahlgesetz sogar eine 10 vH-Sperrklausel normieren. Art. 14 IV Verf. Bayern schreibt eine 10 vH-Klausel zwingend vor, die sich allerdings nicht auf das gesamte Wahlgebiet, sondern auf die einzelnen Regierungsbezirke bezieht (Parteien, auf die mindestens in einem Regierungsbezirk 10 vH der Stimmen entfallen, erhalten im ganzen Land Sitze).

[5] Nahezu einhellige Meinung; lediglich Hamann (Kommentar, Art. 38 Erl. B 5 b u. c, S. 274) fordert eine besondere verfassungsrechtliche Ermächtigung. Strittig (und hier nicht zu erörtern) ist die Frage, ob eine Sperrklausel über den „gemeindeutschen Satz" (BVerfGE 1, 208 ff., insb. S. 252 ff.) von 5 vH hinausgehen darf. — Zur allgemeinen Anerkennung der Splitterparteibekämpfung in Gestalt der 5 vH-Klausel vgl.: Scheuner, R-St-W, Bd. 4, S. 103/104; Ipsen, Grundrechte, Bd. II, S. 192; von der Heydte und Sacherl, Soziologie der dt. Parteien, S. 75 f.; Schröder, Diss. Köln 1955, insb. S. 35 ff.; Unland, Diss. Köln 1955, S. 88 f.; Wahlrechtsbericht, S. 33 ff.; Henrichs NJW 56, 1703 ff.; von Wachter, Diss. München 1956, S. 343 ff.; Leibholz, Strukturprobleme, S. 46; Rinck DVBl. 58, 225; ders., JöR Bd. 10 (1961), S. 302; von Mangoldt-Klein, Art. 38 Erl. III 2 f, S. 882 f.; Seifert, Ergänzungsheft, Art. 38 GG Randnr. 25; Giese-Schunck, Art. 38 Erl. II 2, S. 94; Maunz-Dürig, Art. 38 Randnr. 50; BVerfG in ständiger Rechtsprechung: BVerfGE 1, 252 ff.; 4, 40; 4, 380; 5, 83; 6, 93.

[6] Vgl. die ausführliche Darstellung dieses Meinungsstreits bei Lorentzen, Diss. Marb. 1931, S. 15 ff., und bei Röhl DVBl. 54, 558—561. Der Staatsgerichtshof für das Deutsche Reich hielt zunächst Wahlgesetznormen, die kleine Parteien schlechter stellen, in jedem Falle für einen Verstoß gegen die formale Wahlgleichheit; er erklärte insb. Art. 20 II des württ. LWG vom 4. 4. 1924 (Reg.Bl. S. 228), der erstmals eine Splitterparteibestimmung von der Art der heutigen Prozentklauseln enthielt, für verfassungswidrig (E. vom 22. 3. 1929, Lammers-Simons II, 136 ff.). Mit der Entscheidung vom 17. 2. 1930 (Lammers-Simons IV, 131 ff.) vollzog er eine Schwenkung; er bejahte die Verfassungsmäßigkeit der — mit den Splitterpartei-Kautelen des RWG im wesentlichen übereinstimmenden — §§ 31 I 4, 32 II des preuß. LWG vom 28. 10. 1924 (GS. S. 671).

[7] In diesem Sinne Jahrreiss, Mensch und Staat, S. 110.

mindestens 5 vH der Stimmen entfallen. Aber dies bedeutet nur, daß die verbündeten Parteien zusammen die 5 vH-Grenze erreicht haben müssen. Die 5 vH-Sperrklausel der reinen Verhältniswahlsysteme verlangt demgegenüber von jeder einzelnen Partei — als Voraussetzung für das Einziehen ins Parlament — den Nachweis, daß mindestens 5 vH der Wählerschaft hinter ihr stehen[8]. Das gemeinsame Wahlvorschläge ausschließende Prinzip der Zuordnung von Wahlvorschlag und Partei erscheint hier als Garant dafür, daß nur solche Parteien ins Parlament gelangen, die diesen Nachweis tatsächlich erbringen. Über gemeinsame Listen — sowohl über Listen eines Parteienblocks wie über förmliche gemeinsame oder verdeckt-gemeinsame Listen — erhält eine Partei Mandate, ohne besagten Nachweis erbracht zu haben[9].

Infolge gemeinsamer Listen im Rahmen der reinen Verhältniswahl ist es demnach möglich, daß Parteien Mandate gewinnen, die — wenn sie kein derartiges Wahlbündnis vereinbart hätten — als Splitterparteien ausgeschieden wären. Dieser Tatbestand läuft dem Zweck der 5 vH-Sperrklausel zuwider. Er trägt möglicherweise zur Minderung der Arbeitsfähigkeit des Parlaments bei. Es besteht nämlich keinerlei Gewähr dafür, daß mehrere Parteien, die auf einer gemeinsamen Liste kandidiert haben, im Parlament so zusammenarbeiten, als ob sie *eine* Partei wären. Alle Wahlabreden, auch diejenigen über gemeinsame Wahlvorschläge, insbesondere auch der Parteienblock, werden aus der Situtation vor der Wahl heraus geschlossen; sie verbürgen für die Zeit nach der Wahl nicht annähernd das Maß an Homogenität zwischen den verbündeten Parteien, das (normalerweise) innerhalb einer Partei anzutreffen ist. —

Ob diese Bedenken unter dem Gesichtspunkt der 5 vH-Sperrklausel für sich allein — d. h. unabhängig von den unter anderen rechtlichen Gesichtspunkten gegen gemeinsame Wahlvorschläge anzuführenden

---

[8] Andernfalls wäre die Sperrklausel wenig sinnvoll. Die einschlägigen Formulierungen der Wahlgesetze lauten, daß nur „solche Parteien" — bzw. nur „Wahlvorschläge solcher Parteien" — berücksichtigt werden, die mindestens 5 vH der Stimmen erhalten haben (vgl. LWG Bremen § 8 IV; Rheinl.-Pfalz § 42 II; Saarl. § 48 I); die Sperrklausel des LWG Hamburg (§ 5 II) enthält keine derartige Bezugnahme auf die Parteien (es heißt in dieser Klausel: „... werden nur Wahlvorschläge berücksichtigt, die mindestens 5 vH der insgesamt abgegebenen gültigen Stimmen erhalten haben").

[9] Bei förmlichen gemeinsamen oder verdeckt-gemeinsamen Listen sind theoretisch Fälle denkbar, in denen die einzelnen Bündnisparteien diesen Nachweis erbringen: wenn die verbündeten Parteien außer der gemeinsamen Liste getrennt eigene Listen einreichen (etwa in einem anderen Listenwahlbereich) und auf den eigenen Listen den von der Sperrklausel verlangten Stimmanteil verbuchen. Doch müßten auch in solchen Fällen gegen die gemeinsame Liste Bedenken erhoben werden; denn es wäre nicht auszuschließen, daß die verbündeten Parteien über die gemeinsame Liste Mandate erhalten, mit ihren eigenen Listen hingegen unter die Sperrklausel fallen.

Argumenten — ausreichen würden, gemeinsame Listen im Rahmen der reinen Verhältniswahl für rechtswidrig zu erklären, mag dahinstehen. Jedenfalls unterstreichen sie die auf Grund des Wahlvorschlagsrechts und des Verhältniswahlgedankens festgestellte Unzulässigkeit solcher Wahlvorschläge.

2. Listenverbindungen

Im Rahmen der reinen Verhältniswahlsysteme ließen sich die mehrparteiige Listenverbindung einerseits und die Splitterparteibekämpfung in Gestalt der 5 vH-Sperrklausel andererseits durchaus miteinander vereinbaren: Wenn eine Partei, deren Anteil an der Gesamtstimmenzahl unter 5 vH liegt, bei der Mandatszuteilung nicht zu berücksichtigen ist, so würde dies auch in dem Fall gelten, in dem eine solche Partei an einer mehrparteiigen Listenverbindung teilnimmt; die Splitterpartei könnte also nicht etwa über den Verbindungsmechanismus zu Mandaten kommen[10].

Aus der 5 vH-Sperrklausel lassen sich also keine zusätzlichen Argumente gegen die — in den geltenden Systemen der reinen Verhältniswahl bereits wegen Fehlens einer gesetzlichen Zulassung unstatthafte — Listenverbindungs-Abrede herleiten. (De lege ferenda würde ein Wahlgesetz, welches sowohl die mehrparteiige Listenverbindung regelt wie eine Prozentklausel gegen Splitterparteien normiert, sicherlich auch festlegen, wie sich im Falle der mehrparteiigen Listenverbindung Verbindungsmechanismus und Sperrklausel zueinander verhalten.)

IV. Die Splitterparteibekämpfung im System der personalisierten Verhältniswahl

In den Gesetzen der personalisierten Verhältniswahl erfährt der Gedanke der Splitterparteibekämpfung eine Ausprägung eigener Art. Zwar gibt es auch hier 5 vH-Sperrklauseln[11]. Diese besagen aber nur,

---

[10] Sofern dies doch der Fall wäre, bestünde zwischen (mehrparteiiger) Listenverbindung und 5 vH-Sperrklausel ein Gegensatz. Dann müßte dem BVerfG und dem Hamb. VerfG zugestimmt werden, die beide einen solchen Gegensatz annehmen (und aus ihm die Legitimität eines Listenverbindungs-Verbots herleiten); nach Ansicht des BVerfG führt die (mehrparteiige) Listenverbindung zur „Umgehung der Sperrklausel" (BVerfGE 5, 84); nach Ansicht des HambVerfG geht bei Zulassung der (mehrparteiigen) Listenverbindung die „Wirkung der Sperrklausel völlig verloren" (HVerfG 1 u. 2/58, E. vom 1. 12. 1958).

[11] Vgl. BWG § 6 IV; LWG Baden-Württ. Art. 3 VI; Berl. § 14 S. 1; Hessen § 36 IV; Nieders. § 32 III; Nordrh.-Westf. § 33 II; Schl.-Holst. § 3 I 1. Im Gegensatz zu diesen Gesetzen bezieht das LWG Bayern die Sperrklausel nicht auf das gesamte Wahlgebiet, es normiert in Art. 51 IV eine auf die Regierungsbezirke bezogene 10 vH-Klausel (gemäß Art. 14 IV bayer. Verf., vgl. oben S. 104 Fußn. 4).

daß eine Partei, die nicht 5 vH der abgegebenen Stimmen (im Zweistimmen-System des BWG 5 vH der Zweitstimmen) erringt, keine Sitze über den Verhältnisausgleich bekommt. Die 5 vH-Sperrklauseln im Rahmen der personalisierten Verhältniswahl bedeuten dagegen nicht, daß eine Partei, deren Stimmanteil unter 5 vH liegt, überhaupt nicht ins Parlament gelangt; denn eine Partei kann Sitze in den Einerwahlkreisen (Wahlkreismandate) gewinnen, auch wenn sie die 5 vH-Grenze nicht erreicht und folglich zur Teilnahme am Verhältnisausgleich nicht berechtigt ist[12]. Daß dies unter Umständen zur Minderung der Arbeitsfähigkeit des Parlaments beiträgt, nehmen die Gesetze der personalisierten Verhältniswahl in Kauf: Man darf insofern von einem Vorrang der — mit der Wahl in den Einerwahlkreisen verbundenen — Personalisierung vor dem Gedanken der Gewährleistung der Arbeitsfähigkeit des Parlaments sprechen. Freilich bleiben regelmäßig die Parteien, die sich in den Einerwahlkreisen durchsetzen, ohnehin über der 5 vH-Grenze.

Von der Regelung, wonach auch einer Partei, welche nicht 5 vH der Stimmen erlangt, die errungenen Wahlkreismandate belassen werden, muß die sog. *Alternativklausel* unterschieden werden. Die Alternativklausel besagt, daß Parteien, deren Stimmanteil unter 5 vH liegt, dann am Verhältnisausgleich teilnehmen, wenn sie Wahlkreismandate gewinnen. Infolge der Alternativklausel kann also eine Partei trotz eines Stimmanteils von weniger als 5 vH nicht nur mit Wahlkreismandaten, sondern zugleich auch mit Mandaten aus dem Verhältnisausgleich ins Parlament einziehen. Eine solche Klausel sehen das BWG und die Wahlgesetze von Berlin und Schleswig-Holstein vor; das BWG verlangt als alternative Voraussetzung für die Teilnahme am Verhältnisausgleich den Gewinn von drei Wahlkreismandaten, nach den Wahlgesetzen von Berlin und Schleswig-Holstein genügt ein Wahlkreismandat[13].

Die Frage nach der Verfassungsmäßigkeit sowie nach der Zweckmäßigkeit der Alternativklausel wird im Schrifttum unterschiedlich beantwortet. Gegen die Alternativklausel wenden sich *Laschitza*, *Schröder*, *Bläsi*, *Mahrenholz*, *Metz* und *Rinck*[14]. *Schröder*, *Bläsi* und *Mahren-*

---

[12] Anders das LWG Bayern: Einem Parteibewerber, der zwar im Einerwahlkreis die meisten Stimmen gewinnt, auf dessen Partei aber in keinem Regierungsbezirk 10 vH der Stimmen entfallen, wird der Wahlkreissitz nicht zugeteilt (Art. 52 II LWG Bayern; vgl. hierzu Feneberg, Landeswahlgesetz, Erl. 2 zu Art. 52, S. 101).

[13] Vgl. BWG § 6 IV 1; LWG Berl. § 14 S. 2; Schl.-Holst. § 3 I 1. Die Alternativklausel galt früher auch in anderen Bundesländern; so z. B. nach § 32 II 2 des LWG Nordrh.-Westf. vom 26. 3. 1954 (GVBl. S. 88).

[14] Laschitza, Diss. Heidelb. 1954, S. 118 ff.; Schröder, Diss. Köln 1955, S. 63 ff.; Bläsi, Diss. Heidelb. 1956, S. 141; Mahrenholz, Diss. Gött. 1957, S. 56 ff.; Metz, Diss. Würzb 1957, S. 104; Rinck DVBl. 58, 226.

holz sehen in dieser Klausel einen Verstoß gegen die Parteiengleichheit. Dagegen begrüßen der Verfasser der in AöR Bd. 75 (1949), S. 360 ff., veröffentlichten Glosse und *Unland* die Alternativklausel[15]. Auch nach *Heimerl, von der Heydte-Sacherl, Leibholz, von Mangoldt-Klein Simon, Seifert* und *Maunz-Dürig* ist sie verfassungsrechtlich zulässig[16]. Das *Bundesverfassungsgericht* erachtet die Alternativklausel in mehreren Entscheidungen ebenfalls für verfassungsmäßig[17].

Die Alternativklausel hat bei den Wahlen in Bund und Ländern im Zusammenhang mit Einerwahlkreis-Aussparungsabkommen eine wichtige Rolle gespielt. Sie bietet — was auch von den Autoren, die sie befürworten oder zumindest nicht für verfassungswidrig halten, nicht verkannt wird[18] — einen Anreiz zum Abschluß von Einerwahlkreis-Aussparungsabkommen. Da es bei der Beurteilung solcher Wahlbündnisse von Einfluß ist, ob die Alternativklausel mit der Verfassung in Einklang steht oder nicht, muß auf diese Frage eingegangen werden.

Wenn der Gesetzgeber der personalisierten Verhältniswahl einer Partei, welche die 5 vH-Grenze nicht erreicht, aber Wahlkreissitze gewinnt, diese Sitze beläßt, so wirkt sich eine solche Regelung mittelbar dahingehend aus, daß diejenigen Parteien mit einem Stimmanteil unter 5 vH, die in einem oder in einigen Wahlkreisen über eine besondere Stärke verfügen, — sog. lokale oder regionale Schwerpunktparteien — vor den übrigen Parteien mit dem gleichen Stimmanteil im Vorteil sind. Die Alternativklausel geht demgegenüber noch weiter. Ihr Sinn ist die *Besserstellung der Schwerpunktparteien:* sie privilegiert Schwerpunktparteien vor den übrigen kleinen Parteien über das Belassen der Wahlkreissitze und damit über den Vorteil hinaus, der sich aus der Rücksichtnahme auf den personalisierenden Faktor notwendigerweise ergibt. Das Gesetz geht bei der Alternativklausel offensichtlich von dem Gedanken aus, daß kleine Parteien, die in einem oder einigen Wahlkreisen besonders stark sind und die Mehrheit erringen, nicht mit solchen kleinen Parteien auf eine Stufe gestellt werden sollen, deren Anhänger nicht lokal oder regional konzentriert, sondern mehr oder weniger gleichmäßig über das ganze Wahlgebiet verteilt sind. Eine Splitterpartei-Regelung von der Art der Alternativklausel, welche

---

[15] Vgl. AöR Bd. 75 (1949), S. 363; Unland, Diss. Köln 1955, S. 29 ff.

[16] Heimerl, Diss. Mainz 1954, S. 227; von der Heydte und Sacherl, Soziologie der dt. Parteien, S. 76; Leibholz, Strukturprobleme, S. 48 ff.; von Mangoldt-Klein, Art. 38 Erl. III 2 f., S. 882 f.; Simon, Diss. Köln 1959, S. 142 ff.; Seifert, Kommentar, Erl. zu § 6 IV BWG, S. 72 f.; ders., Ergänzungsheft, Art. 38 GG Randnr. 25; Maunz-Dürig, Art. 38 Randnr. 50. Seifert (Ergänzungsheft, a. a. O.) erhebt jedoch Bedenken gegen die Alternativklausel; ebenso Wahlrechtsbericht, S. 36; Hamann, Kommentar, Art. 38 Erl. B 5 d, S. 275.

[17] BVerfGE 1, 258 f.; 3, 397; 4, 40 f.; 5, 83; 6, 96.

[18] Vgl. etwa Seifert, Kommentar, Erl. zu § 6 IV BWG, S. 72/73.

Parteien mit einer — zum Mehrheitsgewinn in einem oder einigen Wahlkreisen ausreichenden — lokalen oder regionalen Verankerung von der 5 vH-Sperre ausnimmt, legt — in diesem Sinne kann das Gesetz jedenfalls verstanden werden — einen besonderen Akzent auf das Element des Lokalen oder Regionalen in der Politik, soweit es sich in Existenz und Tätigkeit von Schwerpunktparteien ausspricht; sie berücksichtigt die Tatsache, daß eine lokal oder regional siegreiche Splitterpartei immerhin noch eine wirksame politische Kraft darstellt, wenn auch nur in einem engen räumlichen Bereich.

Die Alternativklausel wirkt dem Zweck der 5 vH-Sperre mehr entgegen als eine Regelung, nach der eine Partei mit einem Stimmanteil unter 5 vH zwar Wahlkreismandate, aber nicht auch Mandate über den Verhältnisausgleich gewinnen kann. Denn indem sie Parteien mit einem Stimmanteil unter 5 vH Wahlkreismandate *und* Listenmandate gewinnen läßt, verstärkt sie das Gewicht dieser Parteien im Parlament. Außerdem erlangen die Parteien, welche unter der 5 vH-Grenze bleiben, bei Fehlen der Alternativklausel regelmäßig nicht nur keine Mandate über den Verhältnisausgleich, sondern auch keine Wahlkreismandate; denn solche Parteien erobern ihre Wahlkreismandate meistens über Aussparungsabkommen, zu denen es ohne den Anreiz der Alternativklausel nicht so leicht kommt.

Die Alternativklausel steht sonach in einem Gegensatz zu Sinn und Zweck der 5 vH-Sperre. Hieraus folgt freilich nicht die Verfassungswidrigkeit der Alternativklauseln des BWG und der Wahlgesetze von Berlin und Schleswig-Holstein. Das Grundgesetz und die Verfassung von Schleswig-Holstein kennen keine Sperrvorschrift gegen Splitterparteien; Art. 26 II 2 der Verfassung von Berlin läßt die 5 vH-Sperre für Parteien, die einen Wahlkreissitz gewinnen, nicht gelten.

Jedoch hält ein Privileg für Schwerpunktparteien, wie es die Alternativklausel statuiert, dem Gleichheitsgebot nicht stand.

Im Bereich der Wahl ist das Gleichheitsprinzip — sei es als Wählergleichheit gemäß Art. 38 I 1 GG, sei es als Parteiengleichheit gemäß Art. 21 I 1 GG[19] — formalisiert[20]. Eine Differenzierung ist in diesem Bereich nur bei Vorliegen eines „besonderen rechtfertigenden Grundes“ zulässig[21]. Im Rahmen der personalisierten Verhältniswahlsysteme kann der Gedanke der Personalisierung als solcher Grund anerkannt werden: Daß durch die Regelung, welche Parteien trotz eines Stimm-

---

[19] Zur Parteiengleichheit s. die Ausführungen über das Mitwirkungsrecht der Parteien unten § 9 unter II.

[20] Hierzu s. die Ausführungen über die Wahlgleichheit unten § 8 unter II 3.

[21] So das BVerfG in st. Rspr.: s. unten S. 123 mit Fußn. 24.

anteils von weniger als 5 vH die errungenen Wahlkreismandate beläßt, mittelbar Schwerpunktparteien bevorzugt werden, erscheint demnach unbedenklich[22]. Die Personalisierung erfordert das Belassen der Wahlkreismandate. Dagegen ist für eine darüber hinausgehende Privilegierung von Schwerpunktparteien kein besonderer rechtfertigender Grund ersichtlich.

Bereits in der Weimarer Zeit war umstritten, ob Parteien mit örtlicher oder regionaler Verankerung aus dem Splitterparteibegriff herauszunehmen sind und von den Bestimmungen gegen Splitterparteien nicht erfaßt werden sollen[23]. Im modernen Parteienstaat, der — soziologisch gesehen — ein großflächiger Massenstaat ist, in welchem bei der politischen Willensbildung in bezug auf das staatliche Handeln rein örtliche oder regionale Gesichtspunkte kaum mehr eine Rolle spielen, bedeutet die Privilegierung von Schwerpunktparteien im Parlamentswahlgesetz einen Anachronismus. Die durch die Alternativklausel erfolgende unterschiedliche Behandlung derjenigen Parteien, die unter der 5 vH-Grenze bleiben, ist daher nicht nur mit dem formalisierten Gleichheitsprinzip des Wahlrechts unvereinbar, sie dürfte vielmehr auch im Sinne des allgemeinen Gleichheitssatzes nicht sachgerecht und damit willkürlich sein[24].

Das *Bundesverfassungsgericht* versäumt es, die Alternativklausel an dem (sonst von ihm anerkannten) Maßstab der formalisierten Wahlrechtsgleichheit zu messen. Wenn es die Alternativklausel „aus den Grundlagen des eigenartig gestalteten Wahlsystems des BWG“ rechtfertigt[25], so übersieht es, daß diese Grundlagen — d. h. die durch die Mehrheitswahl in den Einerwahlkreisen eintretende Personalisierung — nur dafür sprechen, einer Partei trotz eines Stimmanteils von weniger als 5 vH die errungenen Wahlkreissitze zu belassen, jedoch kein Argument für die Alternativklausel abgeben[26]. Es erscheint im Gegenteil nicht systemgerecht im Sinne der personalisierten Verhältniswahl, eine Partei bei der Mandatszuteilung über die Verhältnisrechnung deshalb

---

[22] So im Ergebnis auch Schröder, Diss. Köln 1955, S. 64/65; Mahrenholz, Diss. Gött. 1957, S. 58.

[23] Die Splitterparteiregelung des RWG (die § 31 I 4, 32 S. 3; s. oben S. 102, Fußn. 1) bevorzugte Schwerpunktparteien. Deshalb wandte sich insb. Kier, Z. f. öff. Recht Bd. XI (1931), S. 291 ff., gegen diese Regelung. Demgegenüber für die Besserstellung der Schwerpunktparteien: Heller, Die Gleichheit in der Verhältniswahl, S. 22 ff.; Braunias, Z. f. Pol. Bd. 19 (1930), S. 473 f., 476 f.; Lorentzen, Diss. Marb. 1931, S. 56.

[24] Als Verstoß gegen das Willkürverbot betrachten die Alternativklausel auch Schröder, Diss. Köln 1955, S. 65, und Mahrenholz, Diss. Gött. 1957, S. 62.

[25] BVerfGE 6, 96.

[26] In diesem Sinne ebenfalls gegen das BVerfG: Mahrenholz, a. a. O., S. 60, und Rinck DVBl. 58, 226.

zu privilegieren, weil sie in einem oder mehreren Wahlkreisen die Mehrheit erringen konnte; denn das System der personalisierten Verhältniswahl will keineswegs dadurch, daß ein Teil der Abgeordneten nach Mehrheitswahlgrundsätzen in Einerwahlkreisen gewählt wird, seinen Charakter als Verhältniswahlsystem in Frage gestellt sehen[27].

Sonach verletzt die Alternativklausel das auf Art. 21 I 1 GG beruhende Recht der Parteien auf Gleichbehandlung bei der Stimmenverwertung und Mandatszuteilung und ist daher nichtig. Zugleich verstößt sie gegen das Wählerrecht auf Wahlgleichheit, indem sie den Wählern von Schwerpunktparteien in unzulässiger Weise mehr Einfluß gewährt als den Wählern der sonstigen Parteien mit einem Stimmanteil unter 5 vH. Dementsprechend liegt auch eine Verletzung des Rechts der Kandidaten auf Gleichbehandlung vor. Dieses Ergebnis gilt für die Alternativklausel des BWG wie der Wahlgesetze von Berlin und Schleswig-Holstein; denn ob die Klausel als alternative Voraussetzung für die Teilnahme am Verhältnisausgleich den Gewinn von einem Wahlkreismandat oder den von drei Wahlkreismandaten vorsieht, die Gründe ihrer Verfassungswidrigkeit bleiben die gleichen.

V. Folgerungen für Wahlabsprachen

1. Einerwahlkreis-Aussparungsabkommen

Bei der Beantwortung der Frage, wie Einerwahlkreis-Aussparungsabkommen im Rahmen der personalisierten Verhältniswahlsysteme unter dem Gesichtspunkt der Splitterparteibekämpfung zu beurteilen sind, muß zwischen zwei Fallgruppen unterschieden werden:

Die erste Fallgruppe betrifft Aussparungsabkommen, die auf der Grundlage derjenigen Gesetze der personalisierten Verhältniswahl abgeschlossen werden, welche in ihre 5 vH-Sperrvorschrift keine Alternativklausel eingebaut haben.

Durch solche Abkommen kann eine kleine Partei, die unter der 5 vH-Grenze bleibt, Wahlkreissitze gewinnen. Dies trägt unter Umständen — entgegen dem Zweck der 5 vH-Sperre — zur Minderung der Arbeitsfähigkeit des Parlaments bei. Jedoch ist ein derartiges Ergebnis letztlich im Wahlgesetz der personalisierten Verhältniswahl angelegt und das Prinzip der Splitterparteibekämpfung entsprechend eingeschränkt: das Wahlgesetz läßt es zu, daß Parteien, die die 5 vH-Grenze nicht erreichen, Wahlkreissitze erlangen. Freilich will das Gesetz mit dieser Regelung der bei der (Mehrheits-)Wahl in den Einerwahlkreisen

---

[27] Mit Recht hält Schröder, Diss. Köln 1955, S. 64, die Alternativklausel für eine das „Wahlverfahren korrumpierende" Ineinandermischung von Mehrheitswahl- und Verhältniswahlelementen.

sich vollziehenden Personalisierung Rechnung tragen — und nicht etwa Aussparungsabkommen billigen. Aber mit der Mehrheitswahl in Einerwahlkreisen sind in der Praxis der Parteien herkömmlicherweise Wahlkreisaussparungen verbunden; diese Aussparungen können sogar einen personalisierenden Effekt haben[28]. Sicherlich liegen Aussparungsabkommen insofern nicht im Sinne des Gesetzes, als dessen Regelung, Parteien trotz eines Stimmanteils von weniger als 5 vH die errungenen Wahlkreissitze zu belassen, mittelbar kleinen Parteien mit einem lokalen oder regionalen Schwerpunkt zugute kommt; denn durch Aussparungsabkommen wird ein solcher Schwerpunkt weitgehend künstlich geschaffen. Auf der anderen Seite hat jedoch eine kleine Partei, die mit Hilfe von Aussparungsabkommen Wahlkreisbewerber durchbringt, immerhin bewiesen, daß sie eine für Wahlkreissiege genügende Zahl von Stimmen auf sich zu vereinigen in der Lage ist.

Wenn also auf der Grundlage eines Wahlgesetzes der personalisierten Verhältniswahl, dessen 5 vH-Sperre keine Alternativklausel vorsieht, Einerwahlkreis-Aussparungsabkommen praktiziert werden und dadurch Parteien, die unter der 5 vH-Grenze bleiben, Wahlkreismandate erlangen, so lassen sich solche Abkommen nicht als unzulässige Umgehung des Prinzips der Splitterparteibekämpfung qualifizieren. Diese Wahlbündnisse werden vielmehr von der Sperrklausel gegen Splitterparteien nicht erfaßt. —

Die zweite Fallgruppe betrifft Einerwahlkreis-Aussparungsabkommen, die im Rahmen eines personalisierten Verhältniswahlsystems vereinbart werden, welches die 5 vH-Sperrvorschrift mit einer Alternativklausel der geschilderten Art koppelt. Solche Abkommen können dazu führen, daß eine Partei, welche die 5 vH-Grenze nicht erreicht, Wahlkreissitze *und* — in Auswirkung der Alternativklausel — Sitze über den Verhältnisausgleich erlangt. Mit vollem Recht sind gegen derartige Aussparungsabkommen zur Ausnützung der Alternativklausel, mit denen eine Partei einer anderen Partei über die 5 vH-Hürde hinweg zum Gewinn einer großen Zahl von Mandaten verhilft, immer wieder Bedenken erhoben worden[29].

Allerdings sind diese Wahlbündnisse zur Ausnützung der Alternativklausel nicht etwa schon deshalb unzulässig, weil durch sie ein „künstlicher Schwerpunkt" geschaffen und damit der Sinn der Alternativklausel — die Privilegierung von Schwerpunktparteien — verfälscht wird. Eine solche Beurteilung ginge von einer unzutreffenden Prämisse aus: sie würde letztlich die Verfassungsmäßigkeit der Alter-

---

[28] Vgl. zu diesem Effekt auch oben S. 95/96.

[29] So z. B. von Röhl DVBl. 54, 562; Mahrenholz, Diss. Gött. 1957, S. 62 Fußn. 142; Eschenburg, Festgabe für Hartung, S. 415 f.; Rinck DVBl. 58, 226.

nativklausel voraussetzen[30]. Außerdem war sich der Gesetzgeber des BWG nicht nur durchaus der Tatsache bewußt, daß die Alternativklausel einen besonderen Anreiz zum Abschluß von Aussparungsabkommen bietet; zumindest für einen Teil der gesetzgebenden Körperschaft bedeutete dieser Anreiz wohl das eigentliche Motiv zur Normierung der Alternativklausel[31]. (Ob hinsichtlich der Alternativklausel der Wahlgesetze von Berlin und Schleswig-Holstein Entsprechendes gilt, sei dahingestellt.)

Die Bedenken, die gegen Aussparungsabkommen, mit denen die Alternativklausel zum Überspringen der 5 vH-Sperre ausgenützt wird, bestehen, rühren weniger aus einer Spannung zwischen Gesetzeszweck und Parteipraxis als vielmehr aus einer solchen zwischen Verfassung und Parteipraxis her. Diese Wahlabreden erscheinen aus den gleichen Gründen unzulässig, aus denen die Alternativklausel verfassungswidrig ist. Indem sie auf der Basis einer verfassungswidrigen Bestimmung funktionieren und ihren Sinn und Zweck von einer verfassungswidrigen Bestimmung beziehen, können sie nur von der Verfassung mißbilligt sein[32]. Sie *teilen die Rechtswidrigkeit der Alternativklausel.*

Freilich können die Wahlorgane gegen solche unzulässigen Einerwahlkreis-Aussparungsabkommen nicht vorgehen. Vor der Wahl weiß man noch gar nicht, ob das Abkommen überhaupt zur Folge haben wird, daß eine Partei auf dem Wege der Alternativklausel Mandate (aus dem Verhältnisausgleich) erhält. Die bloße Absicht der Parteien, mittels des Bündnisses unter Ausnützung der Alternativklausel die 5 vH-Hürde zu überspringen, wäre kein geeignetes Kriterium für ein Einschreiten der Wahlorgane. Die Wahlorgane hätten außerdem gar kein Mittel, um im Wahlvorbereitungsverfahren einzuschreiten; die von den Bündnisparteien eingereichten Wahlvorschläge könnten nicht zurückgewiesen werden, da diese Wahlvorschläge als solche mit den gesetzlichen Vor-

---

[30] Ferner wäre die o. a. Erwägung zu berücksichtigen, daß eine Partei, die mit Hilfe eines Aussparungsabkommens einen Wahlkreis erobert, jedenfalls die Mehrheit der Wähler dieses Wahlkreises für sich zu gewinnen vermochte. Der (in diesem Zusammenhang oft verwandte) Ausdruck „künstlicher Schwerpunkt" kennzeichnet eben nur eine Seite des Vorgangs.

[31] Die CDU wollte sich die Möglichkeit sichern, befreundeten kleineren Parteien über die Hürde der 5 vH-Klausel hinwegzuhelfen; vgl. dazu insb. die zweite Beratung des Entwurfs zum BWG (134. Sitzung des 2. Bundestages vom 15. 3. 1956; Verhandl. des dt. Bundestages, 2. Wahlp. 1953, Sten.Ber. Bd. 28, S. 6934 B — 6950, vor allem S. 6936 B). Bezeichnenderweise wurde die Alternativklausel im Bundestag einmal als „Korruptionsklausel" charakterisiert (Verhandl. des dt. Bundestages, 2. Wahlp. 1953, Sten.Ber. Bd. 35, S. 10 890 C u. D; 191. Sitzung des 2. Bundestages vom 7. 2. 1957).

[32] Die (noch zu erörternde) Frage, inwieweit die Parteien beim Abschluß eines Wahlbündnisses an die Chancengleichheit der anderen Parteien gebunden sind, spielt hier keine Rolle. Einer Wahlabrede, die eine die Parteiengleichheit verletzende Norm realisiert, haftet jedenfalls der gleiche Makel an wie der betreffenden Norm selbst.

schriften übereinstimmen. Die Wahlorgane dürfen auch nicht etwa bei der Ermittlung des Wahlergebnisses — wenn sich herausstellt, daß eine Partei infolge eines Aussparungsabkommens (oder auch unabhängig von einem Wahlbündnis) unter Ausnützung der Alternativklausel Mandate über den Verhältnisausgleich erhalten würde — die Alternativklausel wegen ihrer Verfassungswidrigkeit nicht anwenden[33]. Die gerichtliche Wahlprüfungsinstanz hingegen könnte und müßte die Alternativklausel für verfassungswidrig erklären[34] und hieraus in dem Fall, in

[33] Zu der (in dieser Arbeit nicht zu behandelnden) Frage einer Normenprüfungs- bzw. Normenverwerfungskompetenz der Wahlorgane vgl. Nass, Wahlorgane, S. 179 (wo eine solche Kompetenz mit Recht verneint wird).

[34] Freilich ist umstritten, ob und inwieweit im Wahlprüfungsverfahren die Ungültigkeit von Wahlrechtsvorschriften geltend gemacht werden kann; vgl. hierzu etwa: Seifert, Kommentar, Einl. zum WahlPrüfG III 4 C 3, S. 335; Nass, a. a. O., S. 179 mit Fußn. 3 (mit weit. Nachw.); und insb. Philipp Groß und Rolf Groß DVBl. 63, 175 f. Die Wahlprüfung ist im Bund und in den meisten Ländern zunächst Sache des Parlaments, gegen dessen Entscheidung das BVerfG bzw. der VerfGH des jeweiligen Landes angerufen werden kann (vgl. Art. 41 GG und die entsprechenden Regelungen der Länderverfassungen: Verf. Baden-Württ. Art. 31; Bayern Art. 33; Hamb. Art. 9; Nieders. Art. 5; Nordrh.-Westf. Art. 33; Saarl. Art. 77; in Berlin, Bremen, Hessen und Rheinland-Pfalz ist die Wahlprüfung einem besonderen Wahlprüfungsgericht anvertraut, während in Schleswig-Holstein die Wahlprüfung durch das Parlament mit der Möglichkeit anschließender verwaltungsgerichtlicher Kontrolle vorgesehen ist; vgl. WahlPrüfG Berlin vom 16. 10. 1958, GVBl. S. 1021; LWG Bremen § 37; Verf. Hessen Art. 78; Verf. Rheinl.-Pfalz Art. 82; Verf. Schl.-Holst. Art. 3). Es kann nun dem BVerfG bzw. den VerfGH der Länder nicht verwehrt sein, im Wahlprüfungsverfahren Bestimmungen des Bundestagswahlrechts auf ihre Vereinbarkeit mit dem GG bzw. des Landtagswahlrechts auf ihre Vereinbarkeit mit der jeweiligen Landesverfassung zu überprüfen und sie gegebenenfalls zu verwerfen, da es ohnehin kraft Verfassungsrechts zu den Aufgaben der Verfassungsgerichte gehört, Rechtssätze am Maßstab der Verfassung zu prüfen (so mit Recht Philipp Groß und Rolf Groß DVBl. 63, 175; für die Prüfungskompetenz des BVerfG im Wahlprüfungsverfahren ferner: das BVerfG selbst, E. v. 22. 5. 1963, NJW 63, 1600; Seifert, a. a. O.; von Mangoldt-Klein, Art. 41 Erl. III 4 b, S. 925; Maunz-Dürig, Art. 41 Randnr. 16). Ob darüber hinaus eine Kompetenz (oder gar Pflicht) des Bundestags und der Länderparlamente besteht, im Wahlprüfungsverfahren Wahlrechtsbestimmungen auf ihre Verfassungsmäßigkeit zu prüfen (und sie gegebenenfalls zu verwerfen), ist hier nicht zu untersuchen (eine Kompetenz des Bundestags verneinend: Maunz-Dürig, Art. 41 Randnr. 17; bejahend: Seifert, a. a. O.; von Mangoldt-Klein, Art. 41 Erl. III 1 b, S. 921; Philipp Groß und Rolf Groß DVBl. 63, 175 f. mit weit. Nachw. in Fußn. 2 S. 175; daselbst auf S. 176 auch zu der — hier ebenfalls nicht zu erörternden — Frage der Normenprüfung im Wahlprüfungsverfahren vor den besonderen Wahlprüfungsgerichten). Einige Ländergesetze — so etwa § 1 III des WahlPrüfG Baden-Württ. vom 7. 11. 1955 (GBl. S. 231) — schließen die Prüfung der Verfassungsmäßigkeit von Wahlrechtsbestimmungen im Wahlprüfungsverfahren ausdrücklich aus. Dieser Ausschluß dürfte nach dem Gesagten zumindest insoweit unzulässig sein, als damit auch den Verfassungsgerichten als Wahlprüfungsinstanzen die Normenprüfungsbefugnis abgesprochen wird. So nimmt der StGH des Landes Baden-Württ. im Wahlprüfungsverfahren trotz des § 1 III WahlPrüfG Baden-Württ. die Befugnis zur Prüfung der Verfassungsmäßigkeit des Wahlgesetzes für sich in Anspruch, da — nur eine solche Auslegung sei grundgesetzkonform (Art. 100 GG) — das Verbot des § 1 III WahlPrüfG für das Verfahren vor dem StGH nicht gelten könne; vgl. ESVGH 11 II, 29 f.

dem eine Partei infolge eines Aussparungsabkommens (oder auch unabhängig von einem Wahlbündnis) auf dem Wege der Alternativklausel Mandate erlangt hat, die nötigen Konsequenzen ziehen[35]. —

Ergänzend zu vorstehenden Überlegungen sei noch die Frage erörtert, wie die Aussparungsabkommen zur Ausnützung der Alternativklausel zu beurteilen wären, wenn man von der Verfassungsmäßigkeit dieser Klausel ausginge. In diesem Fall würde die Argumentation, daß besagte Aussparungsabkommen die Rechtswidrigkeit der Alternativklausel teilen, hinfällig, und es stellte sich allein die Frage, ob die gesetzliche Regelung der Alternativklausel — der dargelegte Vorrang der Privilegierung von Schwerpunktparteien vor der Sicherung der Arbeitsfähigkeit des Parlaments durch Prozentklauseln — einerseits und die sich dieser Regelung bedienende Praxis der Aussparungsabkommen andererseits in einem solchen Gegensatz zueinander stehen, daß die Wahlabreden als gesetzwidrig und unzulässig qualifiziert werden müssen. Diese Frage wäre zu verneinen. Zwar ist die Alternativklausel auf die Privilegierung allein solcher kleinen Parteien zugeschnitten, die tatsächlich in einem oder einigen Wahlkreisen über eine zum Mehrheitsgewinn ausreichende Zahl von Anhängern verfügen. Daraus läßt sich jedoch nicht auf einen Gesetzeswillen derart schließen, daß kleine Parteien, die in einem oder einigen Wahlkreisen deshalb die Mehrheit gewinnen, weil ihnen über ein Aussparungsabkommen Anhänger einer verbündeten Partei „zugeführt" werden, nicht auch in den Genuß der Vorteile der Alternativklausel kommen sollen. Dem Wahlergebnis nach kann man auch in diesem Falle von einem lokalen oder regionalen Schwerpunkt sprechen. Dieser Schwerpunkt entspricht zwar nur teilweise der wirklichen parteimäßigen Einstellung der Wählerschaft; auf der anderen Seite sind die Anhänger der aussparenden Partei keineswegs gezwungen, gemäß den Erwartungen der Bündnisparteien für die durch das Abkommen begünstigte Partei zu stimmen. Ferner darf hier der erwähnte Umstand nicht verkannt werden, daß der Gesetzgeber — jedenfalls der des BWG — bei Schaffung der Alternativklausel das Abschließen von Einerwahlkreis-Aussparungsabkommen in Rechnung gestellt hat.

2. Gemeinsame Wahlvorschläge

Gegen gemeinsame Wahlvorschläge auf der Grundlage des personalisierten Verhältniswahlsystems sind unter dem Gesichtspunkt der Splitterparteibekämpfung die gleichen Einwendungen vorzubringen wie ge-

[35] Dies liefe im Falle von Aussparungsabkommen wohl darauf hinaus, daß die Wahl — in den ausgesparten Wahlkreisen — aufzuheben wäre; denn bei Fehlen der Alternativklausel hätten die Parteien nicht ausgespart, so daß die Stimmen — teilweise — anders abgegeben worden wären.

gen gemeinsame Listen im Rahmen der reinen Verhältniswahl. Es darf auf obige Überlegungen verwiesen werden[36].

Auch in der personalisierten Verhältniswahl können Wahlvorschläge eines Parteienblocks dazu führen, daß eine Partei ins Parlament gelangt, welche mittels eigener Wahlvorschläge keine Mandate gewonnen hätte (weil weder Wahlkreissitze noch 5 vH der Stimmen und damit Sitze über den Verhältnisausgleich auf sie entfallen wären). Das gleiche gilt, wenn förmliche gemeinsame oder verdeckt-gemeinsame Wahlvorschläge zur Wahl gestellt werden[37]. Auch die im Rahmen der personalisierten Verhältniswahlsysteme eingereichten gemeinsamen Wahlvorschläge können auf diese Weise — entgegen dem Zweck der 5 vH-Sperrklausel — zur Minderung der Arbeitsfähigkeit des Parlaments beitragen.

3. Listenverbindungen

Beurteilt man eine im System der personalisierten Verhältniswahl abgeschlossene mehrparteiige Listenverbindung[38] unter dem Gesichtspunkt der 5 vH-Sperrklausel, so gelten die gleichen Überlegungen, die in bezug auf die mehrparteiige Listenverbindung im Rahmen der reinen Verhältniswahl angestellt wurden[39].

---

[36] S. oben S. 104 ff.

[37] Zu den verschiedenen Fallgruppen von gemeinsamen Wahlvorschlägen im personalisierten Verhältniswahlsystem s. oben S. 99 f.

[38] Dazu, daß die Listenverbindungs-Abrede auch in der personalisierten Verhältniswahl möglich ist, s. oben S. 101.

[39] S. oben S. 106.

Zweites Kapitel

Die subjektiven Rechte der Wahlbeteiligten als Grenze

§ 8 Das subjektive Wahlrecht (das aktive Wahlrecht) als Grenze

I. Problemstellung

Zwischen Wahlabsprachen und der Position des Wählers bestehen Spannungen. Gerade im Hinblick auf die Belange des Wählers werden Wahlbündnisse in der Öffentlichkeit immer wieder angegriffen. Dabei wird oft behauptet, die Parteien würden durch Wahlabsprachen den machtlosen Wähler mehr oder weniger entrechten.

Eine Spannung zwischen der Situation des wählenden Staatsbürgers einerseits und der Wahlabrede-Praxis der Parteien andererseits läßt sich hinsichtlich jedes der drei Grundtypen von Wahlabreden unschwer feststellen. Beispielsweise kann der Wähler bei *Einerwahlkreis-Aussparungsabkommen* keinen Wahlkreisbewerber der aussparenden Partei wählen. Durch eine *gemeinsame Liste* wird der Wähler, welcher einer bestimmten Bündnispartei nicht untreu werden will, genötigt, zugleich für Bewerber einer anderen Partei zu stimmen. Im Falle der *mehrparteiigen Listenverbindung* kann es der Wähler nicht verhindern, daß seine Stimme, die er einer bestimmten Partei gibt, mit dazu beiträgt, daß eine andere Partei ein Mandat bekommt. Wenn der Wähler nicht weiß, daß Wahlbündnisse — etwa verdeckt-gemeinsame Wahlvorschläge — vereinbart wurden, kann es dazu kommen, daß er die Tragweite seiner Stimmabgabe falsch beurteilt.

Solche Feststellungen führen zu der Frage, welche Folgerungen sich aus der Rechtsposition des Wählers für das Problem der Zulässigkeit von Wahlabsprachen herleiten lassen. Die Beantwortung dieser Frage setzt eine genauere rechtliche Erfassung der Spannung zwischen Wählerstellung und Wahlabrede-Praxis voraus.

Als Rechtsmaßstab kommt das in Art. 38 II GG und den entsprechenden Bestimmungen der Länderverfassungen[1] verankerte aktive Wahl-

---

[1] Vgl. Verf. Baden-Württ. Art. 26 I; Bayern Art. 14 I 1; Berl. Art. 26 III; Bremen Art. 76; Hamb. Art. 6 IV; Hessen Art. 73 I; Nieders. Art. 4 II 1; Nordrh.-Westf. Art. 31 II; Rheinl.-Pfalz Art. 76 II; Saarl. Art. 66 S. 1. Die

recht in Betracht — ein subjektiv-öffentliches Recht, welches, als das wichtigste Recht im Rahmen des staatsbürgerlichen status activus, Grundrechtscharakter[2] trägt. Das subjektive Wahlrecht hat bestimmte Ausformungen als allgemeines, unmittelbares, freies, gleiches und geheimes Wahlrecht erfahren. Diese Ausformungen stellen zugleich objektive Wahlrechtsprinzipien dar; sie haben als sog. klassische Wahlrechtsgrundsätze ebenfalls Verfassungsrang (Art. 38 I 1 GG und die entsprechenden Bestimmungen der Länderverfassungen[3])[4].

Die Ausformungen des allgemeinen, unmittelbaren und geheimen Wahlrechts werden durch Wahlabreden nicht berührt: Wahlabreden beschränken weder die Teilnahme an der Wahl auf bestimmte Gruppen von Staatsbürgern noch wird durch sie zwischen Wähler und Bewerber eine Zwischeninstanz derart eingeschaltet, daß von Beginn der Stimmabgabe an das Wahlergebnis nicht mehr ausschließlich von der Willensentscheidung des Wählers abhängt[5], noch tasten sie den Geheimnisschutz der Stimmabgabe an.

Dagegen bestehen Berührungspunkte zwischen dem freien sowie dem gleichen Wahlrecht und Wahlabreden. Obige Beispiele zeigen, daß infolge von Wahlabreden mancher Wähler sein Wahlrecht nicht so ausüben kann wie er will. Die Möglichkeit, daß Wahlbündnisse das freie subjektive Wahlrecht, die Wahlfreiheit, verletzten, ist daher nicht von der Hand zu weisen. Dasselbe gilt bezüglich der Wahlgleichheit. Diese wird zumindest insofern berührt, als der hinsichtlich der Wahlfreiheit mögliche Verletzungstatbestand nicht alle Wähler trifft und daher eine ungleiche Situation schafft. Es erscheint angebracht, zunächst diesen weiten (und unbestimmten) Begriff der Wahlgleichheit — also die Wahl-

Verf. von Schl.-Holst. enthält keine ausdrückliche Verbürgung des aktiven Wahlrechts als eines subjektiven Rechts, sondern führt nur die klassischen Wahlrechtsgrundsätze auf (Art. 3 I).

[2] So z. B. von Mangoldt-Klein, Art. 38 Erl. III 1 a, S. 877; Hamann, Kommentar, Art. 38 Erl. A 3, S. 272; Maunz-Dürig, Art. 38 Randnr. 29 ff.; BVerfGE 1, 242.

[3] Vgl. Verf. Baden-Württ. Art 26 IV; Bayern Art. 14 I 1; Berl. Art. 26 I; Bremen Art. 75 I 1; Hamb. Art. 6 II; Hessen Art. 73 II 1 und 72; Nieders. Art. 4 I 1; Nordrh.-Westf. Art. 31 I; Rheinl.-Pfalz Art. 76 I; Saarl. Art. 65 I; Schl.-Holst. Art 3 I. Die Verf. von Bayern, Berl., Bremen und Hamb. zählen den Grundsatz der „freien Wahl" nicht ausdrücklich mit auf.

[4] Es wäre nicht sachgerecht, in den Wahlrechtsgrundsätzen — so wie sie in Art. 38 I 1 GG und in den Länderverfassungen niedergelegt sind — nur Institutionen des objektiven Rechts zu sehen. Diese Grundsätze wollen vielmehr gerade nach Sinn und Zweck ihrer verfassungsrechtlichen Verankerung auch auf das subjektive (aktive und passive) Wahlrecht bezogen werden; vgl. von Mangoldt-Klein, Art. 38 Erl. III 2, S. 878; Maunz-Dürig, Art. 38 Randnr. 29; a. A. Seifert, Ergänzungsheft, Art. 38 GG Randnr. 4.

[5] Nur dies wird nach h. M. durch das Prinzip der unmittelbaren Wahl ausgeschlossen; vgl. Wahlrechtsbericht, S. 30; Seifert, a. a. O., Randnr. 10 ff. zu Art. 38 GG; BVerfGE 3, 50; 7, 68; 7, 85.

gleichheit als Forderung einer gleichen Situation für alle Wähler — zugrunde zu legen, wenn auch — wie noch auszuführen sein wird — der Gedanke der Wahlgleichheit im allgemeinen konkreter gefaßt, d. h. auf Stimmenzählung und Stimmenverwertung bezogen und so als Garantie der Möglichkeit gleicher Einflußnahme auf das Wahlergebnis verstanden wird.

Somit sind Tragweite und Sinngehalt des freien und gleichen subjektiven (aktiven) Wahlrechts darzulegen, um die Maßstäbe für die Beurteilung von Wahlabreden unter dem Gesichtspunkt der Wählerstellung zu gewinnen.

II. Tragweite und Sinngehalt des freien und gleichen Wahlrechts

1. Das subjektive Wahlrecht als Recht gegen die Parteien

Will man Wahlabreden am Maßstab des freien und gleichen subjektiven Wahlrechts messen, so stellt sich zunächst die Frage, ob das subjektive Wahlrecht nicht etwa nur gegen den Staat und sonstige Hoheitsträger gerichtet ist und damit eine unmittelbare Bindung der Parteien an dieses Recht ausscheidet; denn die Parteien gehören nicht zur organisierten Staatlichkeit[6] und üben keine öffentliche Gewalt aus.

Das subjektive Wahlrecht steht in seiner Richtung gegen den Staat, insbesondere gegen den Wahlgesetzgeber und die Wahlorgane, so sehr im Vordergrund, daß die Frage seiner Geltung gegenüber außerstaatlichen Machtträgern kaum erörtert wird. Während die Wahlfreiheit nach *von Mangoldt-Klein* „Privatpersonen nicht bindet", sondern nur insoweit „von jedermann, auch den politischen Parteien, zu achten" ist, als sich dies aus den §§ 107-108 d StGB ergibt[7], erstreckt sie sich nach *Hamann, Seifert* und *Maunz-Dürig* auch auf die nicht-staatliche Sphäre[8].

---

[6] S. hierzu oben S. 72 mit Fußn. 6.

[7] Von Mangoldt-Klein, Art. 38 Erl. III 2 a, S. 878/879.

[8] Hamann, Kommentar, Art. 38 Erl. B 4, S. 273; Seifert, Ergänzungsheft, Art. 38 GG Randnr. 4; Maunz-Dürig, Art. 38 Randnr. 47; ebenso Maunz, StaatsR, S. 298. — In der Weimarer Zeit war umstritten, ob Art. 125 der Reichsverf., der die Wahlfreiheit als Grundrecht gewährleistete, sich auch gegen Einwirkungen von privater Seite richtete; vgl. hierzu Anschütz, Die Verf. des Dt. Reichs, Art. 125 Erl. 3. — Die Wahlprüfungspraxis ist bei der Frage der sog. unzulässigen Wahlbeeinflussung stets davon ausgegangen, daß die Wahlfreiheit auch gegen nichtstaatliche Instanzen in Anspruch genommen werden kann. So hat der Reichstag der Kaiserzeit in ständiger Praxis offizielle Stellungnahmen von Geistlichen zur Wahl sowie bestimmte Verhaltensweisen der Arbeitgeber als verbotene Wahlbeeinflussung angesehen; vgl. Hatschek, ParlamentsR, S. 557; Ball, Das materielle Wahlprüfungsrecht, S. 62 ff. Zur sog. geistlichen Wahlbeeinflussung neuerdings OVG Münster, E. v. 14. 2. 1962,

Maunz-Dürig sprechen dem „politischen Grundrecht der Wahlfreiheit" ausdrücklich „unmittelbare Grundrechtsdrittwirkung" zu[9]. *Von Mangoldt-Klein* und *Seifert* nehmen den Standpunkt, den sie hinsichtlich der Wahlfreiheit vertreten, auch hinsichtlich der Wahlgleichheit und der anderen Wahlrechtsgrundsätze ein[10].

Man würde den Aktivstatus des Staatsbürgers aushöhlen, wollte man dem subjektiven Wahlrecht und seinen Ausformungen in den Wahlrechtsgrundsätzen die unmittelbare Geltungskraft gegenüber den Parteien versagen. Die durch Art. 21 GG verfassungsrechtlich garantierte Wahlbeteiligung der Parteien macht die Parteien zwar nicht zu Staatsorganen und Trägern öffentlicher Gewalt, wohl aber zu „staatsnächsten Integrationsfaktoren"[11] mit außerordentlichem Gewicht gegenüber dem Wähler. Der Einbau der Parteien als „Wahlvorbereitungsorganisationen" in unser Wahlrechtssystem, insbesondere die Tatsache, daß das subjektive Wahlrecht sich außerhalb der Wahlvorschläge der Parteien nicht mehr verwirklichen läßt, muß bedeuten, daß Normgegner des aktiven Wahlrechts und seiner Ausgestaltungen als freier, gleicher, allgemeiner, unmittelbarer und geheimer Wahl neben dem Staat jedenfalls auch die Parteien sind. Es liegt nicht im Sinne des den Grundrechtsschutz besonders stark betonenden Grundgesetzes, die parteienstaatliche Entwicklung einseitig als Entwicklung zugunsten des Aktionsradius der Parteien aufzufassen.

Damit ist freilich nur festgestellt, daß die Parteien an das subjektive Wahlrecht, insbesondere an Wählerfreiheit und Wählergleichheit, gebunden sind. Ausmaß und Einzelheiten dieser Bindung können nur von Fall zu Fall bestimmt werden[12].

2. Die Wahlfreiheit

Die Wahlfreiheit wird allgemein mit der Formel umschrieben, sie erfordere, daß der Wähler sein Wahlrecht „ohne Zwang oder sonstige unzulässige Beeinflussung von außen"[13] ausüben kann. In der Wahlfrei-

---

OVGE 18, 1 ff. (= JZ 62, 767 ff. mit Anm. von Ridder), und BVerwG, E. v. 17. 1. 1964, DÖV 64, 312 f.; für beide Gerichte ist es selbstverständlich, daß die Wahlfreiheit sich gegen die Kirchen bzw. Geistlichen richtet (wenn sie auch in concreto eine unzulässige Wahlbeeinflussung verneinen).

[9] Maunz-Dürig, Art. 38 Randnr. 47 Fußn. 4.

[10] Von Mangoldt-Klein, a. a. O.; Seifert, Ergänzungsheft, a. a. O.

[11] Ridder, Zur verfassungsrechtlichen Stellung der Gewerkschaften im Sozialstaat nach dem Grundgesetz, S. 22.

[12] Die Frage der Geltung des subjektiven Wahlrechts gegen andere außerstaatliche Machtträger als die Parteien braucht hier nicht erörtert zu werden.

[13] So BVerfGE 7, 69; entsprechend: Wahlrechtsbericht, S. 31; von Mangoldt-Klein, Art. 38 Erl. III 2 e, S. 881; Hamann, Kommentar, Art. 38 Erl. B 4, S. 273; Seifert, Ergänzungsheft, Art. 38 GG Randnr. 14; Giese-Schunck, Art. 38 Erl. II 2, S. 93; Maunz, StaatsR, S. 298; Maunz-Dürig, Art. 38 Randnr. 47.

heit wird also die Garantie dafür gesehen, daß die Stimmabgabe ohne unzulässigen äußeren Einfluß zustande kommt.

Die Wahlfreiheit will jedoch noch anders, nämlich als materielles Grundprinzip — in ihrer Verwurzelung im subjektiven Wahlrecht —, verstanden werden. Daß der Wähler seine Stimme „ohne Zwnag oder sonstige unzulässige Beeinflussung von außen" abgibt, ist nur der formelle Aspekt der Wahlentscheidung, die materiell eine „Auswahl" darstellt — eine Entscheidung zwischen Alternativen, zwischen verschiedenen politischen Richtungen, die in Parteien, bzw. in Parteiwahlvorschlägen, verkörpert sind. Das freie subjektive Wahlrecht, die Wahlfreiheit, will als „Selbstbestimmungsrecht"[14] diese Auswahlmöglichkeit garantieren.

Somit tritt zur Garantie der ohne unzulässigen Einfluß erfolgenden Stimmabgabe diejenige einer — möglichst breiten — Auswahlmöglichkeit. Beides zusammen macht erst das Prinzip der freien Wahl aus[15].

Der Aspekt der „Auswahl" darf nicht weniger ernst genommen werden als derjenige der ohne unzulässigen Einfluß erfolgenden Stimmabgabe. Von ersterem ließ sich der Parlamentarische Rat leiten, als er das Wort „frei" in die Aufzählung der klassischen Ausgestaltungen des subjektiven Wahlrechts in Art. 38 I 1 GG einreihte: Er wollte sich damit gegen diejenigen Praktiken totalitärer und autoritärer Staaten wenden, die das freie Wahlrecht aushöhlen, indem sie die Möglichkeit der Auswahl zwischen Parteien beseitigen und den Wähler an Wahlvorschläge der Regierung bzw. einer einzigen Partei binden (Praxis der sog. Einheitsliste[16] und dgl.)[17]. Im politischen Sprachgebrauch meint

---

[14] Anschütz, Die Verf. des Dt. Reichs, Art. 125 Erl. 1.

[15] Dies wird von den Kommentatoren des Art. 38 GG keineswegs schlechthin verkannt. Aber der Gedanke der „Auswahl" wird nicht als die Wahlfreiheit konstituierendes Element in den Mittelpunkt der Betrachtung gerückt. Es wird lediglich am Rande vermerkt, die „freie" Wahl des Art. 38 I 1 GG verbiete ein „System der Bindung an Wahlvorschläge der Regierung" (so von Mangoldt-Klein, Art. 38 Erl. III 2 e, S. 881; Maunz-Dürig, Art. 38 Randnr. 47), bzw. eine Monopolisierung des Wahlvorschlagsrechts durch eine Partei oder durch einen alle Parteien umfassenden Block (so Seifert, Ergänzungsheft, Art. 38 GG Randnr. 16). Hingegen werden die beiden Seiten der Wahlfreiheit voll erfaßt bei Fromme, Von der Weimarer Verf. zum Bonner GG, S. 190.

[16] So z. B. die sog. Einheitsliste der „Nationalen Front" bei den Wahlen in der SBZ; vgl. dazu „Die Wahlen in der Sowjetzone", hrsg. vom Bundesmin. für Gesamtdt. Fragen, 3. Aufl. 1958, S. 26 ff., 75 ff.

[17] Zu den Absichten des Parl. Rats vgl. Nawiasky, Die Grundgedanken des GG, S. 80; ebenso (unter Berufung auf Nawiasky): von Mangoldt-Klein, Art. 38 Erl. III 2 e, S. 881; Maunz-Dürig, Art. 38 Randnr. 47 — Im Parl. Rat war ein besonderer Grundrechtsartikel 18 über das subjektive Wahlrecht geplant, dessen Absatz II die Freiheit der Auswahl gewährleisten sollte (vgl. JöR NF Bd. 1 S. 186 ff.). Zuletzt (3. Lesung im Hauptausschuß) war folgender Art. 18 II vorgesehen: „Jede Beschränkung in der Freiheit der Entscheidung bei einer Wahl oder Abstimmung ist verboten. Insbesondere darf durch die Vorschriften

der Begriff „freie Wahl" in erster Linie den Aspekt der „Auswahl", das Sich-Entscheiden zwischen politischen Alternativen[18].

Wichtig ist die Feststellung, daß als Alternativen heute, anders als zur Zeit der klassischen liberalen Demokratie des 19. Jahrhunderts, nicht mehr — oder kaum noch — Persönlichkeiten, sondern politische Parteien „ausgewählt" werden. Inhalt des freien subjektiven Wahlrechts ist in der modernen parteienstaatlichen Massendemokratie weniger — wie *Seydel* im Jahre 1880 sagen konnte — „einen hierzu gesetzlich befähigten Mann in der gesetzlich vorgeschriebenen Form als Abgeordneten zu bezeichnen"[19], als vielmehr — wie Georg *Jellinek* formulierte — „das Ausdrücken von Parteigesinnung"[20].

Freies subjektives Wahlrecht oder *Wahlfreiheit bedeutet* also das *auch an die Parteien gerichtete Postulat,* daß *der Wähler ohne unzulässige Einwirkung von außen und angesichts von Alternativen eine klare und eindeutige Entscheidung für eine bestimmte Partei fällen kann.*

3. Die Wahlgleichheit

Die Wahlgleichheit wird — wie schon erwähnt — allgemein in dem technischen Sinne begriffen, wonach sie verlangt, daß die Wähler die gleichen Chancen und den gleichen Einfluß auf das Wahlergebnis haben[21]. Jede Stimme muß gleich zählen und gleich wiegen (natürlich muß jeder Wähler auch die gleiche Anzahl von Stimmen haben). Man spricht von einem gleichen Zählwert und — bei der Verhältniswahl — von einem gleichen Erfolgswert der Stimmen[22].

über die Wahlvorbereitungen und das Wahlverfahren dem Wähler die Möglichkeit freier Entscheidung zwischen mehreren Kandidaten und mehreren voneinander unabhängigen Parteien mit eigenen Programmen nicht genommen werden." Dieser Artikel 18 wurde in der 4. Lesung im Hauptausschuß ersatzlos gestrichen, weil man die Einführung wahlgesetzlicher Bestimmungen gegen Splitterparteien nicht behindern wollte; vgl. Fromme, Von der Weimarer Verf. zum Bonner GG, S. 190 (mit Nachw.).

[18] Dies hängt nicht zuletzt damit zusammen, daß (wie Fromme, a. a. O., mit Recht bemerkt) Diktaturen bei ihrem Eingriff in das freie Wahlrecht im allgemeinen nicht so sehr unmittelbaren Zwang auf die Stimmabgabe ausüben als vielmehr (was praktikabler und wirksamer ist) die Auswahlmöglichkeiten beschneiden.

[19] Seydel in: Annalen des Dt. Reiches, Jg. 1880, S. 363.

[20] Jellinek, Allgemeine Staatslehre, S. 114. — Friesenhahn betont mit Recht, in diesem Bedeutungswandel der Wahlentscheidung zum plebiszitären Votum für eine Partei hin liege nichts, was dem Wesen der Wahl widerspreche (VVDStRL Nr. 16, 1958, S. 26).

[21] Vgl. Wahlrechtsbericht, S. 27; von Mangoldt-Klein, Art. 38 Erl. III 2 f., S. 882; Seifert, Ergänzungsheft, Art. 38 GG Randnr. 21 ff.; Maunz-Dürig, Art. 38 Randnr. 48.

[22] Vgl. Ipsen, Grundrechte, Bd. II, S. 192; Wahlrechtsbericht, S. 44; Leibholz, Strukturprobleme, S. 45; Rinck DVBl. 58, 223; ders., JöR NF Bd. 10 (1961),

Die Wahlgleichheit ist gegenüber dem allgemeinen Gleichheitssatz des Art. 3 I GG *formalisiert*[23]. Infolge des egalitären Charakters des demokratischen Wahlrechts sind — wie das Bundesverfassungsgericht in ständiger Rechtsprechung formuliert — Differenzierungen im Bereich der Wahl nur bei Vorliegen eines „besonderen rechtfertigenden Grundes" gestattet[24].

Die Wahlgleichheit im technischen Sinne als das Recht, (im Rahmen des jeweiligen Wahlsystems) mit der Stimmabgabe gleichen Einfluß auf das Wahlergebnis ausüben zu können, wird durch Wahlabreden nicht berührt. Zählwert- und Erfolgswertgleichheit sind in den Wahlgesetzen — in den Normen über Stimmenzählung und Stimmenverwertung — ausgestaltet und können als wahlgesetzliche und von den Wahlorganen zu beachtende Regelungen von den Parteien nicht beeinflußt werden, so daß zwischen der Wahlabrede-Praxis und der Wahlgleichheit im technischen Sinne eine Spannungslage nicht besteht. Da andererseits die oben als Ausgangspunkt zugrunde gelegte Wahlgleichheit im weiteren Sinne einer gleichen Situation für alle Wähler (derart, daß alle Wähler von ihrem Wahlrecht den beabsichtigten Gebrauch machen können) — wie erwähnt, wird diese Wahlgleichheit durch Wahlabkommen insofern berührt, als der hinsichtlich der Wahlfreiheit mögliche Verletzungstatbestand nicht alle Wähler trifft — lediglich eine Kehrseite der Wahlfreiheit darstellt, geht es im folgenden um die Beurteilung der Wahlabreden allein unter dem Gesichtspunkt der Wahlfreiheit oder des freien subjektiven Wahlrechts.

III. Folgerungen für Wahlabsprachen

1. Einerwahlkreis-Aussparungsabkommen

Betrachtet man Einerwahlkreis-Aussparungsabkommen unter dem Gesichtspunkt des freien subjektiven Wahlrechts, so muß man zwischen

S. 298/299; von Mangoldt-Klein, a. a. O.; Hamann, Kommentar, Art. 38 Erl. B 5 a, S. 273/274; Seifert, a, a. O., Randnr. 23; Giese-Schunck, Art. 38 Erl. II 2, S. 94; Maunz-Dürig, a. a. O.; das BVerfG in st. Rspr.: BVerfGE 1, 244; 5, 82 f.; 11, 362; 13, 129. — Auf Erfolgswertgleichheit kann jedoch auch in einem Mehrheitswahlsystem nicht verzichtet werden; vgl. hierzu Seifert, a. a. O., Randnr. 23.

[23] Vgl. Ipsen, a. a. O., S. 191 f.; Wahlrechtsbericht, S. 28; Leibholz, a. a. O., S. 44; Rinck DVBl. 58, 223; ders., JöR NF Bd. 10 (1961), S. 298 f.; Hamann, Kommentar, Art. 38 Erl. B 5, S. 274; Seifert, Ergänzungsheft, Art. 38 GG Randnr. 22; Maunz-Dürig, Art. 38 Randnr. 49.

[24] BVerfGE 4, 382; 6, 94; 11, 272; 12, 25; 13, 12; 14, 132, 135. — Die Wahlgleichheit ist dennoch nicht als aliud gegenüber dem allgemeinen Gleichheitsprinzip, sondern als Anwendungsfall desselben zu verstehen; so die h. M., vgl.: Ipsen, a. a. O., S. 191; Wahlrechtsbericht, S. 28; Leibholz, a. a. O., S. 43; Rinck DVBl. 58, 222; Hamann, a. a. O.; Seifert, a. a. O.; Maunz-Dürig, a. a. O.; das BVerfG in st. Rspr.: BVerfGE 1, 247; 4, 39; 11, 360; 13, 12. A. A. von Mangoldt-Klein, Art. 38 Erl. III 2 f., S. 883.

Abkommen im Ein-Stimmen-System der personalisierten Verhältniswahl und solchen im Zwei-Stimmen-System (des BWG) unterscheiden.

Im *Ein-Stimmen-System der personalisierten Verhältniswahl* wird durch Einerwahlkreis-Aussparungsabkommen die Wahlfreiheit insofern eingeengt, als dem Wähler eine bestimmte politische Alternative genommen wird[25]: Wenn eine Partei einen Wahlkreis ausspart, also auf die Nominierung eines Bewerbers und die Einreichung eines Wahlvorschlags verzichtet, dann können die Wähler dieses Wahlkreises sich nicht mehr zu der aussparenden Partei bekennen. Sie können zwar für die am Wahlbündnis nicht beteiligten Parteien (soweit diese mit Wahlvorschlägen vertreten sind) sowie für die Partei stimmen, zu deren Gunsten ausgespart wird; die Auswahlfreiheit wird also nicht völlig aufgehoben[26]. Aber diejenigen Wähler, welche der aussparenden Partei zuneigen, sind nicht in der Lage, ihrer Überzeugung zu folgen und sich für „ihre" Partei zu entscheiden.

Man muß sich vorstellen, daß es sich bei der aussparenden Partei möglicherweise um eine derjenigen Parteien handelt, die in den Augen der Wählerschaft eine klassische politische Richtung — genannt seien z. B. (christlicher) Konservatismus, Sozialismus, Liberalismus — verkörpern und seit jeher über einen festen Wählerstamm verfügen. Daß in einem solchen Fall mancher Stammwähler glaubt, in seinem freien Wahlrecht nur mehr ein nudum jus erblicken zu können, ist verständlich.

Die durch Aussparungsabkommen entstehende Beeinträchtigung der Wähler wird nicht etwa dadurch ausgeglichen, daß diese Wahlabreden regelmäßig auf Gegenseitigkeit beruhen[27]. Es spielt keine wesentliche Rolle, daß der Wähler, welcher in seinem Wahlkreis nicht für „seine" Partei zu stimmen vermag, damit rechnen kann, daß in einem anderen Wahlkreis „seiner" Partei Stimmen von Anhängern einer verbündeten Partei zugute kommen. Der Sinn des subjektiven Wahlrechts ist verfälscht, wenn der Wähler, der eine bestimmte Partei wählen möchte, dies dadurch tun muß, daß er seine Stimme für eine andere Partei ab-

---

[25] Das gleiche trifft bei den Aussparungsabkommen zu, die im Rahmen eines *Mehrheitswahlsystems* vereinbart werden (wie etwa die Wahlabreden der Kaiserzeit); die folgenden Überlegungen zum Einerwahlkreis-Aussparungsabkommen in der personalisierten Verhältniswahl (Ein-Stimmen-System) gelten für diese Abkommen entsprechend (abgesehen von den Stichwahlabkommen im absoluten Mehrheitswahlsystem mit Stichwahlgang, bei denen ins Gewicht fällt, daß der Wähler in der Stichwahl sich ohnehin nur für eine der beiden Stichwahlparteien entscheiden kann).

[26] Dies ist allerdings theoretisch dann möglich, wenn sich keine bündnisfremden Parteien an der Wahl beteiligen; vgl. dazu weiter unten.

[27] Vom subjektiven Wahlrecht des einzelnen Wählers her gesehen, macht es auch keinen Unterschied, ob ein Aussparungsabkommen das ganze Wahlgebiet oder nur einen bzw. einige Wahlkreise erfaßt; auch hierauf ist weiter unten noch einzugehen.

gibt, welche mit „seiner“ Partei verbündet ist — *damit* in einem anderen Wahlkreis die Anhänger dieser verbündeten Partei sich für „seine“ Partei entscheiden. Die Parteien eines Aussparungsabkommens sind nicht gegeneinander austauschbar, so daß — vom Wähler her gesehen — eine für die andere eintreten könnte. Selbst geringe Unterschiede in Struktur und Programmatik führen dazu, daß der Wähler seine Stimme wohl der einen, aber nicht der anderen Partei geben möchte. Zudem beruhen die Aussparungsabkommen nicht auf einer inneren Verwandtschaft der Bündnisparteien, sondern auf der gemeinsamen Gegnerschaft zu dritten Parteien[28].

Die Bedenken, die gegen Einerwahlkreis-Aussparungsabkommen im Ein-Stimmen-System der personalisierten Verhältniswahl bestehen, lassen sich auch nicht mit der Erwägung entkräften, daß für den Wähler, welcher seine Stimme für die aussparende Partei abgeben wolle, eine Ausweichmöglichkeit vorhanden sei: er könne sich mit Gleichgesinnten zusammentun und einen parteifreien Wahlvorschlag einreichen, auf dem ein Bewerber seines Vertrauens nominiert sei. Dieser Einwand überzeugt schon deshalb nicht, weil Wahlvorschläge von Wählergruppen im heutigen Parteienstaat keine ernst zu nehmende Chance mehr haben (was Parlamentswahlen betrifft). Außerdem ist es dem

---

[28] Die Behauptung des OVG Lüneburg, man müsse davon ausgehen, daß die Parteien ein Aussparungsabkommen in Übereinstimmung mit ihren Anhängern vereinbaren (OVGE 2, 177; ähnlich Hermens, Demokratie oder Anarchie?, S. 10), leuchtet weder theoretisch ein noch wird sie durch die Praxis bestätigt. Wenn mehrere Parteien ein solches Abkommen planen, so ist die Rücksichtnahme auf die Anhänger nur eine unter vielen taktischen Erwägungen. Außerdem dürfte sich gar nicht genau feststellen lassen, wie die Mehrheit der Anhänger bzw. der potentiellen Wähler einer Partei zu einem bestimmten Abkommen steht. Die Wahlstatistiken weisen gelegentlich für die Wahlkreise, in denen ein Aussparungsabkommen getroffen war, eine unter dem Durchschnitt liegende Wahlbeteiligung aus: Man darf daraus entnehmen, daß viele Wähler, die jeweils der aussparenden Partei zuneigten, sich nicht für eine andere Partei entscheiden wollten und deshalb der Wahl fernblieben. So war z. B. bei der Wahl zum baden-württ. Landtag am 15. 5. 1960 in den beiden Waiblinger Wahlkreisen, welche CDU und FDP/DVP einander „abgetreten“ hatten, eine Wahlbeteiligung von 58,5 vH (Waibl. I) bzw. von 56,1 vH (Waibl. II) zu verzeichnen; im ganzen Land hingegen betrug die Wahlbeteiligung 59,0 vH, im Regierungsbezirk Nordwürttemberg 60,5 vH (vgl. Statistik v. Baden-Württ., hrsg. vom Stat. Landesamt Baden-Württ., Bd. 71, Die Wahl zum Landtag von Baden-Württ. am 15. 5. 1960, S. 40 f.). Auf der anderen Seite gab es bei der — durch das Urteil des baden-württ. StGH vom 6. 2. 1961 (ESVGH 11 II, 25 ff.) ausgelösten — Wiederholungswahl in den beiden Waiblinger Wahlkreisen vom 12. 3. 1961 eine (für Wiederholungswahlen) überraschend hohe Wahlbeteiligung. Das dürfte mit darauf zurückzuführen sein, daß diesmal CDU und FDP/DVP in beiden Wahlkreisen kandidierten. Im Wahlkreis Waibl. II, den die CDU bei der ersten Wahl ausgespart hatte, kam es zu einer Wahlbeteiligung von 60,0 vH, also zu einer um 3,9 vH höheren Wahlbeteiligung als bei der ersten Wahl; im Wahlkreis Waibl. I gingen immerhin noch 52,8 vH der Wahlberechtigten zur Wahl (vgl. Staatsanzeiger für Baden-Württ., Nr. 22 vom 22. 3. 1961, S. 2).

Wähler kaum zuzumuten, in dieser Weise — gegen die Partei, der er zuneigt — initiativ zu werden.

Daß der Wähler im Falle eines Aussparungsabkommens sein Wahlrecht außerhalb seines Wahlkreises, in dem er seinen Wohnsitz hat und in das Wählerverzeichnis eingetragen ist, ausübt, sich also mittels eines Wahlscheins an der Wahl in einem anderen Wahlkreis beteiligt, in dem „seine" Partei mit einem Wahlvorschlag vertreten ist — stellt ebenfalls keine zumutbare Ausweichmöglichkeit dar[29].

Trotz vorstehender Bedenken würde es zu weit gehen, in Einerwahlkreis-Aussparungsabkommen, die im Ein-Stimmen-System der personalisierten Verhältniswahl vereinbart werden, eine Verletzung des subjektiven Wahlrechts zu erblicken und sie deshalb für rechtswidrig zu erklären. Dies würde bedeuten, daß die an der Wahl beteiligten Parteien infolge ihrer Bindung an das freie und gleiche Wahlrecht verpflichtet sind, in den Einerwahlkreisen zu kandidieren; denn das Nicht-Kandidieren würde als entscheidendes Element des Verletzungstatbestandes anzusehen sein: wegen des Verzichts auf die Einreichung eines Wahlvorschlags kann der Wähler seine Stimme nicht im gewollten Sinne zugunsten der aussparenden Partei abgeben.

So erheblich die Bedenken gegen Aussparungsabkommen sind, so wenig haltbar erscheint aber die These, daß die Parteien aus dem Gesichtspunkt des subjektiven Wahlrechts eine Rechtspflicht zur Einreichung von Wahlvorschlägen trifft. Eine solche Rechtspflicht würde die Dogmatik unseres Wahl- und Parteienrechts grundlegend verändern. In dieser Dogmatik korrespondiert dem subjektiven Wahlrecht die Freiheit der Parteigründung und Parteientfaltung, weil diese Parteienfreiheit[30], insbesondere das freie Wahlvorschlagsrecht der Parteien, gewährleistet, daß der Wähler eine (breite) Auswahl hat[31]. Daß die Parteienfreiheit

[29] Von Sinn und Zweck der Wahlschein-Erteilung, insb. der Briefwahl, abgesehen — ist eine solche Möglichkeit nach dem LWG Hessen offenbar gegeben (vgl. LWG Hessen § 13 II b). Dagegen ist sie nach der Wahlschein-Regelung des BWG (§ 15 III) sowie der Wahlgesetze von Baden-Württ. (Art. 10 II 2), Bayern (Art. 5 III), Nieders. (§ 4 II 2, § 26), Nordrh.-Westf. (§ 3 III—VI) und Schl.-Holst. (§ 6 III) ausgeschlossen; denn auf Grund dieser Gesetze berechtigt der Wahlschein nur zur Teilnahme „an der Wahl des Wahlkreises, in dem der Wahlschein ausgestellt ist" (§ 15 III BWG, ähnlich die Formulierungen in den Wahlgesetzen von Baden-Württ., Bayern und Schl.-Holst.). Der Wähler kann sich hier also auch mittels eines Wahlscheins nur am Wahlakt seines Heimatwahlkreises beteiligen; s. hierzu Seifert, Kommentar, Erl. zu § 15 III BWG, S. 101. Früher ließen die Wahlgesetze häufig ausdrücklich oder implizit eine „Freizügigkeit der Stimme" (Seifert, a. a. O.) zu, d. h. wer einen Wahlschein hatte, konnte an einem beliebigen Ort des Wahlgebiets wählen.

[30] Zur Parteienfreiheit s. unten § 9 unter II.

[31] Die Freiheit des Auswählens steht und fällt mit der freiheitlichen Ausgestaltung der Wahlvorschlagseinreichung — d. h. im Ergebnis mit der Anerkennung der Parteienfreiheit. Dies wurde — seit es das Institut der Wahl-

in Gestalt des Rechts der Parteien auf Teilnahme an der Wahl im Wählerinteresse umschlägt in eine Pflicht zur Wahlvorschlagseinreichung, wäre ein Novum. Es mag de lege ferenda dem geschilderten Bedeutungswandel des subjektiven Wahlrechts entsprechen, die an der Wahl teilnehmenden Parteien zu einer umfassenden Kandidatur im ganzen Wahlgebiet zu verpflichten, damit die Wähler in allen Wahlkreisen die Möglichkeit haben, sich klar und eindeutig zu ihnen zu bekennen — de lege lata ist das Spannungsverhältnis zwischen Wählern und Parteien nicht in dieser Weise zugunsten der Wähler akzentuiert.

Schließlich muß auf die praktischen Schwierigkeiten hingewiesen werden, die eine im Wege der Auslegung des subjektiven Wahlrechts gewonnene Pflicht zur Wahlvorschlagseinreichung bereiten würde. Diese Pflicht könnte sicherlich nicht schrankenlos gelten; mangels rechtssatzmäßiger Regelung ließen sich jedoch kaum brauchbare Abgrenzungskriterien finden. Die Pflicht würde außerdem insofern nur eine lex imperfecta darstellen, als die Wahlorgane infolge des Fehlens gesetzlicher Regelungen ihre Einhaltung nicht erzwingen könnten.

Nach alldem erscheinen Einerwahlkreis-Aussparungsabkommen im Ein-Stimmen-System der personalisierten Verhältniswahl (und entsprechend im Mehrheitswahlsystem) — unter dem Gesichtspunkt des subjektiven Wahlrechts betrachtet — zwar als bedenklich, jedoch nicht als unzulässig. Dies gilt auch für den Fall, in dem das Aussparungsabkommen das *ganze Wahlgebiet erfaßt*, die Bündnisparteien also sämtliche Wahlkreise des Wahlgebiets unter sich aufteilen. Derartige Einerwahlkreis-Aussparungsabkommen (die sich als *totale Aussparungsabkommen* bezeichnen lassen) haben sicherlich größeres politisches Gewicht als Aussparungsbündnisse, die sich auf einen oder einige Wahlkreise beschränken (*partielle Aussparungsabkommen*); sie sind jedoch rechtlich — unter dem Aspekt des freien subjektiven Wahlrechts — nicht anders zu beurteilen, denn einerseits wird durch totale wie partielle Aussparungsabkommen die Wahlfreiheit insofern eingeengt, als der Wähler, der die seinen Wahlkreis aussparende Partei wählen möchte, sich nicht zu „seiner" Partei bekennen kann, und andererseits lassen in beiden Fällen die obigen dogmatisch-systematischen und praktischen Überlegungen trotzdem die These angezeigt erscheinen, daß das Bündnis sich noch im Rahmen des Rechtmäßigen hält. Allerdings führen Aussparungsabkommen, die sich auf das ganze Wahlgebiet erstrecken,

---

vorschläge gibt — immer wieder betont; so z. B. von Schulze, Reichstagswahlrecht, S. 124 (unter IV), und von Drath, Das Wahlprüfungsrecht bei der Reichstagswahl, S. 20 Fußn. 2, 21 Fußn. 4. Drath (a. a. O., S. 20 Fußn. 2) legte zutreffend dar, daß „jede Einengung des Präsentationsergebnisses eine Einschränkung der Auswahlmöglichkeiten" bedeutet. Unter den heutigen Autoren erwähnt vor allem Seifert diesen Zusammenhang (Ergänzungsheft, Art. 38 GG Randnr. 16).

bei einer erheblich größeren Zahl von Wählern zu einer Einengung der Wahlfreiheit, und der Wähler, der sich infolge einer Wahlkreisaussparung außerstande sieht, „seine" Partei zu wählen, wird sich in der Regel um so tiefer in seinem Wahlrecht getroffen fühlen, je mehr Wähler — und Anhänger dieser Partei — in anderen Wahlkreisen sich in der gleichen Situation befinden. Man könnte deshalb geneigt sein, bei totalen Einerwahlkreis-Aussparungsabkommen (und auch schon bei Aussparungsbündnissen, die diesen nahekommen) gewissermaßen ein Umschlagen in den Bereich des Rechtswidrigen — eine Verletzung des freien subjektiven Wahlrechts — anzunehmen. Eine solche Annahme mag politisch im Sinne „freier" Wahlen wünschenswert erscheinen, sie ginge jedoch über eine rechtliche Interpretation hinaus.

Das Ergebnis vorstehender Erwägungen — der Satz, daß Einerwahlkreis-Aussparungsabkommen jeglichen Umfangs im Ein-Stimmen-System der personalisierten Verhältniswahl (und entsprechend im Mehrheitswahlsystem) zwar in das freie subjektive Wahlrecht eingreifen, aber dieses Recht nicht verletzen — bedarf einer Einschränkung: Es läßt sich ein Aussparungsabkommen denken, welches von *sämtlichen Parteien*, die in den vom Bündnis erfaßten Wahlkreisen an der Wahl teilnehmen, mit der Folge eingegangen wird, daß in diesen Wahlkreisen jeweils nur eine einzige Partei kandidiert[32]. Bei einem solchen Abkommen können die Wähler in den betreffenden Wahlkreisen sich nur noch für eine Partei entscheiden; sie sind nicht mehr in der Lage, für eine nicht mit verbündete Partei und damit gegen das Bündnis zu stimmen. Da dieses Abkommen die Auswahlmöglichkeit nicht nur einschränkt, sondern aufhebt (von der Möglichkeit, überhaupt nicht zu wählen, ist abzusehen, weil sie gerade nicht im Sinne des subjektiven Wahlrechts liegt), läßt es sich mit der Wahlfreiheit als einem Recht des Auswählens unter politischen Alternativen (Parteien) nicht mehr vereinbaren und ist somit rechtswidrig. Das Rechtswidrigkeitsurteil kann freilich nicht etwa eine Pflicht zur Einreichung von Wahlvorschlägen bedeuten, sondern nur ein Verbot an die Parteien, in dieser Weise vorzugehen. Als Sanktion wäre in einem solchen Falle, der in einer Demokratie westlicher Prägung kaum vorkommen dürfte, allein die nachträgliche Kassation der Wahl durch die Wahlprüfungsinstanz gegeben; die Wahlorgane hätten — die entsprechende obige Feststellung gilt auch hier — keine Handhabe zum Einschreiten. —

[32] Dieser Fall wird in der Entscheidung des StGH Baden-Württ. über das Waiblinger Aussparungsabkommen angedeutet (vgl. ESVGH 11 II, 28 f.); der StGH erklärt, die Wahlfreiheit würde beeinträchtigt, wenn der einzelne — wie etwa bei der Einheitsliste in der Sowjetzone — keine Wahl mehr hätte, sich so oder anders zu entscheiden, und hebt demgegenüber hervor, daß in den beiden Wahlkreisen Waiblingen I und II, die CDU und FDP/DVP einander aussparten, jeweils mehrere Parteien mit Wahlvorschlägen vertreten waren, da sich außer den Bündnisparteien noch andere Parteien an der Wahl beteiligten.

Bezüglich der Einerwahlkreis-Aussparungsabkommen im *Zwei-Stimmen-System des BWG* bestehen die Bedenken, die sich gegen solche Wahlabreden im Rahmen des Ein-Stimmen-Systems der personalisierten Verhältniswahl (und entsprechend im Rahmen des Mehrheitswahlsystems) aus der Wahlfreiheit ergeben, nicht: Hier kann der Wähler, dessen Wahlkreis von der Partei, für die er sich entscheiden möchte, ausgespart wird, sich wirksam zu dieser Partei bekennen, indem er seine Zweitstimme (Listenstimme) für deren Landesliste abgibt[33]. Daß der Wähler nicht eine Persönlichkeit „seiner" Partei als Wahlkreisabgeordneten wählen kann, erscheint von geringem Gewicht, weil das subjektive Wahlrecht heute in erster Linie ein Recht der Auswahl unter Parteien darstellt.

2. Gemeinsame Wahlvorschläge

Wahlabreden über gemeinsame Wahlvorschläge engen die Wähler in ihrer Wahlfreiheit ein.

Bei allen Typen gemeinsamer Listen — sowohl im Rahmen des reinen Verhältniswahlsystems als auch im Rahmen des personalisierten Verhältniswahlsystems — können die Wähler, die einer der verbündeten Parteien zuneigen, sich nicht klar und eindeutig für „ihre" Partei entscheiden: Auf den Listenwahlvorschlägen, mit denen „ihre Partei sich zur Wahl stellt, sind nicht nur Bewerber „ihrer" Partei, sondern auch solche einer anderen Partei nominiert. Die Wähler sind so zwar — im Gegensatz zu Einerwahlkreis-Aussparungsabkommen — in der Lage, „ihre" Partei zu wählen; sie müssen dabei aber in Kauf nehmen, daß ihre Wahlentscheidung zugleich einer anderen (ihnen möglicherweise unliebsamen) Partei zugute kommt[34]. Auch hier muß betont werden, daß die verbündeten Parteien sich in den Augen der Wähler mehr oder weniger scharf voneinander abheben. Es entspricht nicht

---

[33] Bezeichnenderweise ergeben die Statistiken der Bundestagswahlen, daß die Zahl derjenigen Wähler, die ihre Erst- und Zweitstimme der Parteirichtung nach unterschiedlich, bzw. die nur ihre Zweitstimme abgeben, in ausgesparten Wahlkreisen größer ist als in anderen; vgl. z. B. für die Wahl von 1957 die Angaben in: Statistik der Bundesrepublik Deutschl., hrsg. vom Stat. Bundesamt, Bd. 200, Die Wahl zum dritten dt. Bundestag am 15. 9. 1957, Heft 3, S. 52 f.

[34] Etwas anderes könnte allenfalls dann gelten, wenn der Wähler die Listen nicht unverändert als ganze wählen müßte, sondern — im Gegensatz zum Prinzip der streng gebundenen (starren) Liste — Bestimmungsmöglichkeiten hinsichtlich der einzelnen Bewerber der Listen hätte (entsprechend den Techniken der lose gebundenen oder der freien Liste, insb. des Kumulierens oder Panaschierens; zu diesen Techniken vgl. Braunias, Das parl. WahlR, Bd. II, S. 221 ff.; Seifert, Kommentar, Einführung I S. 8 ff.). Indessen ist hierauf nicht näher einzugehen. Das deutsche Parlamentswahlrecht kannte und kennt nur das Prinzip der streng gebundenen (starren) Liste (von Bayern abgesehen).

dem Sinne des subjektiven Wahlrechts, wenn der Wähler sich das Bekenntnis zu der Partei, für die er eine Vorliebe hegt, dadurch erkaufen muß, daß er zugleich für eine andere Partei stimmt. Mit vollem Recht ist gegen gemeinsame (Listen-)Wahlvorschläge immer wieder der Einwand vorgebracht worden, sie würden den Wähler „zu Zugeständnissen nötigen, die seiner Überzeugung widersprechen"[35].

Ähnliche Argumente ergeben sich gegen gemeinsame Wahlvorschläge für Einerwahlkreise (gemeinsame Kreiswahlvorschläge). Hier stimmt der Wähler zwar nicht zugleich für Kandidaten mehrerer Parteien, denn auf dem gemeinsamen Kreiswahlvorschlag ist nur ein Kandidat nominiert. Aber der Durchschnittswähler muß auch hier die Empfindung haben, sich nicht klar und eindeutig zwischen den Parteien des Bündnisses entscheiden zu können. Die gemeinsamen Kreiswahlvorschläge (wie Listen) werden nämlich (regelmäßig) nicht nur als solche propagiert, sondern die Tatsache, daß ein gemeinsamer (Kreis-)Wahlvorschlag mehrerer Parteien vorliegt, ist auch dem Stimmzettel zu entnehmen (allerdings nicht bei verdeckt-gemeinsamen Wahlvorschlägen). Soweit die Wähler Einzelheiten der Vereinbarung über den gemeinsamen Kreiswahlvorschlag kennen und wissen, welche Bündnispartei den auf dem gemeinsamen Kreiswahlvorschlag nominierten Bewerber stellt, werden sie sich u. U. insofern beeinträchtigt fühlen, als sie keinen Wahlkreisbewerber der anderen Bündnispartei wählen können: Hier zeigt sich die Parallelität zwischen Einerwahlkreis-Aussparungsabkommen und Abkommen über gemeinsame Kreiswahlvorschläge.

Bei Abreden über verdeckt-gemeinsame Wahlvorschläge (Listen wie Kreiswahlvorschläge) ergeben sich zusätzliche Bedenken. Hier ist die Tatsache, daß ein gemeinsamer Wahlvorschlag vorliegt, auf dem Stimmzettel nicht ersichtlich. Infolgedessen befindet sich mancher Wähler, der für den gemeinsamen Wahlvorschlag stimmt, in einem Irrtum: er glaubt, er wähle ausschließlich „seine" Partei (die der Stimmzettel als alleinigen Träger des betreffenden Wahlvorschlags ausweist), und weiß nicht, daß seine Stimme auch — u. U. sogar nur — für Bewerber einer anderen Partei zählt. Selbst wenn die verbündeten Parteien die Vereinbarung des verdeckt-gemeinsamen Wahlvorschlags nicht geheim halten, sondern in dieser oder jenen Form der Wählerschaft mitteilen, be-

[35] Zitat aus der Regierungsbegründung zu dem Gesetz über die Zusammensetzung des Reichstags und die Verhältniswahl in großen Reichstagswahlkreisen vom 24. 8. 1918 (RGBl. S. 1079), vgl. oben S. 53 f. In gleichem Sinne z. B.: Hatschek, DtPrStR, Bd. 1, S. 382. — Der Eingriff in das freie subjektive Wahlrecht, der mit gemeinsamen Listen gegeben ist, erreicht seine äußerste Stärke in der in totalitären und autoritären Staaten üblichen Praxis der sog. Einheitsliste (wie etwa bei den Wahlen in der Sowjetzone); denn hier ist die gemeinsame Liste der einzige Wahlvorschlag, so daß für die Ausübung des Wahlrechts keine Alternative offensteht.

urteilt mancher Wähler die Tragweite seiner Stimmabgabe falsch; denn nicht alle Wähler nehmen eine solche Mitteilung zur Kenntnis.

Man kann in den erwähnten Einschränkungen des freien — und damit auch des gleichen — subjektiven Wahlrechts einen *weiteren Grund für die Unzulässigkeit gemeinsamer Wahlvorschläge jeden Typs* sehen.

3. Listenverbindungen

Gegen Wahlabreden über Listenverbindungen ergeben sich aus dem Gesichtspunkt des subjektiven Wahlrechts keine durchgreifenden Bedenken[36].

Die für verbunden erklärten Listen mehrerer Parteien sind bei der Wahl selbständig und konkurrieren nicht nur mit den Listen der übrigen Parteien, sondern auch miteinander. Der Wähler steht also auch hinsichtlich der Parteien der Listenverbindung vor einer Alternative: Er kann sich in einem eindeutigen Votum für die eine und gegen die andere dieser Parteien entscheiden und ist somit an einem klaren Bekenntnis zu „seiner" Partei nicht gehindert. Dies macht — vom Wähler her gesehen — den wesentlichen Unterschied zwischen der mehrparteiigen Listenverbindung und der gemeinsamen Liste aus[37].

Allerdings kann der Wähler, der sich für eine an einer Verbindungs-Abrede beteiligte Partei entscheidet, nicht verhindern, daß im Zuge des Verrechnungsmechanismus der Listenverbindung unter Heranziehung seiner Stimme einer anderen Partei das sog. Restmandat zugeteilt wird[38]. Jedoch tragen im Ergebnis (falls die Listenverbindung überhaupt die Mandatsverteilung verändert) lediglich die — sonst verlorengehenden — Reststimmen der einen Bündnispartei dazu bei, daß die andere Bündnispartei ein Mandat erhält. Erstere Partei gewinnt bei Anwendung des Verbindungsmechanismus nicht weniger Mandate als ohne Listenverbindung; die Stimmkraft ihrer Wähler wird nicht etwa geschmälert. Das subjektive Wahlrecht geht nicht so weit, daß es das „Übertragen" sonst verlorengehender Stimmenreste auf eine andere Partei ausschließt[39].

---

[36] Dies gilt jedenfalls für die Listenverbindung herkömmlichen Typs, deren Bedeutung auf die Reststimmenverrechnung bzw. den Gewinn eines Restmandats beschränkt ist.

[37] Der Unterschied ist oft hervorgehoben worden. Vgl. die Regierungsbegründung zu dem Gesetz über die Zusammensetzung des Reichstags und die Verhältniswahl in großen Reichstagswahlkreisen vom 24. 8. 1918 (RGBl. S. 1079), oben S. 53 f.; Hatschek, DtPrStR, Bd. 1, S. 382; Nawiasky, AöR Bd. 59 (1931), S. 179/180.

[38] Dies betonen: Schälchlin, Diss. Zürich 1946, S. 37 Fußn. 90; Schnewlin, Diss. Bern 1946, S. 143; Schröder, Diss. Köln 1955, S. 82.

[39] So insb. auch Müller, Wahlsystem, S. 246.

Durch den Verbindungsmechanismus wird auch nicht in das Wahlrecht der Wähler eingegriffen, welche diejenige (an der Verbindungsabrede nicht beteiligte) Partei gewählt haben, der bei Fehlen der Listenverbindung das Restmandat zugefallen wäre. Wenn eine Partei mit Hilfe der Verbindungs-Abrede einer anderen Partei ein Mandat zu „entreißen" vermag, so liegt dies nicht daran, daß die Verrechnungstechnik der Listenverbindung den Wählern der ersteren Partei mehr Einfluß einräumt als den Wählern der letzteren, sondern daran, daß erstere Partei die Stimmenreste einer verbündeten Partei für sich mit verwerten lassen kann.

§ 9 Das Mitwirkungsrecht der Parteien als Grenze

I. Problemstellung

Wahlabsprachen berühren neben den Belangen des Wählers auch die des in der Dogmatik unseres Wahlrechts nicht weniger wichtigen Wahlbeteiligten „Partei". Man kann daher auch von einer Spannung zwischen Wahlabrede-Praxis und Parteistellung sprechen. Dabei geht es nicht um die an den Wahlbündnissen beteiligten Parteien, weil diese Bündnisse aus freien Stücken geschlossen werden[1]. Eine Spannungslage entsteht vielmehr im Verhältnis zwischen den Parteien, die ein Wahlbündnis vereinbaren, einerseits und den übrigen Parteien andererseits: Letztere sollen mittels des Wahlbündnisses wirksamer bekämpft werden als es den verbündeten Parteien ohne Wahlabsprache möglich erscheint.

Beispielsweise mindern *Einerwahlkreis-Aussparungsabkommen* in dem Maße, in dem sie die Siegesaussichten des Bewerbers der einen Bündnispartei — zu deren Gunsten die andere Bündnispartei ausspart — steigern, die Chancen der Bewerber dritter Parteien; dadurch können dritte Parteien einen bisher innegehabten Wahlkreis verlieren. Die mit *gemeinsamen Wahlvorschlägen* verbundenen Vorteile bei der Verhältnisrechnung (insbesondere die Verringerung der Zahl der unverwerteten Reststimmen) wirken sich zu Lasten der nicht am Wahlbündnis beteiligten Parteien aus[2]. Die Vereinbarung einer *Listenverbindung* ist ein Instrument zu dem Zweck, einer dritten Partei das sog. Restmandat abzunehmen. Ein großer Teil aller Wahlabreden bedeutet für bündnis-

---

[1] Die erzwungenen Bündnisse totalitärer und autoritärer Staaten (sog. Einheitsliste u. dgl.) bleiben hier außer Betracht. Wenn in der rechtsstaatlich-parlamentarischen Demokratie westlicher Prägung Parteien ein Wahlbündnis eingehen, so tun sie dies — rechtlich gesehen — in Handlungsfreiheit, mag auch unter Umständen ein gewisser politischer Druck obwalten.

[2] Dies jedenfalls dann, wenn die Zahl der insgesamt zu verteilenden Mandate von vornherein feststeht.

fremde Parteien insofern einen Nachteil, als die Bündnisparteien in der Vorstellung der Wähler ein Übergewicht über die anderen Parteien erlangen: Viele Wähler entscheiden sich (neben sonstigen Gründen) deshalb für eine der Bündnisparteien, weil sie glauben, daß so ihre Stimme am stärksten zur Geltung kommt.

Im Hinblick auf diese Spannungslage ist zu fragen, was sich für die Beurteilung der Wahlbündnisse aus der Rechtsstellung der nicht mit verbündeten Parteien ergibt. Als Rechtsmaßstab kommt das verfassungsrechtlich gewährleistete Mitwirkungsrecht der Parteien — Art. 21 I 1 GG — in Betracht. Dessen Inhalt und Tragweite sind daher zu klären.

II. Das Mitwirkungsrecht des Art. 21 I 1 GG

Art. 21 I 1 GG enthält nicht nur eine institutionelle Garantie der Mitwirkung der Parteien bei der politischen Willensbildung des Volkes[3], sondern verleiht zugleich den Parteien ein entsprechendes subjektives Recht auf Mitwirkung. Es ist durchaus zulässig, von einem den Parteien zustehenden subjektiven Recht auf Mitwirkung — und nicht etwa von einer Kompetenz — zu sprechen, weil die Parteien durch Art. 21 GG nicht in den Bereich der organisierten Staatlichkeit einbezogen werden, vielmehr nach wie vor als den Staatsorganen gegenüberstehende freie Gebilde des gesellschaftlichen Lebens zu betrachten sind[4].

Das subjektive Mitwirkungsrecht der Parteien beinhaltet ein Recht auf Einreichung von Wahlvorschlägen[5], erschöpft sich aber keineswegs darin. Zum einen stellt das Einreichen von Wahlvorschlägen nur ein Element im Rahmen eines Gesamtprozesses dar, der den Parteien Stimmen und Mandate einbringen soll; zum anderen meint der Begriff „Mitwirkung" neben der Wahlbeteiligung noch andere Möglichkeiten

---

[3] S. hierzu oben S. 71/72 mit Fußn. 3 (S. 72).

[4] Zur fehlenden Staatsorgan-Eigenschaft der Parteien s. oben S. 72 mit Fußn. 6.

[5] So ausdrücklich z. B. von der Heydte, Grundrechte, Bd. II, S. 469; von der Heydte und Sacherl, Soziologie der dt. Parteien, S. 74. — Das Recht, Wahlvorschläge einzureichen, kann in der modernen Massendemokratie nur noch als Gruppenrecht — als Recht der Partei oder (im Falle eines parteifreien Wahlvorschlags) der Wählergruppe — aufgefaßt werden; so auch Bläsi, Diss. Heidelb. 1956, S. 107; Mahrenholz, Diss. Gött. 1957, S. 28 ff.; Bayer. VerfGH, VGHE NF 3 II, 124; NF 6 II, 69 f. Dieses Recht ist nicht mehr Bestandteil des subjektiven Wahlrechts des einzelnen Wählers; a. A.: von Mangoldt-Klein, Art. 38 Erl. III 1 b, S. 877; Seifert, Ergänzungsheft, Art. 38 GG Randnr. 2, 7; Maunz-Dürig, Art. 38 Randnr. 29. Der Wähler, der im heutigen Parteienstaat die Wahlvorschläge beeinflussen will, kann dies nur als „Parteibürger" innerhalb der Partei (bzw. als Mitglied einer Wählergruppe) tun. Die Befugnis zum Einreichen von Wahlvorschlägen als Ausfluß des subjektiven Wahlrechts zu begreifen — ist nicht nur wirklichkeitsfremd, sondern angesichts des Art. 21 GG auch entbehrlich.

der politischen Betätigung[6]. Das moderne Schrifttum spricht daher mit Recht von einer umfassenden *Parteienfreiheit*, einem Recht der Parteien auf freie Entfaltung[7]. Erst die Vorstellung einer solchen Freiheits- und Einflußsphäre der sozialen Gruppe „Partei" erfaßt den materiellen Gehalt des Art. 21 I 1 GG voll. Die Parteienfreiheit im Bereich der politischen Willensbildung ergibt sich deshalb aus Art. 21 I 1 GG, und es bedarf zu ihrer Herleitung weder des das Wort „frei" ausdrücklich erwähnenden Satzes 2 des Art. 21 I (Art. 21 I 2 GG betrifft nur die Gründung von Parteien) noch allgemeiner rechtsstaatlich-demokratischer Prinzipien wie etwa der Wahlrechtsgrundsätze[8].

Das freie subjektive Mitwirkungsrecht der Parteien oder die Parteienfreiheit bedeuten zugleich ein *gleiches* subjektives Mitwirkungsrecht oder eine *Parteiengleichheit*. Freiheits- und Gleichheitsprinzip hängen hier besonders eng zusammen. Wenn Art. 21 I 1 GG die freie Mitwirkung „*der* Parteien" gewährleistet, so kann damit nur eine gleichberechtigte Mitwirkung gemeint sein. „Das Verbot jeglicher Einflußnahme auf Gründung, Bestand und Tätigkeit der Parteien erweist sich" — wie *Hesse* formuliert — „zugleich als Garantie ihrer gleichen Chance, die gleiche Chance sich als Sicherung ihrer Freiheit"[9,10].

---

[6] Die Parteien sind mehr als bloß Wahlvorbereitungsorganisationen; vgl. Wernicke, Bonner Kommentar, Art. 21 Erl. II 1 b; Parteienrechtsbericht, S. 128 f.; von Mangoldt-Klein, Art. 21 Erl. III 4 c und d, S. 623; Giese-Schunck, Art. 21 Erl. II 2, S. 64; Maunz, StaatsR, S. 71 f.; Maunz-Dürig, Art. 21 Randnummer 36.

[7] Vgl. von der Heydte, Grundrechte, Bd. II, S. 480 f.; Wernicke, Bonner Kommentar, Art. 21 Erl. II 1 d; von der Heydte und Sacherl, Soziologie der dt. Parteien, S. 83 ff.; Seifert DÖV 56; 5 von Wachter, Diss. München 1956, S. 250; Mahrenholz, Diss. Gött. 1957, S. 40; Fuss JZ 59, 393; Hesse VVDStRL Nr. 17 (1959), S. 27 ff.; Katz, Festgabe für Carlo Schmid, S. 124; Seuffert, daselbst, S. 208. In gleichem Sinne der Parteienrechtsbericht, S. 114, 158/159 sowie die Regierungsbegründung zum Parteiengesetzentwurf, 3. Wahlp., BT-Drucks. 1509, S. 11, 14; indirekt auch Maunz-Dürig, Art. 21 Randnr. 36.

[8] Im Schrifttum wird zumeist Art. 21 I 2 GG als Grundlage der Parteienfreiheit angesehen; in diesem Sinne: Wernicke, a. a. O.; Seifert, a. a. O.; Mahrenholz, a. a. O.; Maunz-Dürig, a. a. O. Nach von der Heydte und Sacherl, a. a. O., ergibt sich die Parteienfreiheit aus dem Wesen der Parteien und der Demokratie; nach Fuss, a. a. O., aus der Wechselwirkung von Art. 21 I 1 GG und Art. 21 I 2 GG. Demgegenüber wie hier Hesse, indem er betont, daß die den Parteien in Art. 21 I 1 GG zugewiesene Funktion für diese einen Status der Freiheit, Gleichheit und Öffentlichkeit voraussetze (a. a. O., S. 24 f., 27). — Der Parteienrechtsbericht, a. a. O., greift offensichtlich auf die Vereinsfreiheit des Art. 9 GG zurück. Ein solcher Rückgriff erscheint angesichts des Art. 21 GG nicht nur überflüssig, sondern auch unzulässig; denn Garantie und Aufgabenstellung des Art. 21 I 1 GG decken im Grunde jede herkömmliche und legitime Betätigung der Parteien und Art. 21 GG will wohl eine erschöpfende Sonderregelung sein. Indessen bedarf das Verhältnis von Art. 21 GG zu Art. 9 GG hier keiner Klärung: Soweit es um die Wahlbeteiligung der Parteien geht, kann allein Art. 21 GG maßgebend sein.

[9] Hesse VVDStRL Nr. 17 (1959), S. 36. In gleichem Sinne: von der Heydte, Grundrechte, Bd. II, S. 481; von der Heydte und Sacherl, Soziologie der dt. Parteien, S. 83, 98; von Wachter, Diss. München 1956, S. 250.

Das Bundesverfassungsgericht zieht in ständiger Rechtsprechung die Parteiengleichheit heran; es spricht insbesondere vom „Recht der Parteien auf gleiche Wettbewerbschancen"[11]. Als Recht auf chancengleiche Wahlbeteiligung ist die Parteiengleichheit — entsprechend der Wählergleichheit — formalisiert. Sie bezieht sich ebenso wie die Parteienfreiheit nicht nur auf das Einreichen der Wahlvorschläge, sondern auf den Gesamtprozeß der Wahl, insbesondere auch auf Stimmenempfang und Mandatszuteilung.

Da das freie und gleiche Mitwirkungsrecht der Parteien im allgemeinen als gegen den Hoheitsträger Staat gerichtetes Recht aufgefaßt wird, da insbesondere die Parteiengleichheit (Chancengleichheit) als Recht gegen den Wahlgesetzgeber entwickelt wurde, stellt sich die Frage, ob eine Partei dieses Recht auch gegen andere Parteien in Anspruch nehmen kann. Nur wenn diese Frage zu bejahen ist, könnten sich aus dem Mitwirkungsrecht einer Partei Grenzen für die Wahlabrede-Praxis anderer Parteien ergeben.

Im Schrifttum finden sich zur Frage, ob das Mitwirkungsrecht des Art. 21 I 1 GG auch gegenüber den Parteien gilt, nur wenige Stellungnahmen. *Von der Heydte* betont, der Grundsatz der Gleichheit der Wettbewerbschancen binde nicht nur den Staat, sondern auch die Parteien selbst[12]; *Seifert* nennt im Anschluß hieran das Mitwirkungsrecht

---

[10] Auch die (Chancen-)Gleichheit der Parteien beruht daher unmittelbar auf Art. 21 I 1 GG; so auch Hesse, a. a. O., S. 27, und Simon, Diss. Köln 1959, S. 35/36. Im Schrifttum werden auch hier Umwege gemacht: Nach Forsthoff, DRZ 50, 315, folgt die Chancengleichheit der Parteien aus Art. 21 I 2 GG (ebenso Unland, Diss. Köln 1955, S. 88; Mahrenholz, Diss. Gött. 1957, S. 40; Rinck DVBl. 58, 224); nach Forsthoff, AöR Bd. 76 (1950), S. 374, aus Art. 21 I S. 1 u. 2 GG in Verb. mit Art. 38 GG (ebenso Giese-Schunck, Art. 38 Erl. II 2, S. 94); nach von Mangoldt, DÖV 50, 573, aus dem Prinzip gleicher und freier Wahlen; nach von Mangoldt, Das Bonner Grundgesetz, Art. 38 Erl. 3, S. 232, aus dem gleichen Wahlrecht (ebenso Bläsi, Diss. Heidelb. 1956, S. 106; Hamann, Kommentar, Art. 38 Erl. B 5 b, S. 274); nach von Wachter, Diss. München 1956, S. 199 ff., 245 ff., sowohl aus den klassischen Wahlrechtsgrundsätzen als auch aus Art. 21 GG als auch aus dem demokratischen Prinzip freier Parlamentswahlen (ähnlich Schröder, Diss. Köln 1955, S. 31 f.); nach dem Parteienrechtsbericht, S. 125/126, aus der freiheitlichen demokratischen Grundordnung des GG; nach Maunz-Dürig, Art. 21 Randnr. 6, aus dem „Gesamtbild des Art. 21 GG".

[11] BVerfGE 1, 255; 3, 22; 6, 90; 7, 107; 12, 26. Das Bundesverfassungsgericht sieht die Grundlage der Chancengleichheit der Parteien teils in Art. 21 I 2 GG (so BVerfGE 1, 255; 3, 26; 6, 91/92; 6, 280), teils in der Wählergleichheit des Art. 38 GG (so BVerfGE 3, 22; 6, 90) und teils in Art. 3 I GG (so BVerfGE 3, 391; 7, 107). (Die Art. 3 und 38 GG werden offensichtlich deshalb herangezogen, um — gemäß § 90 BVerfGG — die Zulässigkeit von Verfassungsbeschwerden politischer Parteien begründen zu können.)

[12] Vgl. von der Heydte und Sacherl, Soziologie der dt. Parteien, S. 103.

des Art. 21 I 1 GG ein absolutes Recht[13]. Demgegenüber bestreitet *Mahrenholz* entschieden, daß sich dieses Recht auch gegen die Parteien richtet[14].

In einem Parteienstaat, der die für die Bildung und das Funktionieren der Staatsorgane unentbehrliche Rolle der Parteien rechtlich anerkennt, ist es nur folgerichtig, das Mitwirkungsrecht des Art. 21 I 1 GG auch auf die Beziehungen zwischen den sich zur Wahl stellenden Parteien zu erstrecken und diese Beziehungen als ein Rechtsverhältnis zu betrachten. Im Schrifttum kennzeichnet man die Wahlbeteiligung der Parteien bzw. die Wahlen überhaupt richtigerweise als einen Wettkampf der Parteien um die Stimmen der Wähler[15]. Dieser Wettkampf bedarf einer rechtlichen „Wettkampfordnung". In Parteienfreiheit und Parteiengleichheit des Art. 21 I 1 GG kann man die Grundprinzipien einer solchen „Wettkampfordnung" sehen[16]. Es widerspräche Sinn und Zweck einer Ordnung des Wettkampfs zwischen den Parteien, diese Grundprinzipien im Verhältnis der Parteien zueinander nicht gelten zu lassen.

Freilich muß das Mitwirkungsrecht des Art. 21 I 1 GG in seiner Richtung gegen die Parteien besonders behutsam konkretisiert werden; denn die Parteien, gegenüber denen dieses Recht geltend gemacht wird, sind ihrerseits ebenfalls durch die Parteienfreiheit des Art. 21 I 1 GG geschützt (und Kampf, auch unter Ausnutzung typischer Kampfmittel, gehört nun einmal zum Wesen der Partei).

III. Folgerungen für Wahlabsprachen

Mißt man Wahlabreden am Maßstab des freien und gleichen Mitwirkungsrechts der Parteien, so ergeben sich keine entscheidenden Argumente gegen dieselben als solche. Im einzelnen unterscheidet man zweckmäßigerweise zwischen der Beurteilung von Wahlabsprachen allgemein und der Erörterung eines Sonderproblems in bezug auf Listenverbindungen.

1. Wahlabsprachen allgemein

Die Parteien, welche ein Wahlabkommen eingehen, verwirklichen ein Stück Parteienfreiheit. Das Praktizieren von Wahlbündnissen fällt

---

[13] Seifert DÖV 56, 2. Ähnlich Hesse (VVDStRL Nr. 17, 1959, S. 29), nach dem die Parteienfreiheit — als lex imperfecta — „auch gegenüber nicht-staatlichen Mächten" gilt.

[14] Mahrenholz, Diss. Gött. 1957, S. 102/103.

[15] So z. B.: Friesenhahn, VVDStRL Nr. 16 (1958), S. 18 f.; Kafka, VVDStRL Nr. 17 (1959), S. 76 ff.

[16] Kafka, a. a. O., begreift die gesamte Verfassung als „Wettkampfordnung der Parteien". Dies erscheint wenig sachgerecht.

an sich in den Freiheitsbereich des Art. 21 I 1 GG[17]. Es hebt sich — unter dem Aspekt des Verhältnisses der Parteien zueinander betrachtet — nicht wesentlich von sonstigen taktischen Maßnahmen einer Partei gegen andere Parteien ab. Die Freiheitspositionen, die die rivalisierenden Parteien beanspruchen können, sind nicht erschöpfend gegeneinander abgegrenzt. Vielmehr ist der Wahl-Wettkampf weitgehend dem freien Spiel der Kräfte überlassen. In diesem Kräftespiel, das kennzeichnend ist für die Wahlen in der Demokratie westlicher Prägung, fügen die Parteien einander notwendigerweise Nachteile zu. Man kann daher Art. 21 I 1 GG nicht entnehmen, daß er prinzipiell ausschließen will, daß mehrere Parteien durch die Taktik eines Wahlabkommens die Belange dritter Parteien schmälern. Die Schädigung gegnerischer Parteien ist im Partei-Wettkampf der Wahl von vornherein angelegt und insofern legitim.

Damit wird das Mitwirkungsrecht des Art. 21 I 1 GG in seiner Erstreckung auf die Beziehungen der Parteien zueinander nicht etwa bedeutungslos. In den Kern dieses Rechts[18] — der darin liegt, daß es einer Partei möglich sein muß, sich mit eigenen Wahlvorschlägen zur Wahl zu stellen und die Stimmen ihrer Anhänger sowie Mandate zu gewinnen — darf auch von den Parteien nicht eingegriffen werden. Diese Grenze wird jedoch mit dem Abschluß von Wahlbündnissen im Rahmen der heutigen Wahlsysteme der reinen bzw. der personalisierten Verhältniswahl nicht überschritten[19].

---

[17] Hierauf wird bei der Erörterung der Wahlabrede-Verbote noch einzugehen sein; vgl. unten § 12 unter II.

[18] Zum Kern des Mitwirkungsrechts der Parteien s. auch unten S. 159.

[19] Im Rahmen eines — auf Einerwahlkreisen aufbauenden — Mehrheitswahlsystems könnten sich hinsichtlich der Einerwahlkreis-Aussparungsabkommen (und entsprechend hinsichtlich gemeinsamer Kreiswahlvorschläge) Bedenken ergeben. Bei einem solchen Wahlsystem lassen sich nur über Wahlkreissiege Mandate gewinnen. Wenn nun zwei größere Parteien gegen eine bestimmte dritte Partei ein umfassendes Einerwahlkreis-Aussparungsabkommen vereinbaren, so vermag die dritte Partei unter Umständen kaum mehr Wahlkreissiege bzw. Mandate zu erringen (obwohl sie vielleicht die stärkste Partei ist). Indessen sind derartige Bündnisse letztlich in der Struktur des Mehrheitswahlsystems — insb. in der des absoluten Mehrheitswahlsystems — angelegt. Es stellt sich daher die Frage, ob Art. 21 I 1 GG ein Mehrheitswahlsystem ausschließt. Diese Frage ist zu verneinen. Es ginge über eine Interpretation hinaus, wollte man dem Art. 21 I 1 GG einen Ausschluß des Mehrheitswahlsystems entnehmen. Damit ist jedoch nicht gesagt, daß im Rahmen eines Mehrheitswahlsystems Einerwahlkreis-Aussparungsabkommen in keinem Falle dem Art. 21 I 1 GG widersprechen: Ein systematisches Ausschalten einer Partei durch verbündete gegnerische Parteien kann mit dem Kernbereich des Art. 21 I 1 GG nicht vereinbar sein. Wann ein solches das Mitwirkungsrecht des Art. 21 I 1 GG nicht nur einengendes, sondern verletzendes Aussparungsabkommen gegeben ist, läßt sich wohl nur von Fall zu Fall — anhand sämtlicher Umstände des Einzelfalls und unter Berücksichtigung der Besonderheiten des jeweils vorliegenden Mehrheitswahlsystems — beurteilen.

Unter dem Gesichtspunkt des freien und gleichen Mitwirkungsrechts der Parteien betrachtet — halten sich Wahlabsprachen also in einer dem Wettkampf der Parteien offengelassenen Sphäre.

2. Sonderproblem in bezug auf Listenverbindungen

Im Hinblick auf die Wahlabrede der Listenverbindung stellt sich ein Sonderproblem: Da die Listenverbindungs-Abrede stets auf gesetzlicher Grundlage durchgeführt wurde, das Vorhandensein einer gesetzlichen Regelung überhaupt eine Zulässigkeitsvoraussetzung der Listenverbindung ist, erhebt sich die Frage, ob dieses Wahlbündnis etwa dann das Mitwirkungsrecht der Parteien beeinträchtigt, wenn es sich auf eine gesetzliche Zulassung stützt, m. a. W. ob eine wahlgesetzliche Zulassung der *mehrparteiigen* Listenverbindung gegen Art. 21 I 1 GG verstoßen würde.

Diese Frage ist zu verneinen.

Durch die gesetzliche Zulassung der mehrparteiigen Listenverbindung wird keine Partei bevorzugt. Eine abstrakt-allgemein gefaßte wahlgesetzliche Regelung der (mehrparteiigen) Wahlvorschlagsverbindung räumt ihrem Wortlaut wie ihrem materiell-rechtlichen Gehalt nach jeder Partei die Verbindungsmöglichkeit ein. Daß auf Grund der Verschiedenheiten in der Struktur der Parteien unter Umständen nur bestimmte Parteien eine Listenverbindung miteinander eingehen, steht auf einem anderen Blatt.

Wenn der Gesetzgeber die mehrparteiige Listenverbindung zuläßt, greift er auch nicht in das Mitwirkungsrecht derjenigen Partei ein, die infolge der Anwendung des Verrechnungsmechanismus der Listenverbindung das sog. Restmandat verliert (d. h. ein Mandat nicht gewinnt, welches ihr bei Fehlen der Listenverbindung zufiele). Der Gesetzgeber stellt lediglich das Institut der (mehrparteiigen) Listenverbindung bereit, indem er allen Parteien die Verbindungsmöglichkeit eröffnet[20]. Der Nachteil des Mandatsverlusts im konkreten Fall wird der betreffenden Partei von den sich in der Listenverbindung zusammenschließenden Parteien zugefügt. Daß Parteien die Belange anderer Parteien schmälern, ist aber — wie ausgeführt — durch den freien Wettkampf der Parteien legitimiert.

---

[20] Wenn freilich — beispielsweise — zwei befreundete Parteien durch ihre Abgeordneten eine Regelung der mehrparteiigen Listenverbindung in das Wahlgesetz einfügen lassen, um bei der bevorstehenden Wahl gegenüber einer dritten Partei im Vorteil zu sein, so könnte man hierin einen Mißbrauch der gesetzgebenden Gewalt sehen. Indessen ist ein solcher Mißbrauch — eine Gefahr jeder Gesetzgebung auf dem Gebiete des Wahlrechts —, wenn überhaupt, so nur von Fall zu Fall rechtlich faßbar.

Die gesetzliche Zulassung der mehrparteiigen Listenverbindung hat auch keinen die Parteienfreiheit beeinträchtigenden Zwang zum Abschluß einer solchen Wahlvereinbarung zur Folge; denn der Nachteil, welcher einer Partei daraus entstehen kann, daß sie sich nicht an einer Listenverbindung beteiligt, ist nicht sehr erheblich[21].

§ 10 Die Rechte der Kandidaten (das passive Wahlrecht) als Grenze

I. Problemstellung

Durch Wahlabreden werden auch die Belange der Kandidaten berührt. Jede Einschränkung, die eine Partei bei der Wahl erfährt, wirkt sich mittelbar auf ihre Kandidaten aus. Dies gilt auch für Nachteile, die sich aus Wahlabsprachen gegnerischer Parteien ergeben.

Wenn beispielsweise durch das Wahlbündnis der *Listenverbindung* einer Partei das sog. Restmandat abgenommen wird, bedeutet dies, daß ein bestimmter Kandidat dieser Partei, der bei Fehlen der Listenverbindung ins Parlament eingerückt wäre, nun nicht zum Zuge kommt. Bei den *Einerwahlkreis-Aussparungsabkommen* gibt es sogar Fälle, in denen sich das Bündnis primär nicht gegen eine bestimmte Partei, sondern gegen einen bestimmten Wahlkreisbewerber richtet. Indem die Einerwahlkreis-Aussparungsabkommen eine Konzentration der Stimmen auf die Kandidaten der Bündnisparteien auslösen, schmälern sie in jedem Falle die Aussichten der übrigen Wahlkreiskandidaten auf den Gewinn der Mehrheit.

Nicht nur die Kandidaten der am Wahlbündnis nicht beteiligten Parteien werden betroffen. Wahlabsprachen können vielmehr auch bewirken, daß eine bestimmte Person innerhalb einer Bündnispartei, die mit einer Aufstellung als Kandidat ihrer Partei rechnen durfte, von ihrer Partei wider Erwarten nicht auf einem Wahlvorschlag nominiert wird, also gar nicht zur Kandidatur gelangt[1]. Dies kann sich nicht nur bei Einerwahlkreis-Aussparungsabkommen (deren Technik im Verzicht auf die Einreichung von Wahlvorschlägen besteht) ergeben, sondern auch bei *gemeinsamen Wahlvorschlägen*, so z. B. in dem Fall einer verdeckt-gemeinsamen Liste, in dem eine Partei einen bestimmten Platz auf ihrer Liste einer verbündeten Partei überläßt.

---

[21] Dies gilt jedenfalls hinsichtlich der (hier allein zu beurteilenden) Listenverbindung herkömmlicher Art, deren Bedeutung sich auf Gewinn oder Verlust des Restmandats beschränkt.

[1] Im weiteren Sinne könnte man auch solche Personen als „Kandidaten" bezeichnen. Es erscheint jedoch im Interesse eines eindeutigen Sprachgebrauchs angebracht, nur diejenigen „Kandidaten" zu nennen, die auf einem Wahlvorschlag nominiert sind.

Im Hinblick auf derartige Erschwernisse für die Kandidaten sowie für diejenigen, die sich um eine Nominierung erst bemühen, stellt sich die Frage, wie Wahlabsprachen unter dem Aspekt der Rechtsstellung dieser Personen zu beurteilen sind.

II. Das passive Wahlrecht

Als rechtlicher Maßstab ist das in Art. 38 II GG und den entsprechenden Vorschriften der Länderverfassungen[2] verankerte passive Wahlrecht heranzuziehen.

Das passive Wahlrecht beinhaltet in seinem Kern die grundsätzlich jedem Staatsbürger offenstehende Möglichkeit, sich um einen Sitz im Parlament zu bewerben und einen solchen zu erlangen. Auch hier ist der Bürger frei und gleichberechtigt mit anderen Bürgern[3], so daß man vom Prinzip der freien und gleichen Kandidatur spricht.

Das passive Wahlrecht richtet sich auch gegen die Parteien. Die obigen Überlegungen darüber, daß sich das aktive Wahlrecht gegen die Parteien erstreckt[4], gelten entsprechend für das passive Wahlrecht. In einem ausgeformten Parteienstaat muß wie das aktive so auch das passive Wahlrecht gegen die Parteien geltend gemacht werden können. Das passive Wahlrecht gilt insbesondere auch im Verhältnis zwischen Parteimitglied und Partei.

Freilich bedarf das Recht der freien und gleichen Kandidatur — besonders in seiner Richtung gegen die Parteien — einer behutsamen Konkretisierung im Einzelfall.

III. Folgerungen für Wahlabsprachen

Aus der Rechtsstellung der Kandidaten sowie derjenigen, die eine Nominierung auf einem Wahlvorschlag erst anstreben, ergeben sich keine entscheidenden Argumente gegen Wahlabsprachen.

---

[2] Vgl. Verf. Baden-Württ. Art. 28 II; Bayern Art. 14 II; Berl. Art. 26 IV; Bremen Art. 78; Hamb. Art. 6 IV; Hessen Art. 75 II; Nieders. Art. 4 II; Nordrh.-Westf. Art. 31 II; Rheinl.-Pfalz Art. 80 II; Saarl. Art. 68 II. Die Verf. von Schl.-Holst. kennt keine ausdrückliche Garantie der Wählbarkeit, sondern zählt nur die klassischen Wahlrechtsgrundsätze auf (Art. 3 I).

[3] Die klassischen Wahlrechtsgrundsätze gelten nach einhelliger Meinung auch für das passive Wahlrecht (soweit sie auf dieses anwendbar sind); vgl. von Mangoldt-Klein, Art. 38 Erl. III 2 a, S. 878; Seifert, Ergänzungsheft, Art. 38 Randnr. 2; Maunz-Dürig, Art. 38 Randnr. 37; in bezug auf den Grundsatz der gleichen Wahl: BVerfGE 7, 70; 11, 272.

[4] S. oben § 8 unter II 1.

Die freie Kandidatur ist im heutigen Parteienstaat faktisch und rechtlich insofern eingeengt, als sie sich — von dem Ausnahmefall der sog. unabhängigen Bewerber abgesehen — nur auf dem Wege über die Parteien verwirklichen läßt. Es gehört zu den Wesensmerkmalen der parteienstaatlichen Entwicklung, daß sie die Stellung der Kandidaten (bzw. all derer, die sich um einen Parlamentssitz bemühen) geschwächt und die der Parteien gestärkt hat. Wenn heute die Kandidatur notwendigerweise „durch die Parteien hindurchgeht" und dies von der Rechtsordnung anerkannt ist, so muß der auf dem Wahlvorschlag einer Partei Nominierte solche Einschränkungen hinnehmen, die sich seine Partei im Wettkampf der Wahl gefallen lassen muß. Dazu gehören auch die nachteiligen Auswirkungen der Wahlbündnisse gegnerischer Parteien.

Die Tatsache, daß ein legitimer Wettkampf zwischen Gruppen stattfindet, setzt also der freien Kandidatur der einzelnen Gruppenangehörigen Grenzen. Daher wird auch derjenige, der in dem Bemühen um eine Nominierung durch seine Partei deshalb scheitert, weil diese Partei — um sich besser durchsetzen zu können — ein Wahlbündnis praktiziert, nicht in seinem passiven Wahlrecht verletzt. Dies muß jedenfalls dann gelten, wenn das Wahlbündnis von dem für die Bewerber-Nominierung zuständigen Parteigremium gebilligt worden ist[5].

---

[5] Einen positiven Anspruch des Parteimitglieds gegen die Partei auf eine Nominierung kann es ohnehin nicht geben; allerdings dürfte aus dem passiven Wahlrecht ein Anspruch des Parteimitglieds gegen die Partei auf eine willkürfreie (sachgerechte) Entscheidung der Nominationsversammlung der Partei herzuleiten sein.

Dritter Abschnitt

Die gesetzlichen Verbote von Wahlabsprachen

§ 11 Die Verbote und verbotsähnlichen Tatbestände des geltenden Rechts und ihre Tragweite

Ein Teil der geltenden Wahlgesetze enthält besondere Bestimmungen gegen Wahlabreden politischer Parteien. Man kann zwei große Gruppen von solchen Bestimmungen unterscheiden: eigentliche Wahlabrede-Verbote, also Verbotstatbestände, in denen expressis verbis bestimmte Wahlabkommen untersagt werden, und verbotsähnliche Tatbestände, die zwar Wahlabreden nicht eigens nennen, aber eindeutig gegen einen bestimmten Typ von Wahlbündnissen gerichtet sind.

I. Die Verbote

Die Verbotstatbestände der heutigen Wahlgesetze lauten wie folgt:

LWG Baden-Württemberg, Art. 4:

„Die Verbindung von Wahlvorschlägen mehrerer Parteien und die Aufstellung gemeinsamer Wahlvorschläge ist nicht zulässig."

LWG Berlin, § 17:

„Wahlvorschläge mehrerer Parteien können nicht miteinander verbunden werden. Gemeinsame Wahlvorschläge können nicht aufgestellt werden."

LWG Bremen, § 9:

„Die Verbindung mehrerer Wahlvorschläge ist nicht gestattet."

LWG Hamburg, § 22 II:

„Eine Verbindung von Wahlvorschlägen ist unzulässig. Unzulässig sind ferner Wahlvorschläge, die der Umgehung des Verbots der Listenverbindung dienen."

LWG Hessen, § 25:

„Die Verbindung von Wahlvorschlägen mehrerer Parteien oder Gruppen ist unstatthaft."

LWG Saarland, § 26 IV:

„Wahlvorschlagsverbindungen sind unzulässig.“

Zu den Wahlgesetzen, die ein Wahlabrede-Verbot normieren, gehörten auch die Wahlgesetze zum ersten und zweiten Bundestag. Der § 16 BWG 1949 und der § 10 BWG 1953 lauteten übereinstimmend:

„Die Verbindung von Wahlvorschlägen mehrerer Parteien ist unstatthaft.“

Im geltenden BWG findet sich dagegen kein Verbotstatbestand, sondern nur (wie noch darzulegen ist) ein verbotsähnlicher Tatbestand.

II. Die Tragweite der Verbote

Die Tragweite vorstehender Wahlabrede-Verbote kann in mancherlei Hinsicht zweifelhaft erscheinen. Im folgenden sollen die hauptsächlichsten sich hieraus ergebenden Fragen erörtert werden.

1. Das Verbot der Wahlvorschlagsverbindung als Verbot der Verbindungs-Abrede

Wenn die Wahlgesetze von Baden-Württemberg, Berlin, Bremen, Hamburg, Hessen und dem Saarland die Verbindung von Wahlvorschlägen für unzulässig erklären[1], bedeutet dies auf jeden Fall eine Absage an den für die Wahlvorschlagsverbindung charakteristischen Mechanismus bei der Ermittlung des Wahlergebnisses. Die dahinzielende Verbindungserklärung ist rechtswidrig und darf von den Wahlorganen nicht beachtet werden. Rechtswidrig ist nach diesen Verboten insbesondere das Wahlbündnis, das im Falle der mehrparteiigen Listenverbindung die Grundlage der Verbindungserklärung darstellt.

Freilich spielt es — was die Frage der Zulässigkeit der Wahlvorschlagsverbindungen anlangt — im Ergebnis keine Rolle, ob das Wahlgesetz die Verbindungen verbietet oder gar nicht erwähnt; denn

[1] Die Wahlgesetze von Baden-Württemberg, Berlin und Hessen untersagen expressis verbis nur die Verbindung von Wahlvorschlägen „mehrerer Parteien“. Daraus darf nicht etwa geschlossen werden, daß die — kein Wahlbündnis darstellende — einparteiige Wahlvorschlagsverbindung (Verbindung von Wahlvorschlägen derselben Partei) trotz Fehlens entsprechender Regelungen zulässig sein soll. Vielmehr wird hier nur das Verbindungs-Verbot besonders als Wahlabrede-Verbot akzentuiert. Das ist insofern bemerkenswert, als die Wahlgesetze von Baden-Württ., Berlin und Hessen ein System der personalisierten Verhältniswahl normieren: In diesem Wahlsystem ist die mehrparteiige Wahlvorschlagsverbindung zwar vorstellbar (als Parallele zur Listenverbindungs-Abrede im reinen Verhältniswahlsystem; s. oben S. 101), bisher aber noch nicht praktiziert worden.

— einparteiige wie mehrparteiige — Wahlvorschlagsverbindungen bedürfen einer besonderen gesetzlichen Regelung. Insofern sind die erwähnten Verbindungs-Verbote also bloß deklaratorisch.

2. Das Verbot gemeinsamer Wahlvorschläge als Verbot aller Typen von gemeinsamen Wahlvorschlägen

Angesichts der Verbotstatbestände in den Wahlgesetzen von Baden-Württemberg und Berlin, nach denen „die Aufstellung gemeinsamer Wahlvorschläge unzulässig ist" bzw. „gemeinsame Wahlvorschläge nicht aufgestellt werden können", erhebt sich die Frage, welche Typen von gemeinsamen Wahlvorschlägen hier erfaßt sind[2].

Es liegt nahe, unter „gemeinsamen Wahlvorschlägen" im Sinne dieser Verbotstatbestände alle diejenigen Wahlvorschläge zu verstehen, mittels deren — der Sache nach — sich mehrere (verbündete) Parteien zur Wahl stellen. Bei dieser Auslegung fallen alle drei Typen gemeinsamer Wahlvorschläge (förmliche gemeinsame Wahlvorschläge, verdeckt-gemeinsame Wahlvorschläge und Wahlvorschläge eines Parteienblocks) in den Bereich von Verboten „gemeinsamer Wahlvorschläge"[3].

Zum gleichen Ergebnis käme man, wenn man bei der Auslegung solcher Verbote primär auf den Formalakt der Einreichung des Wahlvorschlags abstellen würde. Dann würden auf den ersten Blick nur förmliche gemeinsame Wahlvorschläge und Block-Wahlvorschläge als verboten erscheinen. Die Vereinbarung eines verdeckt-gemeinsamen Wahlvorschlags würde sich jedoch als unzulässige Umgehung des Verbots darstellen[4]. Das Verbot „gemeinsamer Wahlvorschläge" kann nur den Sinn und Zweck haben, die einzelnen Wahlvorschläge jeweils ausschließlich *einer* Partei als deren Instrumente der Wahlbeteiligung zuzuordnen. Dieser Sinn und Zweck wird durch verdeckt-gemeinsame Wahlvorschläge ebenso vereitelt wie durch förmliche gemeinsame Wahlvorschläge oder Block-Wahlvorschläge[5].

Nach den heutigen Wahlgesetzen, insbesondere nach deren Regeln über die Wahlvorschläge, sind gemeinsame Wahlvorschläge jeden Typs

---

[2] Für die Beantwortung dieser Frage ergeben sich keine Rückschlüsse daraus, daß die beiden Gesetze nicht zwischen förmlichen gemeinsamen Wahlvorschlägen, verdeckt-gem. Wahlvorschlägen und Wahlvorschlägen eines Parteienblocks unterscheiden. Eine Systematisierung der gemeinsamen Wahlvorschläge ist allgemein nicht üblich.

[3] Die Wahlgesetze von Baden-Württ. und Berl. meinen nur gemeinsame Wahlvorschläge für Einerwahlkreise (gemeinsame Kreiswahlvorschläge); beiden Gesetzen sind Listenwahlvorschläge unbekannt.

[4] So auch Seifert DÖV 61, 750 (letzter Absatz).

[5] S. hierzu oben S. 79.

unabhängig von besonderen Verbotsnormen unzulässig. Im Hinblick darauf darf man auch die Verbote gemeinsamer Wahlvorschläge als bloß rechtsdeklaratorisch bezeichnen. Sie bezeugen den ohnehin bestehenden Rechtszustand, daß gemeinsame Wahlvorschläge sowie die zugrunde liegenden Wahlvereinbarungen rechtswidrig sind und die Wahlorgane solche Wahlvorschläge nicht zulassen dürfen[6].

3. Untersuchung der Frage, ob das Verbot eines der drei Grundtypen von Wahlabsprachen die anderen erfaßt

Mit gesetzlichen Verboten von Wahlbündnissen stellt sich das Problem, ob das Verbot eines der drei Grundtypen von Wahlabreden Rückschlüsse hinsichtlich der beiden anderen Grundtypen rechtfertigt. Angesichts der Verbote des geltenden Rechts ergeben sich folgende Teilaspekte dieses Problems: Werden gemeinsame Wahlvorschläge von Verbindungs-Verboten erfaßt?[7] Werden Einerwahlkreis-Aussparungsabkommen von Verbindungs-Verboten erfaßt?[8] Werden Einerwahlkreis-Aussparungsabkommen von Verboten gemeinsamer Wahlvorschläge erfaßt?[9]

a) Gemeinsame Wahlvorschläge im Bereich von Verbindungs-Verboten

Die Tatsache, daß die Wahlvorschlagsverbindung ein traditionelles Rechtsinstitut darstellt, spricht gegen die Annahme, aus Verbindungs-Verboten ergebe sich auch die Unzulässigkeit gemeinsamer Wahlvorschläge[10].

---

[6] In diesem Sinne legt das Hamb.VerfG dar, daß eine Bestimmung, die Wahlvorschläge eines Parteienblocks ausschließt, keinen rechtskonstitutiven Charakter besitzt (E. v. 1. 12. 1958, HVerfG 1 u. 2/58).

[7] Diese Frage stellt sich in bezug auf Bremen, Hessen und das Saarland, wo Verbindungs-Verbote, aber keine Verbote gemeinsamer Wahlvorschläge normiert sind. (Das LWG Hamburg normiert — wie noch darzulegen ist — einen verbotsähnlichen Tatbestand gegen gemeinsame Wahlvorschläge.)

[8] Diese Frage stellt sich in bezug auf Baden-Württemberg, Berlin und Hessen, wo Verbindungs-Verbote normiert sind und Einerwahlkreise bestehen.

[9] Diese Frage stellt sich in bezug auf Baden-Württemberg und Berlin, wo Verbote gemeinsamer Wahlvorschläge normiert sind und Einerwahlkreise bestehen.

[10] Die Frage, ob Verbindungs-Verbote gemeinsame Wahlvorschläge ausschließen, wird kaum diskutiert. Stellungnahmen hierzu finden sich bei Heimerl, Diss. Mainz 1954, S. 198 f., und von Wachter, Diss. München 1956, S. 151, 154 f. Nach Heimerl erstreckt sich im personalisierten Verhältniswahlsystem ein Listenverbindungs-Verbot auch auf gemeinsame Wahlvorschläge (mit Ausnahme der Wahlvorschläge eines Parteienblocks). Von Wachter wendet sich entschieden gegen die Annahme, ein Verbindungs-Verbot erfasse Wahlvorschläge eines Parteienblocks.

Der Begriff „Verbindung von Wahlvorschlägen" ist in Schrifttum und Rechtsprechung seit *Hagenbach-Bischoff*[11] scharf umrissen. Er bedeutet den durch die förmliche Erklärung der Träger mehrerer Wahlvorschläge ausgelösten besonderen Mechanismus bei der Ermittlung des Wahlergebnisses, die Technik von Ober- und Unterverteilung der Mandate im Rahmen der Verhältnisrechnung. Er meint nicht zugleich gemeinsame Wahlvorschläge mehrerer Parteien; denn selbst im Falle der mehrparteiigen Listenverbindung sind die einzelnen für verbunden erklärten Listen jeweils als Wahlvorschläge allein einer Partei zu qualifizieren.

Man muß davon ausgehen, daß das Tatbestandsmerkmal „Verbindung von Wahlvorschlägen" einer wahlgesetzlichen Verbotsnorm mit dem herkömmlichen Begriff der Wahlvorschlagsverbindung übereinstimmt. Der Verbotstatbestand ergreift daher das aliud gemeinsamer Wahlvorschläge nicht[12].

Die Frage nach dem Einfluß von Verbindungs-Verboten auf gemeinsame Wahlvorschläge spielt für die Praxis insofern keine Rolle, als gemeinsame Wahlvorschläge ohnehin unzulässig sind. Von erheblicher praktischer Bedeutung ist demgegenüber das Problem, ob Verbindungs-Verboten oder Verboten gemeinsamer Wahlvorschläge die Unzulässigkeit von Einerwahlkreis-Aussparungsabkommen zu entnehmen ist; denn bei der Erörterung der verbotsunabhängigen Grenzen von Wahlabsprachen haben sich Aussparungsabkommen — von Sonderfällen abgesehen — nicht als rechtswidrig herausgestellt.

b) Einerwahlkreis-Aussparungsabkommen im Bereich von Verbindungs-Verboten

Aus Verbindungs-Verboten läßt sich nicht die Unzulässigkeit von Aussparungsabkommen folgern[13].

Wie ausgeführt — sind Wahlvorschlagsverbindungen und dementsprechend Verbindungs-Verbote scharf umrissene wahlrechtliche Figuren. Unter den Begriff der „verbundenen Wahlvorschläge" fallen die im Rahmen eines Aussparungsabkommens eingereichten Wahlvorschlä-

---

[11] Dem Erfinder des Instituts der Wahlvorschlagsverbindung; s. oben S. 31 Fußn. 38.

[12] Eine — sich vom Wortlaut „Verbindung von Wahlvorschlägen" lösende — extensive Auslegung des Verbotstatbestandes bzw. eine Analogie von der Wahlvorschlagsverbindung zum gemeinsamen Wahlvorschlag wäre methodisch verfehlt; denn nach hier vertretener Auffassung sind gemeinsame Wahlvorschläge ohnehin, d. h. unabhängig von einem Wahlabrede-Verbot, unzulässig: insofern liegt also keine (durch extensive Auslegung bzw. Analogie zu schließende) „Lücke" des Gesetzes vor.

[13] So auch OVG Lüneburg, OVGE 2, 175 f.; Forsthoff AöR Bd. 76 (1950), S. 376; von Wachter, Diss. München 1956, S. 149 Fußn. 11, 157; Seifert, Kommentar, Erl. 1 zu § 19 I BWG, S. 113; ders., DÖV 61, 750 f.; wohl auch StGH Baden-Württ., ESVGH 11 II, 25 ff. (s. hierzu die übernächste Fußn.).

ge nicht. Die Technik der Wahlvorschlagsverbindung ist wesensverschieden von der Technik der Aussparungsbündnisse. Seinem Wortlaut nach schließt daher ein Verbindungs-Verbot Aussparungsabkommen nicht aus.

Die Auslegung nach Sinn und Zweck führt zu keinem anderen Ergebnis. Ein Verbindungs-Verbot will — dies ist im Gesetz erkennbarer (objektivierter) Normzweck — den Bedenken Rechnung tragen, die gegen Verbindungs-Abreden bestehen. Entscheidende Bedenken gegen Listenverbindungs-Abreden ergeben sich lediglich aus dem Verhältniswahlgedanken[14]. Auf den Verhältniswahlgedanken aber lassen sich entscheidende Einwendungen gegen Einerwahlkreis-Aussparungsabkommen nicht stützten. Andererseits spielt das Hauptargument gegen Einerwahlkreis-Aussparungsabkommen — die Einschränkung der Freiheit der Auswahl — bei der Beurteilung der Listenverbindungen keine Rolle. Ein Verbindungs-Verbot enthält somit nicht zugleich eine Stellungnahme des Gesetzes gegen Aussparungsabkommen. Weil im Verbotstatbestand keine Zwecksetzung zum Ausdruck kommt, die durch Aussparungsabkommen vereitelt wird, lassen sich Aussparungsabkommen nicht als unzulässige Umgehung des Verbindungs-Verbots qualifizieren[15].

Aus diesen Überlegungen heraus muß man auch einen Analogieschluß, durch den Verbindungs-Verbote auf Aussparungsabkommen ausgedehnt werden, ablehnen. Die Strukturverschiedenheit von Wahlvorschlagsverbindungen und Aussparungsabkommen ist so groß, daß sich dem Verbindungs-Verbot eine rechtliche Basis für einen solchen Analogieschluß nicht entnehmen läßt[16].

---

[14] Das formelle Bedenken der fehlenden gesetzlichen Regelung spielt in diesem Zusammenhang keine Rolle.

[15] Gegen die Annahme einer unzulässigen Umgehung auch: OVG Lüneburg, OVGE 2, 176; Forsthoff AöR Bd. 76 (1950), S. 376; von Wachter, Diss. München 1956, S. 157; Seifert DÖV 61, 750 f. — Auch der StGH Baden-Württ. ist wohl der Ansicht, daß Aussparungsabkommen keine Umgehung des *Verbindungs*-Verbots darstellen. Das Urteil zum Waiblinger Aussparungsabkommen (ESVGH 11 II, 25 ff.) spricht zwar an mehreren Stellen von der Umgehung des Art. 4 LWG Baden-Württ. bzw. des „Verbots von Verbindungen und gemeinsamen Wahlvorschlägen"; aber dort, wo es den — die Entscheidung tragenden — Umgehungstatbestand darlegt (vgl. ESVGH 11 II, 34 f.), wird allein auf gemeinsame Wahlvorschläge und deren Verbot abgestellt.

[16] Das OVG Lüneburg lehnt eine Analogie deshalb ab, weil Verbindungs-Verbote — als das wahltaktische Verhalten der Parteien einschränkende Ausnahmevorschriften — eng auszulegen und einer analogen Anwendung nicht zugänglich seien (OVGE 2, 176; in gl. Sinne von Wachter, a. a. O., S. 158, 323). Dieser Argumentation kann nicht gefolgt werden. Ob überhaupt ein Methoden-Grundsatz der engen Auslegung von Ausnahmebestimmungen anerkannt werden kann, mag auf sich beruhen. Jedenfalls ist es dann nicht sachgerecht, von einer Regel-Ausnahme-Beziehung zwischen der freien Wahltaktik der Parteien einerseits und wahlgesetzlichen Normierungen anderer-

c) *Einerwahlkreis-Aussparungsabkommen im Bereich von Verboten gemeinsamer Wahlvorschläge*

Die Frage, ob Einerwahlkreis-Aussparungsabkommen von einem Verbot gemeinsamer Wahlvorschläge erfaßt werden, ist ebenfalls zu verneinen[17].

Auch Vereinbarungen über gemeinsame Wahlvorschläge verkörpern einen Typ von Wahlabreden, der von Aussparungsabkommen wesensverschieden ist. Der Begriff „gemeinsamer Wahlvorschlag" in den gesetzlichen Verbotstatbeständen meint einen Wahlvorschlag, der von mehreren Parteien zusammen zur Wahl gestellt wird. Die Wahlvorschläge, mit denen die Parteien eines Aussparungsabkommens sich an der Wahl beteiligen, fallen nicht unter diesen Begriff: sie werden jeweils allein von *einer* Partei eingereicht, und die zur Wahl vorgeschlagenen Personen sind jeweils ausschließlich Bewerber dieser *einen* Partei.

Aus dem Verbot gemeinsamer Wahlvorschläge folgt auch dann nicht die Unzulässigkeit von Einerwahlkreis-Aussparungsabkommen, wenn man dieses Verbot nach seinem Sinn und Zweck interpretiert. Als Normzweck kommt in einem Verbot gemeinsamer Wahlvorschläge zum Ausdruck, daß die einzelnen Wahlvorschläge jeweils allein *einer* Partei zugeordnet sein sollen, insbesondere daß in einem Wahlvorschlag nur *eine* Partei Bewerber zur Wahl stellen soll. Dieser Zweck wird durch Aussparungsabkommen nicht vereitelt.

Wie der *Staatsgerichtshof von Baden-Württemberg* mit Recht feststellt[18] — hat das Verbot gemeinsamer Wahlvorschläge weiterhin den Zweck, den Wähler vor solchen Beeinträchtigungen zu schützen, die mit gemeinsamen Wahlvorschlägen verbunden sind: das Verbot will ausschließen, daß der Wähler sich gleichzeitig für eine Mehrheit verbündeter Parteien entscheiden muß und ihm so eine klare politische Entscheidung unmöglich gemacht wird. Wenn der Staatsgerichtshof von Baden-Württemberg diesen Normzweck durch bestimmte Einerwahlkreis-Aussparungsabkommen — solche, durch die wechselseitig Wahlkreisaussparungen vorgenommen und die den Wählern kundgemacht

---

seits zu sprechen, wenn diese Normierungen — wie Wahlabrede-Verbote allgemein — in erster Linie den Wählerinteressen dienen wollen; denn in dem Spannungsverhältnis zwischen Wähler und Partei kommt der Parteienfreiheit kein grundsätzlicher Vorrang zu. (Gegen die Regel-Ausnahme-These des OVG Lüneburg auch StGH Baden-Württ., ESVGH 11 II, 32.)

[17] So auch Seifert DÖV 61, 750 f.; a. A. — aber wohl nicht schlechthin, sondern speziell im Hinblick auf das LWG Baden-Württ., und nur für *bestimmte* Einerwahlkreis-Aussparungsabkommen — StGH Baden-Württ., ESVGH 11 II, 25 ff. (= DÖV 61, 744 ff.); s. dazu weiter unten.

[18] StGH Baden-Württ., ESVGH 11 II, 34 f.

werden mit der gemeinsamen Aufforderung, die Absprache zu befolgen, und unter dem Motto: „... wählen gemeinsam X (bzw. Y)" — vereitelt sieht und derartige Abkommen für eine unzulässige Umgehung des Verbots gemeinsamer Wahlvorschläge hält, so kann ihm hierin nicht beigepflichtet werden.

Der Staatsgerichtshof erblickt die Umgehung in folgendem: Der Wähler, der die seinen Wahlkreis aussparende Partei wählen möchte, werde aufgefordert, eine ihm u. U. mißliebige Partei zu wählen, *damit* er durch seine Stimmabgabe das Wahlabkommen in der Erwartung realisiere, daß die Anhänger dieser Partei im anderen Wahlkreis sich entsprechend verhalten und dadurch dort dem Bewerber „seiner" Partei zum Erfolg verhelfen; dem Wähler werde also angesonnen, zugleich die eine und (mittelbar) die andere Partei zu wählen.

Diese Konstruktion eines Umgehungstatbestands erscheint wirklichkeitsfremd. Die meisten Wähler kennen das Aussparungsabkommen, seine besondere Technik und die Parolen der Parteien hierzu nicht[19]. Schon deshalb sehen sie sich nicht veranlaßt bzw. gezwungen, ihre Stimme der ihnen mißliebigen Partei zu geben, um so „ihrer" Partei in einem anderen Wahlkreis behilflich zu sein. Selbst wenn der Wähler solche Überlegungen anstellt und sich einem solchen Zwang ausgesetzt sieht, so kann dies nur als sekundäre Erscheinung bezeichnet werden. Das Primäre an der Beeinträchtigung der Wählerposition durch Einerwahlkreis-Aussparungsabkommen liegt darin, daß der Wähler nicht für die seinen Wahlkreis aussparende Partei stimmen kann, obwohl er dieser Partei zuneigt (vom Zwei-Stimmen-System des BWG abgesehen, bei dem der Wähler mit der Zweitstimme die Liste der aussparenden Partei wählen kann). Dafür, daß das Verbot gemeinsamer Wahlvorschläge sich hiergegen wendet, findet sich im Gesetz kein Anhaltspunkt. Wenn dieses Verbot nach seinem im Gesetz objektivierten Sinn und Zweck gewährleisten will, daß der Wähler sich nicht gleichzeitig für mehrere Parteien entscheiden muß, so bedeutet dies noch keine Garantie dahingehend, daß jeder Wähler sich zu „seiner" Partei bekennen kann[20].

---

[19] Es kann nur auf den Durchschnittswähler ankommen. In diesem Sinne legt z. B. der Bayer. VerfGH dar, daß bei der Frage der Auswirkungen einer wahlrechtlichen Bestimmung immer vom Durchschnittsfall auszugehen sei (VGHE NF 5 II, 143; NF 11 II, 143). Wie demoskopische Umfragen immer wieder ergeben — besitzt der Durchschnittswähler nur in geringem Maße eine Vorstellung von den bei der Wahl relevanten politischen und rechtlichen Tatsachen und Zusammenhängen.

[20] Der StGH Baden-Württ. erklärt das Waiblinger Aussparungsabkommen noch mit einer anderen Begründung für eine unzulässige Umgehung des Verbots gemeinsamer Wahlvorschläge: Die beiden Parteien des Abkommens hätten in ihren Wahlinseraten behauptet, sie würden „bei der Landtagswahl ... *gemeinsam*" die näher bezeichneten Kandidaten wählen. Dadurch hätte beim Wähler der Eindruck eines „gemeinsamen Wahlvorschlags" auch

Auch von der Beeinträchtigung des Wählers abgesehen — decken sich die rechtlichen Gesichtspunkte, die gegen gemeinsame Wahlvorschläge sprechen, nicht mit den gegen Aussparungsabkommen zu erhebenden Bedenken. Es ist daher nicht ersichtlich, inwiefern im Verbot gemeinsamer Wahlvorschläge ein bestimmter Gesetzeszweck ausgedrückt sein soll, der durch Aussparungsabkommen vereitelt wird. Somit stellen Einerwahlkreis-Aussparungsabkommen keine unzulässige Umgehung des Verbots gemeinsamer Wahlvorschläge dar.

Sowohl für den Fall gemeinsamer Wahlvorschläge wie für den Fall von Einerwahlkreis-Aussparungsabkommen gilt allerdings die allgemeine Kennzeichnung der Wählersituation, daß mancher Wähler an einer politischen Entscheidung derart, wie er sie treffen möchte, gehindert wird. Daher ist zu erwägen, ob das Verbot gemeinsamer Wahlvorschläge sich nicht im Wege der Analogie auf Aussparungsabkommen übertragen läßt. Einer Analogie steht nicht entgegen, daß gemeinsame Wahlvorschläge in anderer Weise als Aussparungsabkommen die Entscheidungsfreiheit des Wählers beeinträchtigen. Der Methode der Analogie entspricht es gerade, von gewissen Unterschieden abzusehen. Das Argument, das Verbot gemeinsamer Wahlvorschläge sei als die Freiheit der Parteitaktik einengende Ausnahmevorschrift nicht analogiefähig, ist nicht stichhaltig[21].

Die analoge Anwendung des Verbots gemeinsamer Wahlvorschläge auf Aussparungsabkommen würde zu einer Pflicht zur Einreichung von Wahlvorschlägen führen; denn die Beeinträchtigung der Entschei-

im technischen Sinne erweckt werden können. Auch hierdurch sei die Klarheit für den Wähler erheblich beeinträchtigt, wenn nicht beseitigt, und ihm eine echte politische Entscheidung zwischen den beiden Parteien erschwert worden. Es könne nicht erwartet werden, daß alle oder auch nur die Mehrzahl der Wähler den Unterschied zwischen einem gemeinsamen Wahlvorschlag im wahltechnischen Sinne und einem bloß „faktisch" gemeinsamen Wahlvorschlag erkennen, wenn die Parteien ausdrücklich von einer „gemeinsamen" Wahl sprächen. (Vgl. ESVGH 11 II, 35.) Auch diese Argumentation wird den tatsächlichen Gegebenheiten nicht gerecht. Ein großer Teil der Wählerschaft nimmt Wahlinserate gar nicht zur Kenntnis. Ferner kann beim Durchschnittswähler nicht „der Eindruck eines gemeinsamen Wahlvorschlags im technischen Sinne" erweckt werden; denn dieser Wähler hat von einem solchen Wahlvorschlag keine Vorstellung (ebensowenig kennt er das wahlgesetzliche Verbot solcher Wahlvorschläge). Freilich kann beim Durchschnittswähler durch die Parole verbündeter Parteien, es werde „gemeinsam" gewählt, ein Irrtum entstehen: Der Wähler glaubt möglicherweise, er könne nur noch für die verbündeten Parteien zusammen und nicht mehr für eine dieser Parteien allein stimmen. Aber der Stimmzettel bringt hier die Aufklärung. Er führt von den beiden Parteien eines Einerwahlkreis-Aussparungsabkommens nur eine Partei auf und zeigt so dem Wähler, daß er diese Partei für sich allein wählen kann, wie wenn sie kein Wahlbündnis eingegangen wäre, daß er aber der anderen Partei, die seinen Wahlkreis ausspart, seine Stimme nicht geben kann.

[21] Wie oben S. 148/149 Fußn. 16 ausgeführt.

dungsfreiheit durch Aussparungsabkommen liegt im wesentlichen darin, daß der Wähler infolge des Verzichts auf die Einreichung von Wahlvorschlägen sich nicht für „seine" Partei entscheiden kann. Eine solche Pflicht zur Wahlvorschlagseinreichung ist zu neuartig in unserer Rechtsordnung[22], als daß sie im Wege der Analogie hergeleitet werden könnte. Gegen eine Analogie sprechen außerdem Gründe der Rechtssicherheit und der Praktikabilität. Es wäre in concreto nicht klar abzugrenzen, inwieweit eine Partei zur Einreichung von Wahlvorschlägen verpflichtet ist. Die Unzulässigkeit eines Aussparungsabkommens müßte von den Wahlorganen mangels eines im Gesetz vorgesehenen praktikablen Eingriffsmittels hingenommen werden (so daß nur die nachträgliche wahlprüfungsrechtliche Sanktion in Frage käme).

Aus diesen Überlegungen heraus verbietet es sich, Aussparungsabkommen im Wege der Analogie zum Verbot gemeinsamer Wahlvorschläge für unzulässig zu erklären. Eine Analogie muß auch dann ausscheiden, wenn man nicht nur vom Verbot gemeinsamer Wahlvorschläge, sondern zugleich auch vom Verbindungs-Verbot ausgeht. Eine analoge Ausdehnung des „Doppelverbots" — welcher wohl nur der ganz allgemeine Gedanke zugrundeliegen könnte, daß alle Wahlabreden zu rechtlichen Bedenken Anlaß geben — würde die gleichen Unzuträglichkeiten zeitigen.

Man darf sonach *zusammenfassend* (und *verallgemeinernd*) *feststellen*:

Aus einem gesetzlichen Verbot eines der drei Grundtypen von Wahlbündnissen läßt sich weder im Wege der Auslegung noch im Wege der Analogie die Unzulässigkeit eines der beiden anderen Grundtypen herleiten. Dies ist letztlich darauf zurückzuführen, daß die drei Grundtypen von Wahlabreden in Technik und Funktionsweise erheblich voneinander abweichen. Für die Praxis ist wichtig, daß Aussparungsabkommen durch Verbote von Wahlvorschlagsverbindungen und gemeinsamen Wahlvorschlägen nicht erfaßt werden. Derartige Verbote, die hinsichtlich der Verbindungen bzw. der gemeinsamen Wahlvorschläge einen ohnehin bestehenden Rechtszustand verdeutlichen, werden also nicht etwa dadurch rechtskonstitutiv, daß sie auch für Aussparungsabkommen gelten. Dies schmälert die Bedeutung solcher Verbote nicht. Gerade im Wahlrecht haben Vorschriften, die eine Rechtslage für alle Beteiligten klarstellen, ihren guten Sinn.

---

[22] Vgl. hierzu oben S. 126 f.

III. Die verbotsähnlichen Tatbestände und ihre Tragweite

In den geltenden Wahlgesetzen finden sich verbotsähnliche Tatbestände — also Regelungen, durch welche das Abschließen bestimmter Wahlbündnisse mittelbar erschwert oder ausgeschlossen werden soll — in bezug auf jeden der drei Grundtypen von Wahlabreden.

1. Tatbestände gegen Einerwahlkreis-Aussparungsabkommen

Das LWG von Niedersachsen kannte bis vor kurzer Zeit einen gegen Einerwahlkreis-Aussparungsabkommen gerichteten verbotsähnlichen Tatbestand. Ansonsten enthält lediglich das LWG von Berlin einen solchen Tatbestand.

§ 14 V 1 LWG Niedersachsen bestimmte:

„Eine Partei, die bei der Verrechnung auf dem Landeswahlvorschlag Berücksichtigung finden will, muß in jedem Wahlkreis einen Bewerber aufstellen."[23]

Für eine solche Vorschrift im Rahmen des personalisierten Verhältniswahlsystems gebraucht *Schröder* die treffende Bezeichnung „*Kumulativklausel*"[24]. Nach ihr können nur diejenigen Parteien in die Verhältnisrechnung einbezogen werden und Mandate über den Verhältnisausgleich (aus der Landesliste) erhalten, die — als zusätzliches Erfordernis neben dem Gewinn von 5 vH der Stimmen (5 vH-Sperrklausel) — in allen Einerwahlkreisen des Wahlgebiets Wahlvorschläge einreichen. Die Kumulativklausel richtet sich insofern gegen Einerwahlkreis-Aussparungsabkommen, als sie das Aussparen von Wahlkreisen mit einem empfindlichen Nachteil verbindet[25]. Es besteht für die Parteien ein mittelbarer Zwang, in allen Wahlkreisen Bewerber zur Wahl zu stellen.

---

[23] Diese Bestimmung wurde durch Art. I Nr. 3 d des Fünften Gesetzes zur Änderung des Niedersächsischen Landeswahlgesetzes vom 14. 12. 1962 (GVBl. S. 244) ersatzlos gestrichen. Sie wird hier dennoch berücksichtigt; denn es handelt sich um eine Ausgestaltung des personalisierten Verhältniswahlsystems, die sich dem Gesetzgeber der personalisierten Verhältniswahl, der das Vereinbaren von Einerwahlkreis-Aussparungsabkommen verhindern will, anbietet und die früher, bei Einführung dieser Wahlsysteme, oft vorkam. So normierte z. B. das LWG Schl.-Holst. vom 27. 2. 1950 (GVBl. S. 77) in § 3 I eine Bestimmung des gleichen Inhalts.

[24] Schröder, Diss. Köln 1955, S. 65/66.

[25] Der Nachteil, keine Listenmandate zu bekommen, ist um so größer, die Kumulativklausel also um so einschneidender, je größer der Anteil von Listenmandaten an der Gesamtzahl aller Mandate ist; vgl. hierzu Erbe in: Wahlen in Westdeutschland, S. 28 mit Fußn. 5; s. auch oben S. 49 die Ausf. zur Block-Abrede der Niederdeutschen Union.

§ 16 II LWG Berlin bestimmt:

„Ein Wahlvorschlag ist nur gültig, wenn die Partei in allen Wahlkreisen des Wahlkreisverbandes Wahlvorschläge eingereicht hat."

Diese Vorschrift wendet sich ebenfalls gegen Einerwahlkreis-Aussparungsabkommen: auch hier werden die Parteien mittelbar zur Kandidatur in allen Einerwahlkreisen angehalten. Dieser Zwang ist teils stärker, teils schwächer als der durch die Kumulativklausel geschaffene: stärker, weil eine Partei, die einen Wahlkreis ausspart, auch in den übrigen Wahlkreisen des betreffenden Wahlkreisverbandes[26] überhaupt nicht an der Wahl teilnehmen kann, dort also nicht nur keine Stimmen für den Verhältnisausgleich sammeln, sondern auch keine Wahlkreismandate gewinnen kann; schwächer, weil eine solche Partei in den anderen Wahlkreisverbänden Wahlkreismandate *und* Mandate über den Verhältnisausgleich erringen kann.

Weder aus der Kumulativklausel noch aus der Vorschrift des § 16 II LWG Berlin ergibt sich die Unzulässigkeit von Einerwahlkreis-Aussparungsabkommen. Beide Regelungen schließen nicht aus, daß die Parteien die besagten Nachteile in Kauf nehmen und Aussparungen vereinbaren.

2. Tatbestände gegen gemeinsame Wahlvorschläge

Die Wahlgesetze von Hamburg und Schleswig-Holstein kennen verbotsähnliche Tatbestände gegen Wahlabreden über gemeinsame Wahlvorschläge.

§ 22 I LWG Hamburg bestimmt:

„Wahlvorschläge können von einzelnen Parteien und Wahlberechtigten, nicht aber von Parteienverbindungen eingereicht werden."

Diese Vorschrift stellt wohl eine Reaktion des hamburgischen Gesetzgebers auf den bei den Bürgerschaftswahlen vom 1. 11. 1953 vereinbarten Hamburg-Block dar. Sie schließt den organisatorischen Zusammenschluß selbständiger Parteien nach Art des Parteienblocks von der Befugnis zur Einreichung von Wahlvorschlägen aus[27]. Dies kommt

---

[26] Nach § 9 I 2 LWG Berl. bilden die Wahlkreise eines Bezirks einen Wahlkreisverband.

[27] § 22 I LWG Hamb. meint mit „Parteienverbindung" nicht den Fall einer Vereinigung mehrerer Parteien (Fusion), bei dem jede Einzelpartei ihre Eigenexistenz aufgibt und in einer neuen Partei aufgeht; die dann entstehende neue Partei ist als „Partei" im Sinne des § 22 I LWG Hamb. wahlvorschlagsberechtigt. Dazu eingehend das Hamb.VerfG, E. v. 1. 12. 1958, HVerfG 1 u. 2/58.

einer Unzulässig-Erklärung von Wahlvorschlägen eines Parteienblocks und damit einem Wahlabrede-Verbot gleich[28].

Dem § 22 I LWG Hamburg ist auch die Unzulässigkeit förmlicher gemeinsamer Wahlvorschläge zu entnehmen. Die Gegenüberstellung von „einzelnen Parteien" einerseits und „Parteienverbindungen" andererseits kann nur bedeuten, daß — auch unabhängig von einem Parteienblock — nicht mehrere Parteien zusammen als Träger eines Wahlvorschlags auftreten sollen. Damit sind zugleich auch verdeckt-gemeinsame Wahlvorschläge erfaßt; denn durch solche Wahlvorschläge wird die Regelung des § 22 I LWG Hamburg umgangen.

§ 25 IV 1 LWG Schleswig-Holstein bestimmt:

„Tritt der Bewerber für eine politische Partei auf, so sind dem Wahlvorschlag beizufügen: ... lit. c) die eidesstattliche Erklärung des Bewerbers, daß er Mitglied der politischen Partei ist, für die er sich bewirbt, und daß er keiner weiteren politischen Partei angehört."

Diese Vorschrift bedeutet, daß eine Partei auf ihren Wahlvorschlägen nur Personen nominieren darf, die ihr — und zwar ihr allein und nicht zugleich auch einer anderen Partei — als Mitglieder angehören[29]. Sie richtet sich gegen Wahlbündnisse über verdeckt-gemeinsame Wahlvorschläge; denn derartige Wahlbündnisse beinhalten, daß eine Partei auf ihrem Wahlvorschlag Bewerber (Mitglieder) einer anderen Partei zur Wahl stellt.

3. Tatbestand gegen Listenverbindungen

Das BWG normiert einen verbotsähnlichen Tatbestand gegen Wahlabreden über Listenverbindungen.

§ 7 I BWG bestimmt:

„Mehrere Landeslisten derselben Partei können miteinander verbunden werden."

Wenn das Wahlgesetz in dieser Weise ausdrücklich nur die einparteiige Listenverbindung zuläßt, liegt der Umkehrschluß nahe, daß die

---

[28] Eine Bestimmung gegen Wahlvorschläge eines Parteienblocks enthielt auch das LWG Schl.-Holst. vom 27. 2. 1950 (GVBl. S. 77); § 24 III dieses Gesetzes normierte: „Die Verbindung von Wahlvorschlägen ist unzulässig. Als Verbindung von Wahlvorschlägen gilt es auch, wenn sich mehrere Parteien zu einer neuen Partei zusammenschließen, ohne sich nachweislich vorher endgültig ausgelöst zu haben, und Wahlvorschläge von der neuen Partei eingereicht werden."

[29] Ähnliche Bestimmungen treffen bisweilen die Parteien selbst in ihren Satzungen. Z. B. lautet § 4 S. 2 des Statuts der CDU: „Nur Mitglieder können in Parteigremien gewählt und als Kandidaten für parlamentarische Vertretungen aufgestellt werden."

mehrparteiige Listenverbindung, also die Listenverbindung als Wahlabrede, ausgeschlossen sein soll[30]. Eine Analogie von der einparteiigen Listenverbindung zur mehrparteiigen Listenverbindung scheidet schon deshalb aus, weil nicht anzunehmen ist, der Gesetzgeber habe die Frage der Zulässigkeit der mehrparteiigen Listenverbindung offen lassen wollen.

§ 12 Die Verfassungsmäßigkeit der Verbote und verbotsähnlichen Tatbestände

I. Problemstellung

Nicht nur die Tragweite der gegen Wahlabreden gerichteten Bestimmungen — der Wahlabrede-Verbote und der verbotsähnlichen Tatbestände — kann zweifelhaft erscheinen, sondern auch deren Verfassungsmäßigkeit. Die Frage der Verfassungsmäßigkeit dieser Bestimmungen muß deshalb untersucht werden.

Als verfassungsrechtlicher Maßstab kommt die Rechtsstellung der Parteien gemäß Art. 21 I 1 GG sowie die der Wähler und Kandidaten gemäß Art. 38 I 1 GG (i. V. mit Art. 38 II GG) in Betracht. Es ist offenkundig, daß die Bestimmungen gegen Wahlabsprachen für die Parteien eine Schranke bedeuten. Diese Bestimmungen erschweren oder verhindern gewisse wahltaktische Verhaltensweisen einer Partei im Verein mit einer anderen Partei und engen dadurch den Aktionsradius der Parteien ein. Daß den Parteien eine Schranke gezogen wird, wirkt sich mittelbar auch auf die Wähler und Kandidaten der Parteien aus.

Inwiefern die Wahlabrede-Verbote und verbotsähnlichen Tatbestände des geltenden Rechts an weiteren Verfassungsnormen oder Verfassungsprinzipien zu messen wären, ist nicht ersichtlich. Insbesondere ergeben sich aus dem — dem Rechtsstaatsprinzip des Grundgesetzes zu entnehmenden — Postulat der Rechtssicherheit keine Bedenken gegen die genannten Verbotsbestimmungen. Es hat sich gezeigt, daß diesen Verbotsbestimmungen ein scharf abgegrenzter (und realisierbarer) Gehalt zukommt[1].

---

[30] Diesen Umkehrschluß ziehen mit Recht: Seifert, Ergänzungsheft, Erl. zu § 7 I BWG, S. 33; Hamb.VerfG, E. v. 1. 12. 1958, HVerfG 1 u. 2/58. — Es ist im übrigen unstreitig, daß das BWG die mehrparteiige Listenverbindung ausschließt; vgl. Nass, Wahlorgane, S. 62; Feneberg, Bundeswahlgesetz, Erl. 1 zu § 7, S. 23; Maunz, StaatsR, S. 302.

[1] Dies würde für die Verbote von gemeinsamen Wahlvorschlägen und von Wahlvorschlagsverbindungen dann nicht gelten, wenn man annähme, daß sie sich auch auf Aussparungsabkommen erstrecken. De lege ferenda dürfte ein Verbot von Aussparungsabkommen sich nicht etwa auf die Formel beschrän-

Die Verfassungsproblematik der gegen Wahlabreden gerichteten Bestimmungen läuft also auf die Frage hinaus, ob diese Bestimmungen mit den verfassungsmäßigen Rechten der Wahlbeteiligten, insbesondere mit den Rechten der Parteien, zu vereinbaren sind.

Im Mittelpunkt steht die Frage, ob wahlgesetzliche Verbote von Wahlbündnissen über gemeinsame Wahlvorschläge und über Listenverbindungen den Rechten der Wahlbeteiligten entsprechen. Diese Frage kann nicht etwa deshalb von vornherein bejaht werden, weil besagten Verboten nur deklaratorischer Charakter zugesprochen wurde. Bezüglich des Verbots gemeinsamer Wahlvorschläge würde eine solche Argumentation einen Zirkelschluß darstellen; denn bei den Überlegungen, die zur Annahme führten, gemeinsame Wahlvorschläge seien unabhängig von Verboten unzulässig, wurde vorausgesetzt, daß dieses Ergebnis den Rechten der Parteien (sowie der Wähler und Kandidaten) nicht widerspricht[2]. Die Wahlabrede der Listenverbindung ist zwar in jedem Falle auch unabhängig von Verboten unzulässig — dies jedoch letztlich nur deshalb, weil die Wahlgesetze die *mehrparteiige* Listenverbindung nicht regeln; somit ergibt sich die Frage, ob der Wahlgesetzgeber bei Einführung der Verhältniswahl nicht im Hinblick auf die verfassungsmäßigen Rechte der Parteien (sowie der Wähler und Kandidaten) gehalten ist, die *mehrparteiige* Listenverbindung expressis verbis zuzulassen.

II. Prüfung der Verfassungsmäßigkeit der Verbote von gemeinsamen Wahlvorschlägen und Wahlvorschlagsverbindungen

Die Frage, ob wahlgesetzliche Verbote von gemeinsamen Wahlvorschlägen und (mehrparteiigen) Listenverbindungen mit den Rechten der Wahlbeteiligten, insbesondere mit Art. 21 I 1 GG, übereinstimmen, wird überwiegend bejaht[3].

---

ken, daß Wahlbündnisse über eine Aussparung von Wahlkreisen mit dem Zweck, die Wähler der einen Partei der anderen Partei zuzuführen, unzulässig seien. Da diesem Verbot eine Pflicht zur Einreichung von Wahlvorschlägen zu entnehmen wäre, müßte im Hinblick auf die Rechtssicherheit auch normiert werden, unter welchen Voraussetzungen eine solche Pflicht bestehen und wie ihre Einhaltung von den Wahlorganen erzwungen werden soll. Der Gesetzgeber könnte freilich statt dessen ausdrücklich erklären, daß mit dem Verbot der Aussparungsabkommen keine Pflicht zur Einreichung von Wahlvorschlägen statuiert sein solle. (Damit liefe dieses Verbot sicherlich weitgehend leer.)

[2] S. oben S. 80.

[3] Für Verfassungsmäßigkeit des Listenverbindungs-Verbots (wobei zumeist kein Unterschied gemacht wird zwischen dem — hier allein zu beurteilenden — Ausschluß der mehrparteiigen Listenverbindung und dem der ein-

Wenn Parteien Wahlbündnisse abschließen und durchführen, so handeln sie dabei in Ausübung der ihnen in Art. 21 I 1 GG eingeräumten Rechtsposition. Wahlbündnisse gehören mit zu denjenigen Betätigungsformen im Rahmen der Wahlbeteiligung der Parteien — und damit im Rahmen der „Mitwirkung" des Art. 21 I 1 GG —, die seit jeher üblich sind. Es wäre demnach willkürlich, das Praktizieren von Wahlabsprachen von vornherein aus dem Bereich der Parteienfreiheit des Art 21 I 1 GG auszuklammern[4]. Auf der anderen Seite wäre es voreilig, schon deshalb in den wahlgesetzlichen Wahlabrede-Verboten einen Verstoß gegen Art. 21 I 1 GG zu sehen. Vielmehr muß eine verfassungsrechtliche Legitimation für die in den Verboten zum Ausdruck kommende Einschränkung der Parteienfreiheit gesucht werden. Es liegt auf der Hand, daß auch das Mitwirkungsrecht des Art. 21 I 1 GG bzw. die sich daraus ergebende Parteienfreiheit nicht schrankenlos ist.

Auf die Schranke des Art. 21 II GG lassen sich die geltenden Wahlabrede-Verbote nicht stützen; denn Wahlabprachen über gemeinsame Wahlvorschläge und Listenverbindungen beeinträchtigen nicht die freiheitliche demokratische Grundordnung im Sinne des Art. 21 II GG[5].

Da das Grundgesetz keine weitere materielle Schranke der Parteienfreiheit ausweist[6], gelangt man zu der — noch ungeklärten — Frage,

---

parteiigen Listenverbindung): Heimerl, Diss. Mainz 1954, S. 205; Schröder, Diss. Köln 1955, S. 82; Mahrenholz, Diss. Gött. 1957, S. 101 f.; von Mangoldt-Klein, Art. 38 Erl. III 2 e, S. 881; Seifert, Ergänzungsheft, Art. 38 GG Randnr. 17; OVG Lüneburg, OVGE 2, 174; BVerfGE 5, 84; Hamb.VerfG, E. v. 1. 12. 1958, HVerfG 1 u. 2/58; StGH Baden-Württ., ESVGH 11 II, 30 f. — Dagegen erachten das Verbot der (mehrparteiigen) Listenverbindung für verfassungswidrig: Forsthoff DRZ 50, 315 (nicht mehr voll aufrechterhalten in AöR Bd. 76, 1950, S. 372 mit Fußn. 4); von Mangoldt DÖV 50, 573; ders., Bonner Grundgesetz, Art. 38 Erl. 3, S. 232; von Wachter, Diss. München 1956, S. 317 ff., 321 ff. — Das Verbot gemeinsamer Wahlvorschläge betrachten als verfassungsmäßig: Seifert DÖV 61, 750; Hamb.VerfG, a. a. O. (in bezug auf Wahlvorschläge eines Parteienblocks); StGH Baden-Württ., a. a. O. A. A. von Wachter, a. a. O. (in bezug auf Wahlvorschläge eines Parteienblocks).

[4] Dies tut Mahrenholz (a. a. O., S. 101 f.) mit der Behauptung, es gäbe unter dem Aspekt der Parteienfreiheit keine Ansatzpunkte, von denen aus wahlgesetzliche Wahlabrede-Verbote zu billigen oder zu mißbilligen seien; denn diese Freiheit sei etwas anderes als die große oder geringe Variationsbreite der gesetzlich möglichen wahltaktischen Verhaltensweisen. Mahrenholz verkennt das expansive Element, das jeder Freiheitsposition innewohnt. Richtig demgegenüber von Wachter (a. a. O., S. 152, 324), der von einem „Recht auf Freiheit der Wahltaktik" ausgeht, welches aus der Parteienfreiheit abzuleiten sei.

[5] Anderes gilt nur für die Zwangsbündnisse totalitärer und autoritärer Staaten (wie etwa die Praxis der sog. Einheitsliste in der SBZ; vgl. dazu: Die Wahlen in der Sowjetzone, hrsg. vom Bundesmin. für Gesamtdt. Fragen, 3. Aufl. 1958, S. 26 ff., 75 ff.).

[6] Die materielle Schranke des Art. 9 II GG gilt nach h. M. nicht für die Parteien (auch nicht hinsichtlich Strafgesetz- und Völkerverständigungswidrigkeit); vgl. von der Heydte, Grundrechte, Bd. II, S. 490 Fußn. 95; von

inwieweit die Parteienfreiheit einem Gesetzesvorbehalt unterliegt. Es wird die These vertreten, den Parteien sei die Handlungsfreiheit stets nur im Rahmen der allgemeinen Gesetze gewährleistet, die Parteien könnten keinerlei „Tätigkeitsprivileg", sondern nur das „Bestandsprivileg" des Art. 21 II GG beanspruchen[7]. Diese These (deren Berechtigung zweifelhaft erscheint) braucht hier nicht erörtert zu werden. Dem Grundgesetz läßt sich nämlich entnehmen, daß die Parteienfreiheit, soweit die Wahlbeteiligung der Parteien in Frage steht, einer Art speziellem Gesetzesvorbehalt unterliegt, der u. a. auch Wahlabrede-Verbote deckt.

Die Parteienfreiheit des Art. 21 I 1 GG wird hinsichtlich der Wahlbeteiligung der Parteien der Natur der Sache nach durch das — in Art. 38 III GG für den Bund, in Art. 28 I 2 GG für die Länder vorausgesetzte — Wahlgesetz eingegrenzt. Dadurch daß die Parteienfreiheit als Freiheit der Wahlbeteiligung sich unmittelbar auf den staatlichen Kreationsakt der Parlamentswahl bezieht, dieser Kreationsakt aber gesetzlich geregelt sein muß, ist in der Verfassung ein Spannungsverhältnis angelegt: Auf der einen Seite hat sich von Verfassungs wegen die Wahlbeteiligung der Parteien im Rahmen der gesetzlichen Regelungen der Wahl zu vollziehen (wobei berücksichtigt werden muß, daß dem Gesetzgeber auch bei Schaffung des Wahlgesetzes das seine Stellung und Funktion kennzeichnende legislatorische Ermessen zusteht); auf der anderen Seite darf man als Mindestgarantie der Parteien aus Art. 21 I 1 GG herauslesen, daß durch die Regelungen der Wahl der wesentliche Kern der Wahlbeteiligungsbefugnis der Parteien nicht getroffen werden darf, daß diese Regelungen sachlich motiviert sein und alle Parteien gleich behandeln müssen.

Nach diesen Maßstäben sind wahlgesetzliche Verbote von gemeinsamen Wahlvorschlägen und Wahlvorschlagsverbindungen mit der Parteienfreiheit des Art. 21 I 1 GG vereinbar. Der wesentliche Kern der Wahlbeteiligungsbefugnis der Parteien liegt in der Garantie, mittels eigener Wahlvorschläge die Stimmen der Anhänger und damit Mandate gewinnen zu können. Dieser Kern wird durch Verbote von mehrparteiigen Listenverbindungen und gemeinsamen Wahlvorschlägen nicht angetastet. Die Verbote sind auch sachlich motiviert. Sie tragen den Bedenken Rechnung, die gegen Verbindungs-Abreden (insbeson-

---

Mangoldt-Klein, Art. 21 Erl. II 6 d, S. 618; Maunz-Dürig, Art. 21 Randnr. 38. Die h. M. ist zu billigen, weil Art. 21 GG eine erschöpfende Sonderregelung sein will (s. auch oben S. 134 Fußn. 8). — Außerdem würde auch Art. 9 II GG keine Grundlage für die Wahlabrede-Verbote des geltenden Rechts abgeben.

[7] So Seifert DÖV 56, 5 f.; auch Maunz-Dürig, Art. 21 Randnr. 34 mit Fußn. 2 Etwa in gl. Sinne Kölble (AöR Bd. 87, 1962, S. 62 ff.), der die in Art. 5 II GG normierte Schranke der „allgemeinen Gesetze" auf Art. 21 GG überträgt.

dere aus dem Verhältniswahlgedanken) und gegen Abreden über gemeinsame Wahlvorschläge (insbesondere aus der Wahlfreiheit) bestehen. Durch die abstrakt-allgemein gefaßten Verbote von gemeinsamen Wahlvorschlägen und Wahlvorschlagsverbindungen werden die Parteien auch nicht ungleich behandelt. Zwar ist die praktische Auswirkung solcher Verbote für kleinere Parteien erheblicher als für größere; eine kleine Partei sieht in der Vereinbarung mit einer anderen Partei, wonach gemeinsame Wahlvorschläge eingereicht oder Wahlvorschläge verbunden werden, oft den einzigen Weg, um überhaupt ins Parlament zu gelangen. Wenn Wahlabrede-Verbote für kleine Parteien schwerer wiegen als für Großparteien, so ist dies aber nicht auf die rechtliche Gestaltung oder den rechtlichen Gehalt der Verbote zurückzuführen, sondern ausschließlich in der Situation der kleinen Parteien — eben in deren geringer Anhängerzahl — begründet. Der Gesetzgeber kann nicht gehalten sein, gemeinsame Wahlvorschläge oder mehrparteiige Listenverbindungen zuzulassen, um damit Verschiedenheiten in der faktischen Ausgangssituation der am Wahl-Wettkampf teilnehmenden Parteien auszugleichen. Dies wird von denjenigen Autoren verkannt, die — wie *Forsthoff* und *von Mangoldt*[8] — das Listenverbindungs-Verbot für verfassungswidrig halten, weil es kleinere Parteien daran hindere, den großen Massenparteien mit vereinter Stimmkraft gegenüberzutreten[9]. —

Wahlgesetzliche Verbote von gemeinsamen Wahlvorschlägen und Wahlvorschlagsverbindungen verletzen auch nicht das aktive oder passive Wahlrecht.

Zwar kämen die Stimmen von Wählern einer (kleineren) Partei möglicherweise stärker zur Geltung, wenn diese Partei mit einer anderen Partei zusammen gemeinsame Wahlvorschläge einreichen oder eine

---

[8] Vgl. Forsthoff DRZ 50, 315; von Mangoldt DÖV 50, 573.

[9] Bei Zugrundelegung der hier angewandten Maßstäbe wäre auch ein wahlgesetzliches Verbot von Einerwahlkreis-Aussparungsabkommen mit Art. 21 I 1 GG vereinbar. Soweit ein solches Verbot eine Pflicht der Parteien zur Einreichung von Wahlvorschlägen vorsähe (s. hierzu oben S. 156/157 Fußn. 1), würde es allerdings die Parteien besonders belasten. Diese Einengung der Parteienfreiheit wäre durch den Zweck eines umfassenden Wählerschutzes gerechtfertigt. Der Gesetzgeber müßte freilich den organisatorischen Gegebenheiten und den personellen und finanziellen Möglichkeiten der Parteien Rechnung tragen. Er dürfte nicht schlechthin jede an der Wahl teilnehmende Partei zu einer Kandidatur in allen Wahlkreisen verpflichten; bei einer solchen Regelung könnte man nämlich kaum noch von einer gleichberechtigten Wahlbeteiligung zwischen kleinen sowie neuen Parteien einerseits und großen sowie alten Parteien andererseits sprechen. Es käme also nur eine nach bestimmten Qualifikationen der Parteien differenzierende Ausgestaltung der Pflicht zur Einreichung von Wahlvorschlägen in Betracht. Ob eine in jeder Hinsicht befriedigende (insbesondere praktikable) Lösung möglich wäre, erscheint zweifelhaft.

Listenverbindung eingehen könnte, und entsprechend würden dann die Chancen der Kandidaten dieser Partei steigen. Aber die Wähler und Kandidaten bestimmter (kleinerer) Parteien können ebensowenig eine Sonderbehandlung beanspruchen wie die betreffenden Parteien selbst.

Im übrigen muß — gerade umgekehrt — ein Verbot gemeinsamer Wahlvorschläge unter dem Gesichtspunkt des subjektiven Wahlrechts besonders begrüßt werden; denn dieses Verbot schließt die Beeinträchtigungen des Wählers aus, die durch gemeinsame Wahlvorschläge entstehen. Es will — wie ausgeführt — dem Wähler die Möglichkeit des klaren und eindeutigen Parteibekenntnisses gewährleisten. —

Sonach bedeutet es keinen Verstoß gegen die verfassungsmäßigen Rechte der Wahlbeteiligten, wenn das Wahlgesetz gemeinsame Wahlvorschläge und mehrparteiige Listenverbindungen ausschließt.

III. Prüfung der Verfassungsmäßigkeit der verbotsähnlichen Tatbestände

1. Tatbestände gegen Einerwahlkreis-Aussparungsabkommen

Die Frage, ob die *Kumulativklausel* der personalisierten Verhältniswahl — also eine Regelung, nach der nur diejenigen Parteien am Verhältnisausgleich teilnehmen, die in allen Einerwahlkreisen kandidieren — verfassungsrechtlich zulässig ist, wird überwiegend verneint[10]. Lediglich das *Oberverwaltungsgericht Lüneburg* und *Leibholz* bejahen die Frage[11].

Die verfassungsrechtliche Problematik der Kumulativklausel liegt darin, daß sie Parteien, die nicht in allen Wahlkreisen Bewerber zur Wahl stellen, (also insbesondere lokale oder regionale Schwerpunktparteien) benachteiligt. Das *OVG Lüneburg* führt aus, diese unterschiedliche Behandlung der Parteien sei deshalb gerechtfertigt, weil das personalisierte Verhältniswahlsystem überwiegend auf der Anerkennung des — verfassungsrechtlich nicht ausgeschlossenen — Mehr-

---

[10] So halten die Kumulativklausel (wegen Verstoßes gegen die Parteiengleichheit bzw. die Gleichheit der Wähler) für verfassungswidrig: Forsthoff AöR Bd. 76 (1950), S. 374 ff.; von Mangoldt DÖV 50, 569 ff.; ders., Bonner Grundgesetz, Art. 38 Erl. 3, S. 232; Hamann DÖV 51, 289 f.; Schröder, Diss. Köln 1955, S. 65/66; Unland, Diss. Köln 1955, S. 84; Bläsi, Diss. Heidelb. 1956, S. 141/142; Rinck JöR NF Bd. 10 (1961), S. 301/302; Seifert, Ergänzungsheft, Art. 38 GG Randnr. 29; Maunz-Dürig, Art. 38 Randnr. 50; ebenso Bayer. VerfGH, VGHE NF 3 II, 127 f. (die E. betrifft Art. 40 IV LWG Bayern i. d. F. vom 29. 6. 1950, GVBl. S. 127, — eine Vorschrift, die der hier zu beurteilenden Kumulativklausel ähnelt; vgl. dazu Hamann DÖV 51, 288 ff., und Röhl DVBl. 54, 592).

[11] Vgl. OVG Lüneburg, OVGE 2, 169 ff.; Leibholz, Strukturprobleme, S. 54.

heitswahlprinzips beruhe; daher dürfe der Verhältnisausgleich — um leichter zu einer arbeitsfähigen Parlamentsmehrheit zu kommen — durch den Mehrheitswahlgedanken in seiner vollen Auswirkung gehemmt werden[12]. Diesen Überlegungen ist nicht zu folgen[13]. Die formalisierte Wahlrechtsgleichheit erfordert für Differenzierungen einen „besonderen rechtfertigenden Grund“[14]; ein solcher Grund ist für die mit der Kumulativklausel verbundene Differenzierung nicht ersichtlich.

Wenn der Gesetzgeber den Verhältnisausgleich einführt, so ist er gehalten, alle Parteien in die verhältnismäßige Verteilung der Mandate einzubeziehen — von den Parteien abgesehen, die ihr geringer Anteil an der Gesamtstimmenzahl als Splitterparteien ausweist. Der Gesetzgeber ist von dieser Bindung an das Gleichheitsprinzip nicht deshalb befreit, weil er die „reine“ Mehrheitswahl, also ein System ohne Verhältnisausgleich, normieren könnte. Daß Parteien, die aus organisatorischen, finanziellen, konfessionellen oder sonstigen Gründen nicht in allen Wahlkreisen mit Bewerbern vertreten sind, vom Verhältnisausgleich unabhängig davon ferngehalten werden, wieviel Prozent der Gesamtstimmenzahl sie gewinnen, ist um der Arbeitsfähigkeit des Parlaments willen nicht erforderlich und somit durch den Gedanken der Splitterparteibekämpfung nicht gedeckt. Der Ausschluß dieser Parteien von der Mandatszuteilung über den Verhältnisausgleich liegt auch nicht im Sinne des Systems der personalisierten Verhältniswahl; denn dieses System strebt einen vollen Proporz an.

Sonach verletzt die — in den heutigen Wahlgesetzen nicht mehr vorkommende — Kumulativklausel das gleiche Mitwirkungsrecht der Parteien (die Parteiengleichheit des Art. 21 I 1 GG) und — mittelbar — die Wählergleichheit und die Gleichheit der Bewerber (Art. 38 I 1 GG i. V. mit Art. 38 II GG). Sie stellt also ein Hindernis für das Abschließen von Einerwahlkreis-Aussparungsabkommen dar, welches mit der Verfassung nicht vereinbar ist. —

Die ebenfalls gegen Einerwahlkreis-Aussparungsabkommen gerichtete Bestimmung des § 16 II LWG Berlin verstößt nicht gegen die verfassungsmäßigen Rechte der Wahlbeteiligten.

Im Gegensatz zur Kumulativklausel behandelt diese Vorschrift — indem sie von den Parteien, die in einem Berliner Bezirk (Wahlkreisverband) Stimmen gewinnen wollen, verlangt, daß sie in allen Wahlkreisen des betreffenden Bezirks Bewerber zur Wahl stellen — in ihrer rechtlichen Gestaltung die Parteien nicht unterschiedlich. Sie stellt aller-

---

[12] OVG Lüneburg, OVGE 2, 172 f.

[13] Gegen das OVG Lüneburg insbesondere auch Forsthoff, AöR Bd. 76 (1950) S. 374 ff.

[14] S. hierzu oben S. 123 mit Fußn. 24.

dings eine Einengung der Wahlbeteiligungsbefugnis des Art. 21 I 1 GG dar, die kleinere Parteien mehr belastet als größere. Aber durch diese Einengung wird der Kern des Art. 21 I 1 GG nicht angetastet, und ihre unterschiedliche Auswirkung auf die Parteien fällt kaum ins Gewicht. Auch einer kleinen Partei, die sich in einem Bezirk, in welchem sie organisiert ist und Anhänger hat, an der Wahl beteiligen will, dürfte es nicht schwer fallen, in allen Wahlkreisen dieses Bezirks Wahlvorschläge einzureichen[15].

2. Sonstige Tatbestände

Die verbotsähnlichen Tatbestände, die sich in den Wahlgesetzen von Hamburg (§ 22 I) und Schleswig-Holstein (§ 25 IV lit. c) in bezug auf Wahlabreden über gemeinsame Wahlvorschläge und im BWG (§ 7 I) in bezug auf Wahlabreden über Listenverbindungen finden, stehen ebenfalls mit den Rechten der Parteien, Wähler und Kandidaten in Einklang. Es gelten die gleichen Überlegungen, die bei der Prüfung der Verfassungsmäßigkeit der Verbote von gemeinsamen Wahlvorschlägen und mehrparteiigen Listenverbindungen angestellt wurden.

Bedenken könnten sich allerdings hinsichtlich des gegen verdeckt-gemeinsame Wahlvorschläge gerichteten § 25 IV lit.c LWG Schleswig-Holstein ergeben. Diese Vorschrift schließt nämlich nicht nur aus, daß eine Partei auf ihren Wahlvorschlägen Mitglieder (Bewerber) einer anderen Partei nominiert; darüber hinaus verwehrt sie es einer Partei, auf ihren Wahlvorschlägen Nicht-Parteimitglieder zur Wahl zu stellen. Es ergibt sich die Frage, ob dies dem passiven Wahlrecht der Nicht-Parteimitglieder bzw. dem Prinzip der freien Kandidatur widerspricht.

Diese Frage ist zu verneinen. In der Praxis werden auf Partei-Wahlvorschlägen so gut wie nie Nicht-Parteimitglieder nominiert. Eine Bestimmung, wonach eine Partei nur ihre Mitglieder als Bewerber aufstellen darf, entspricht der Logik des Parteienstaats, in den die freie Kandidatur heute eingebettet ist. Der Wahlgesetzgeber kann daher die Nicht-Parteimitglieder darauf verweisen, im Rahmen eines parteifreien Wahlvorschlags zu kandidieren[16] oder — was aussichtsreicher ist —

---

[15] Nach § 16 IV LWG Berl. müssen die Wahlvorschläge „neuer" Parteien von 40 Wahlberechtigten des Wahlkreises unterzeichnet sein; bei Wahlvorschlägen schon im Parlament vertretener Parteien genügt die Unterschrift des Kreisvorstands der Partei.

[16] Wie die meisten Wahlgesetze so kennt auch das LWG Schleswig-Holstein eine parteifreie Kandidatur (vgl. § 24 I 1 dieses Gesetzes). Ob sie im Hinblick auf das passive Wahlrecht vorgesehen sein muß, kann dahinstehen. Nach h. M. folgt jedenfalls aus Art. 21 I 1 GG kein Wahlvorschlagsmonopol der Parteien (vgl. oben S. 73 Fußn. 9), so daß Art. 21 GG nicht etwa parteifreie Kandidaturen ausschließt.

einer Partei beizutreten und in deren Reihen eine Nominierung als Bewerber anzustreben.

Im Gegensatz zu § 25 IV lit. c LWG Schleswig-Holstein geht der § 22 I LWG Hamburg nicht über das hinaus, was zur Ausschließung gemeinsamer Wahlvorschläge erforderlich ist. Er beschränkt sich darauf, organisatorischen Zusammenschlüssen selbständiger Parteien — „Parteienverbindungen" — die Befugnis zum Einreichen von Wahlvorschlägen abzusprechen, untersagt aber nicht etwa schlechthin die Bildung und Betätigung solcher Zusammenschlüsse[17]. Die Verfassungsmäßigkeit eines derartigen generellen Verbots des Parteienblocks müßte im Hinblick auf die Parteienfreiheit des Art. 21 I 1 GG angezweifelt werden.

---

[17] Dies betont mit Recht das Hamb.VerfG, E. v. 1. 12. 1958, HVerfG 1 u. 2/58.

Ergebnisse

Als Ergebnisse der Arbeit seien folgende *Hauptthesen* herausgestellt:

I. Die rechtlich bedeutsamen Wahlabsprachen lassen sich definieren als Vereinbarungen politischer Parteien, die sich unmittelbar auf den Bereich der Kandidatenaufstellung und der Einreichung der Wahlvorschläge beziehen.

II. Es gibt drei Grundtypen von Wahlabsprachen:

Aussparungsabkommen (eine Partei verzichtet zugunsten einer verbündeten Partei auf die Einreichung eines Wahlvorschlags), Abkommen über gemeinsame Wahlvorschläge (mehrere Parteien tragen zusammen einen Wahlvorschlag) und Abkommen über Wahlvorschlagsverbindungen (die Wahlvorschläge der verbündeten Parteien werden für das Stadium der Wahlergebnis-Ermittlung zusammengefaßt).

III. In der Kaiserzeit — im Rahmen des Mehrheitswahlsystems der Reichstagswahlen — erlangten Aussparungsabkommen für Einerwahlkreise (Einerwahlkreis-Aussparungsabkommen) eine große Bedeutung.

In der Weimarer Zeit — im Rahmen der Verhältniswahlsysteme — waren die Listenverbindungen das vorherrschende Wahlbündnis.

Unter der Herrschaft des Grundgesetzes wurden bei den Parlamentswahlen häufig Einerwahlkreis-Aussparungsabkommen und Abkommen über gemeinsame Wahlvorschläge vereinbart — Einerwahlkreis-Aussparungsabkommen vor allem im Zusammenhang mit der sog. Alternativklausel des personalisierten Verhältniswahlsystems, welche Parteien, die unter der 5 vH-Grenze bleiben, dann am Verhältnisausgleich teilnehmen läßt, wenn sie Wahlkreismandate gewinnen.

IV. Nach geltendem Parlamentswahlrecht sind Wahlabkommen über gemeinsame Wahlvorschläge und Wahlvorschlagsverbindungen unzulässig, Aussparungsabkommen dagegen regelmäßig zulässig.

V. Aussparungsabkommen:

Es besteht unter keinem rechtlichen Gesichtspunkt eine Aussparungsabkommen entgegenstehende Pflicht zur Einreichung von Wahlvorschlägen.

Aussparungsabkommen sind auch dann zulässig, wenn das Wahlgesetz gemeinsame Wahlvorschläge oder Wahlvorschlagsverbindungen verbietet.

Aussparungsabkommen sind in drei Fällen unzulässig: a) in dem Fall des fehlenden Einverständnisses des nach dem Wahlgesetz für die Bewerberaufstellung zuständigen Parteiorgans der aussparenden Partei; b) in dem Fall der Ausnützung der — als verfassungswidrig anzusehenden — Alternativklausel; c) in dem Fall, in dem das Aussparungsabkommen von sämtlichen Parteien, die in den vom Bündnis erfaßten Wahlkreisen an der Wahl teilnehmen, mit der Folge eingegangen wird, daß in diesen Wahlkreisen jeweils nur eine einzige Partei kandidiert. In allen Fällen besitzen die Wahlorgane kein Mittel, um gegen das unzulässige Wahlbündnis einzuschreiten.

VI. Gemeinsame Wahlvorschläge:

Alle Typen gemeinsamer Wahlvorschläge sind — unabhängig von besonderen Verbotsnormen — mit den gesetzlichen Vorschriften über die Wahlvorschläge nicht vereinbar. Diese Vorschriften verlangen insbesondere, daß eine Partei, die Kandidaten zur Wahl stellt, sich des Instruments eigener (ihr allein zuzurechnender) Wahlvorschläge bedient (Prinzip der Zuordnung von Wahlvorschlag und Partei).

Gemeinsame Wahlvorschläge verstoßen außerdem gegen den Verhältniswahlgedanken, greifen in das subjektive (aktive) Wahlrecht ein und gefährden den Zweck der 5 vH-Sperrklausel.

Gemeinsame Wahlvorschläge sind von den Wahlorganen als rechtswidrig zurückzuweisen.

Wahlgesetzliche Verbote von gemeinsamen Wahlvorschlägen sind zu begrüßen, da sie diesen Rechtszustand klarstellen. Sie verletzen die Rechte der Parteien, Wähler und Kandidaten nicht.

VII. Wahlvorschlagsverbindungen:

Wahlvorschlagsverbindungen setzen eine wahlgesetzliche Regelung voraus, weil sie eine besondere Technik der Stimmenverrechnung beinhalten. Die Verbindung von Wahlvorschlägen mehrerer Parteien, die sog. mehrparteiige Verbindung, ist unzulässig, wenn das Wahlgesetz die Wahlvorschlagsverbindung nicht erwähnt oder nur die Verbindung von Wahlvorschlägen derselben Partei, die sog. einparteiige Verbindung, regelt.

Die Unzulässigkeit der Wahlabrede der Wahlvorschlagsverbindung bedeutet, daß eine etwaige Verbindungserklärung mehrerer verbündeter Parteien für die Wahlorgane unbeachtlich ist.

Wahlgesetzliche Verbindungs-Verbote sind im Interesse der Rechtsklarheit dem bloßen Nichtvorhandensein einer Verbindungs-Regelung vorzuziehen.

Die Parteien, Wähler und Kandidaten können nicht beanspruchen, daß der Wahlgesetzgeber die mehrparteiige Wahlvorschlagsverbindung zuläßt und regelt.

Anlagen

Gesetzesübersicht

I. Reichswahlrecht

1. Wahlgesetz für den Deutschen Reichstag, vom 31. Mai 1869 (BGBl. des Norddeutschen Bundes S. 145) i. d. F. des Gesetzes vom 25. Juni 1873 (RGBl. S. 161)
   Gesetz über die Zusammensetzung des Reichstags und die Verhältniswahl in großen Reichstagswahlkreisen vom 24. August 1918 (RGBl. S. 1079)
2. Verordnung über die Wahlen zur verfassunggebenden deutschen Nationalversammlung vom 30. November 1918 (RGBl. S. 1345)
3. Reichswahlgesetz vom 27. April 1920 (RGBl. S. 627) i. d. F. der Bekanntmachung vom 6. März 1924 (RGBl. I S. 159) und des Gesetzes vom 13. März 1924 (RGBl. I S. 173)
   = RWG

II. Bundeswahlrecht

1. Wahlgesetz zum ersten Bundestag und zur ersten Bundesversammlung der Bundesrepublik Deutschland, vom 15. Juni 1949 (BGBl. S. 21) i. d. F. der Gesetze vom 5. August 1949 (BGBl. S. 25), 15. Januar 1952 (BGBl. I S. 21), 20. Dezember 1952 (BGBl. I S. 831), 8. Januar 1953 (BGBl. I S. 2)
   = BWG 1949
2. Wahlgesetz zum zweiten Bundestag und zur Bundesversammlung, vom 8. Juli 1953 (BGBl. I S. 470) i. d. F. des Gesetzes vom 6. August 1953 (BGBl. I S. 914)
   = BWG 1953
3. Bundeswahlgesetz, vom 7. Mai 1956 (BGBl. I S. 383) i. d. F. des Gesetzes vom 23. Dezember 1956 (BGBl. I S. 1011) und des Gesetzes vom 14. Februar 1964 (BGBl. I S. 61)
   = BWG

III. Landeswahlrecht

1. Baden-Württemberg
   Gesetz über die Landtagswahlen (Landtagswahlgesetz) i. d. F. der Bekanntmachung vom 20. September 1963 (Ges.Bl. S. 153)
   = LWG Baden-Württ.
2. Bayern
   Gesetz über Landtagswahl, Volksbegehren und Volksentscheid (Landeswahlgesetz), i. d. F. der Bekanntmachung vom 5. September 1958 (GVBl. S. 221) und des Gesetzes zur Änderung des Landeswahlgesetzes vom 12. November 1958 (GVBl. S. 329)
   = LWG Bayern

3. Berlin
Gesetz über die Wahlen zum Abgeordnetenhaus und zu den Bezirksverordnetenversammlungen (Landeswahlgesetz), vom 28. März 1958 (GVBl. S. 305)
= LWG Berl.

4. Bremen
Wahlgesetz für die Bürgerschaft (Landtag), vom 22. April 1955 (GVBl. S. 63) i. d. F. der Gesetze vom 13. Mai 1959 (GVBl. S. 55) und vom 21. März 1961 (GVBl. S. 67)
= LWG Bremen

5. Hamburg
Gesetz über die Wahl zur hamburgischen Bürgerschaft vom 24. April 1961 (GVBl. S. 139)
= LWG Hamb.

6. Hessen
Gesetz über die Wahlen zum Landtag des Landes Hessen (Landtagswahlgesetz) i. d. F. der Bekanntmachung vom 12. Juli 1962 (GVBl. S. 343)
= LWG Hessen

7. Niedersachsen
Niedersächsisches Landeswahlgesetz i. d. F. vom 30. Januar 1963 (GVBl. S. 9)
= LWG Nieders.

8. Nordrhein-Westfalen
Gesetz über die Wahl zum Landtag des Landes Nordrhein-Westfalen (Landeswahlgesetz) i. d. F. der Bekanntmachung vom 27. Februar 1962 (GVBl. S. 97)
= LWG Nordrh.-Westf.

9. Rheinland-Pfalz
Landeswahlgesetz i. d. F. vom 12. Januar 1959 (GVBl. S. 23)
= LWG Rheinl.-Pfalz

10. Saarland
Gesetz Nr. 724 über die Wahl des Landtages des Saarlandes (Landtagswahlgesetz) vom 29. September 1960 (Amtsbl. S. 759)
= LWG Saarl.

11. Schleswig-Holstein
Wahlgesetz für den Landtag von Schleswig-Holstein (Landeswahlgesetz) i. d. F. der Bekanntmachung vom 17. Juli 1959 (GVBl. S. 133)
= LWG Schl.-Holst.

Parteisatzungen

I. Christlich Demokratische Union Deutschlands

Statut der Christlich Demokratischen Union Deutschlands, beschlossen durch den 9. Bundesparteitag in der Plenarsitzung vom 27. April 1960 in Karlsruhe, abgeändert auf dem 11. Bundesparteitag am 5. Juni 1962 in Dortmund

II. Freie Demokratische Partei

Satzung der Freien Demokratischen Partei, beschlossen auf dem V. Ordentlichen Bundesparteitag in Wiesbaden (1954), ergänzt durch Beschlüsse des IX. Ordentlichen Bundesparteitages in Düsseldorf (1958), des X. Ordentlichen Bundesparteitages in Berlin (1959) und des XI. Ordentlichen Bundesparteitages in Stuttgart (1960)

III. Sozialdemokratische Partei Deutschlands

Organisationsstatut der Sozialdemokratischen Partei Deutschlands, Stand: 29. Mai 1962 (SPD-Parteitag 1962 in Köln)

Schrifttumsverzeichnis

Anschütz, Gerhard: Die Verfassung des Deutschen Reiches vom 11. August 1919, 14. Aufl. 1933, Nachdruck Bad Homburg v. d. H. 1960.

Bachhof, Otto: Teilrechtsfähige Verbände des öffentlichen Rechts — Die Rechtsnatur der technischen Ausschüsse des § 24 der Gewerbeordnung, AöR Bd. 83 (1958), S. 208.

Ball, Kurt: Das materielle Wahlprüfungsrecht — seine Entwicklung und seine Rechtsgrundsätze, Heft 11 der Öffentlich-rechtl. Abhandlungen, hrsg. von Triepel u. a., Berlin 1931.

Barbarino, Otto: Staatsform und politische Willensbildung, München 1949.

v. Below, G.: Das parlamentarische Wahlrecht in Deutschland, Berlin 1909.

Bergsträsser, Ludwig: Geschichte der politischen Parteien in Deutschland, 10. Aufl., München 1960.

Bläsi, Bernhard: Die Gleichheit des parlamentarischen Wahlrechts des Bundes und der Länder, Diss. Heidelberg 1956.

Bonner Kommentar: Kommentar zum Bonner Grundgesetz, Hamburg 1954.

Braunias, Karl: Das parlamentarische Wahlrecht, ein Handbuch über die Bildung der gesetzgebenden Körperschaften in Europa. 1. Bd.: Das Wahlrecht in den einzelnen Staaten. 2. Bd.: Allgemeiner Teil. Berlin, Leipzig 1932.

Cahn, Ernst: Das Verhältniswahlsystem in den modernen Kulturstaaten, Berlin 1909 (Zitat: Cahn, Verhältniswahlsystem).

Deuerlein, Ernst: CDU/CSU 1945—1957, Beiträge zur Zeitgeschichte, Köln 1957.

Drath, Martin: Das Wahlprüfungsrecht bei der Reichstagswahl, Berlin 1927.

Duverger, Maurice: Die Politischen Parteien, hrsg. u. übersetzt von Siegfried Landshut, Tübingen 1959.

Ellwein, Thomas: Das Regierungssystem der Bundesrepublik Deutschland, 1. Bd. aus: Die Wissenschaft von der Politik, hrsg. von Ossip Flechtheim und Otto Heinrich von der Gablentz in Verb. mit Hans Reif im Auftrage des Otto-Suhr-Instituts an der Freien Universität Berlin, Köln u. Opladen 1963.

Enneccerus-Nipperdey: Allgemeiner Teil des Bürgerlichen Rechts, 15. Aufl., 2. Halbbd., Tübingen 1960.

Erbe, Friedrich: Vierzehn Jahre Wahlen in Westdeutschland (1946—1960), in: Wahlen und Wähler in Westdeutschland, hrsg. von Erwin Faul, Villingen/Schwarzwald 1960, S. 17.

Eschenburg, Theodor: Das Zweiparteiensystem in der deutschen Politik, in: Festgabe für Fritz Hartung, Berlin 1958, S. 403.

— Staat und Gesellschaft in Deutschland, 4. Aufl., Stuttgart 1960.

Feneberg, Hermann: Bayerisches Landeswahlgesetz und Bezirkswahlgesetz mit Landeswahlordnung, Handkommentar, 3. Aufl., München 1958 (Zitat: Feneberg, Landeswahlgesetz).

— Bundeswahlgesetz, Handkommentar, 4. Aufl., München 1961.

Forsthoff, Ernst: Zur verfassungsrechtlichen Stellung und inneren Ordnung der Parteien, DRZ 50, 313.

— Anmerkung zu Entscheidungen des OVG Lüneburg vom 19. 6. 1950 und vom 4. 7. 1950, AöR Bd. 76 (1950), S. 369.

Fraenkel, Ernst: Die repräsentative und die plebiszitäre Komponente im demokratischen Verfassungsstaat, Heft 219/220 aus: Recht und Staat in Geschichte und Gegenwart, Tübingen 1958.

Friesenhahn, Ernst: Parlament und Regierung im modernen Staat, in: Veröffentlichungen der Vereinigung der deutschen Staatsrechtslehrer, Heft 16, Berlin 1958, S. 9.

Fromme, Friedrich Karl: Von der Weimarer Verfassung zum Bonner Grundgesetz — Die verfassungspolitischen Folgerungen des Parlamentarischen Rates aus Weimarer Republik und Nationalsozialistischer Diktatur, Bd. 12 der Tübinger Studien zur Geschichte und Politik, hrsg. von Hans Rothfels, Theodor Eschenburg und Werner Markert, Tübingen 1960.

Fuss, Ernst-Werner: Freiheit und Gleichheit des Parteiwirkens, JZ 59, 392.

Füßlein, Werner: Die Fortentwicklung des Bundeswahlrechts in den Bundeswahlgesetzen von 1949, 1953 und 1956, DÖV 57, 601.

Gageur, Karl: Reform des Wahlrechts im Reich und in Baden, Freiburg i. B., Leipzig 1893.

Giese, Friedrich: Parteien als Staatsorgane — Bemerkungen zum Plenarbeschluß des Bundesverfassungsgerichts vom 20. Juli 1954, AöR Bd. 80 (1955/56), S. 377.

— und Egon *Schunck*: Grundgesetz für die Bundesrepublik Deutschland, 6. Aufl., Frankfurt 1962 (Zitat: Giese-Schunck).

Glum, Friedrich: Das parlamentarische Regierungssystem in Deutschland, Großbritannien und Frankreich, München, Berlin 1950.

Graichen, Herbert: Das Wahlrecht in der repräsentativen Demokratie — unter besonderer Berücksichtigung der Wahlreformfrage, Diss. Göttingen 1932.

Grewe, Wilhelm: Zum Begriff der politischen Partei, in: Festgabe für Erich Kaufmann, Stuttgart, Köln 1950, S. 65.

— Die zweite Bundestagswahl, AöR Bd. 79 (1953/54), S. 245.

Groß, Philipp und Rolf *Groß*: Zum Umfang der Prüfungskompetenz im Wahlprüfungsverfahren, DVBl. 63, 175.

Groß, Werner: Wahltaktik oder Wahlrecht, DÖV 51, 291.

Grundlagen eines deutschen Wahlrechts: Bericht der vom Bundesminister des Innern eingesetzten Wahlrechtskommission, Bonn 1955 (Zitat: Wahlrechtsbericht).

Hagenbach-Bischoff: Die Frage der Einführung einer Proportionalvertretung statt des absoluten Mehres, Basel 1888.

— Die Anwendung der Proportionalvertretung bei den Schweizerischen Nationalratswahlen, Basel 1892.

Hamann, Andreas: Zum schleswig-holsteinischen Wahlgesetz — Stellungnahme zum Aufsatz von v. Mangoldt in DÖV 50 S. 569 ff., DÖV 51, 288.

— Das Grundgesetz für die Bundesrepublik Deutschland, 2. Aufl., Neuwied, Berlin 1961 (Zitat: Hamann, Kommentar).

Hatschek, Julius: Das Parlamentsrecht des Deutschen Reiches, Erster Teil, Berlin, Leipzig 1915 (Zitat: Hatschek, ParlamentsR).

— Deutsches und Preußisches Staatsrecht, 2. Aufl., neubearb. u. hrsg. von Paul Kurtzig, Bde. 1 u. 2, Berlin 1930 (Zitat: Hatschek, DtPrStR).

Heimerl, Josef: Grundlagen des Wahlrechts in der Bundesrepublik, Diss. Mainz 1954.

Heller, Hermann: Die Gleichheit in der Verhältniswahl nach der Weimarer Verfassung — Ein Rechtsgutachten, Berlin, Leipzig 1929.

Henrichs, Wilhelm: Die Verfassungsmäßigkeit der Sperrklauseln in Wahlgesetzen, NJW 56, 1703.

Hermens, Ferdinand: Demokratie oder Anarchie? — Untersuchung über die Verhältniswahl, Frankfurt 1951.

— Parteien, Volk und Staat, Heft 46 der Schriftenreihe der Jur. Studiengesellschaft Karlsruhe, Karlsruhe 1960.

Hesse, Konrad: Die verfassungsrechtliche Stellung der politischen Parteien im modernen Staat, in: Veröffentlichungen der Vereinigung der deutschen Staatsrechtslehrer, Heft 17, Berlin 1959, S. 11.

v. der Heydte, Friedrich August Frhr.: Freiheit der Parteien, in: Die Grundrechte, Handbuch der Theorie und Praxis der Grundrechte, Bd. II, hrsg. von Neumann — Nipperdey — Scheuner, Berlin 1954, S. 457 (Zitat: v. d. Heydte, Grundrechte, Bd. II).

— und Karl *Sacherl:* Soziologie der deutschen Parteien, München 1955.

Hirsch-Weber, Wolfgang und Klaus *Schütz:* Wähler und Gewählte — Eine Untersuchung der Bundestagswahlen 1953, Bd. 7 der Schriften des Instituts für politische Wissenschaft, Berlin, Frankfurt 1957.

Hula, Erich: Der Kampf gegen den Proporz, Zeitschr. f. öff. Recht Bd. VI (1927), S. 213.

Ipsen, Hans Peter: Gleichheit, in: Die Grundrechte, Handbuch der Theorie und Praxis der Grundrechte, Bd. II, hrsg. von Neumann — Nipperdey — Scheuner, Berlin 1954, S. 111 (Zitat: Ipsen, Grundrechte, Bd. II).

— Hamburgs Verfassung und Verwaltung, Hamburg 1956.

Isay, Ernst: Die Rechtsprechung des Wahlprüfungsgerichts beim preußischen Landtag, DJZ 1930, Sp. 459.

Jahrreiss, Hermann: Mensch und Staat — Rechtsphilosophische, staatsrechtliche und völkerrechtliche Grundfragen unserer Zeit, Köln, Berlin 1957.

v. Jan, Heinrich: Das Reichswahlgesetz vom 27. 4. 1920 in der Fassung vom 6. 3. 1924, 2. Aufl., München, Berlin, Leipzig 1924.

Jellinek, Georg: Allgemeine Staatslehre, 3. Aufl. 1921 (6. Neudruck, Darmstadt 1959).

Jellinek, Walter: Die deutschen Landtagswahlgesetze, Berlin 1926.

— Die Zusammensetzung der Landesparlamente, insbesondere das Wahlrecht und die Wahlprüfung, in: Handbuch des Deutschen Staatsrechts, hrsg. von Anschütz und Thoma, Bd. 1, Tübingen 1930, S. 620.

Kafka, Gustav E.: Die verfassungsrechtliche Stellung der politischen Parteien im modernen Staat, in: Veröffentlichungen der Vereinigung der deutschen Staatsrechtslehre, Heft 17, Berlin 1959, S. 53.

Kaisenberg, Georg: Die Wahl zum Reichstag, Führer für die Reichstagswahlen, 4. Aufl., Berlin 1930.

— Wahlreform, Zeitschr. f. d. ges. Staatsw. Bd. 90 (1931), S. 449.

Katz, Rudolf: Zur Änderung des Wahlgesetzes — Anregung zu einer verfassungsrechtlichen Erschwerung, in: Festgabe für Carlo Schmid, Tübingen 1962, S. 119.

Kelsen, Hans: Allgemeine Staatslehre, Berlin 1925.

Kendziora, Johanna: Der Begriff der politischen Partei im System des politischen Liberalismus, Diss. Berlin 1935.

Kier, Herbert: Grundmandat und Splitterpartei, Zeitschr. f. öff. Recht Bd. XI (1931), S. 279.

Kitzinger, U. W.: Wahlkampf in Westdeutschland — Eine Analyse der Bundestagswahl 1957, Göttingen 1960.

Klöti, Emil: Die Proportionalwahl in der Schweiz, Bern 1901 (Zitat: Klöti, Proportionalwahl).

Koellreutter, Otto: Die politischen Parteien im modernen Staate, Breslau 1926.

— Der Deutsche Staat als Bundesstaat und als Parteienstaat, Heft 51 aus: Recht und Staat in Geschichte und Gegenwart, Tübingen 1927.

Kölble, Josef: Inwieweit schützt das Parteienprivileg des Art. 21 II 2 GG auch Nebenorganisationen von Parteien? AöR Bd. 87 (1962), S. 48.

Kremer, Klemens: Der Abgeordnete zwischen Entscheidungsfreiheit und Parteidisziplin, 2. Aufl., München 1956.

Kuenzer: Wahlreform, DJZ 1931, Sp. 120.

Kutzer: Das Wahlverfahren, SJZ 46, 124.

Laband, Paul: Deutsches Reichsstaatsrecht, 7. Aufl., bearb. von Otto Mayer, Tübingen 1919.

Laschitza, Hubert: Der Grundsatz der gleichen Wahl im deutschen Staatsrecht, Diss. Heidelberg 1954.

Leibholz, Gerhard: Verfassungsrechtliche Stellung und innere Ordnung der Parteien — Ausführung und Anwendung der Art. 21 und 38 I 2 des Grundgesetzes. Gutachten in: Verhandlungen des 38. Deutschen Juristentages, Tübingen 1951, S. C 2.

— Strukturprobleme der modernen Demokratie, Karlsruhe 1958 (Zitat: Leibholz, Strukturprobleme).

— Das Wesen der Repräsentation und der Gestaltwandel der Demokratie im 20. Jahrhundert, 2., durch einen Vortrag erweiterte Auflage, Berlin 1960.

Lenz, Helmut und Christoph *Sasse*: Parteiausschluß und Demokratiegebot, JZ 62, 233.

Leser, Guido: Untersuchungen über das Wahlprüfungsrecht des Deutschen Reichstages, in: Staats- und völkerrechtliche Abhandlungen, Bd. VII, Leipzig 1908.

Liermann, Hans: Über die rechtliche Natur der Vereinbarungen politischer Parteien untereinander, AöR Bd. 50 (1926), S. 401.

Lorentzen, Gerhart: Möglichkeiten der Bekämpfung von Splitterparteien durch das Reichstags- und Landtagswahlrecht, Diss. Marburg 1931.

Luthmann, Walter: Rechtsstellung der Mitglieder von politischen Parteien, DVBl. 62, 166.

Mahrenholz, Ernst Gottfried: Wahlgleichheit im parlamentarischen Parteienstaat der Bundesrepublik, Diss. Göttingen 1957.

v. Mangoldt, Hermann: Die Wahltaktik der schleswig-holsteinischen Landesregierung und das Lüneburger OVG, DÖV 50, 569.

— Das Bonner Grundgesetz, Berlin, Frankfurt/M. 1953 (Zitat: v. Mangoldt, Bonner Grundgesetz).

— und Friedrich *Klein*: Das Bonner Grundgesetz, 2. Aufl., Bd. 1, Berlin, Frankfurt/M. 1957, Bd. 2 (1. u. 2. Lieferung), Berlin, Frankfurt/M. 1959 bzw. 1961 (Zitat: von Mangoldt-Klein).

Maunz, Theodor: Deutsches Staatsrecht, 11. Aufl., München, Berlin 1962 (Zitat: Maunz, StaatsR).

— und Günter *Dürig*: Grundgesetz, Kommentar, 2. Aufl. (zugl. Lieferung 1—6 der 1. Aufl.), München, Berlin 1963 (Zitat: Maunz-Dürig).

May, Volker: Parlamentarische Mehrheitsbildung unter dem Wahlrecht des Bismarck-Reichs, Diss. Heidelberg 1951.

Menger, Christian-Friedrich: Zur verfassungsrechtlichen Stellung der deutschen politischen Parteien, AöR Bd. 78 (1952/53), S. 149.

Metz, Matthias: Die Beschränkung im Wahlrecht durch bestimmte Prozentklauseln, Diss. Würzburg 1957.

Meyer, Georg: Das parlamentarische Wahlrecht, hrsg. von Georg Jellinek, Berlin 1901.

— Lehrbuch des Deutschen Staatsrechts, 6. Aufl., bearb. von Gerhard Anschütz, Leipzig 1905.

v. Mohl, Robert: Kritische Bemerkungen über die Wahlen zum deutschen Reichstage, Tübingen 1874.

Müller, Peter Felix: Das Wahlsystem — Neue Wege der Grundlegung und Gestaltung, Zürich 1959 (Zitat: Müller, Wahlsystem).

Müller-Heidelberg, Klaus: Zuviel Staat? — Von der Substanz des Staatlichen in der verfassungspolitischen Entwicklung, DVBl. 61, 757.

Nass, Klaus Otto: Wahlorgane und Wahlverfahren bei Bundestags- und Landtagswahlen — Grundlagen des Wahlvollzuges, Bd. 28 der Göttinger Rechtswissenschaftl. Studien, Göttingen 1959 (Zitat: Nass, Wahlorgane).

— Die Bundesliste — Erste Bemerkungen zu einem aktuellen Wahlrechtsproblem, DVBl. 60, 424.

Nawiasky, Hans: Wahlrechtsfragen im heutigen Deutschland, AöR Bd. 59 (1931), S. 161.

— Schwere Bedenken gegen die Reform des Reichstagswahlrechts, DJZ 1931, Sp. 455.

— Die Grundgedanken des Grundgesetzes für die Bundesrepublik Deutschland, Stuttgart, Köln 1950.

Peter, Rolf: Die Bekämpfung der Parteizersplitterung durch das Wahlrecht im Rahmen der Reichsverfassung, Diss. Freiburg 1933.

Pfister, Karl: Das ungelöste Wahlproblem — Die Wahl der Regierung in der parlamentarischen Demokratie, München 1949 (mit einem Nachwort von 1951).

— Die Dreierwahl, DÖV 51, 323.

Pfizer, G.: Das Reichstagswahlgesetz, AöR Bd. 7 (1892), S. 509.

Pohl, Heinrich: Das Reichstagswahlrecht, in: Handbuch des Deutschen Staatsrechts, hrsg. von Anschütz und Thoma, Bd. 1, Tübingen 1930, S. 386.

Radbruch, Gustav: Die politischen Parteien im System des deutschen Verfassungsrechts, in: Handbuch des Deutschen Staatsrechts, hrsg. von Anschütz und Thoma, Bd. 1, Tübingen 1930, S. 285.

v. Rauchhaupt, Fr. W.: Handbuch der Deutschen Wahlgesetze und Geschäftsordnungen, München, Leipzig 1916.

Rechtliche Ordnung des Parteiwesens: Bericht der vom Bundesminister des Innern eingesetzten Parteienrechtskommission, Frankfurt/M., Berlin 1957 (Zitat: Parteienrechtsbericht).

v. Recklinghausen, H.: Alte und neue Wahlverfahren — Kritik und Reformvorschläge, Zeitschr. f. Pol. Bd. 11 (1919), S. 65.

Reif, Hans: Verfassungsrechtliche Stellung und innere Ordnung der Parteien

— Ausführung und Anwendung der Art. 21 und 38 I 2 des Grundgesetzes. Gutachten in: Verhandlungen des 38. Deutschen Juristentages, Tübingen 1951, S. C 30.

Ridder, Helmut: Zur verfassungsrechtlichen Stellung der Gewerkschaften im Sozialstaat nach dem Grundgesetz für die Bundesrepublik Deutschland, Stuttgart 1960.

Rietdorf, Fritz: Bundeswahlgesetz und Bundeswahlordnung, DÖV 53, 487.

— Das Gesetz über die Wahl zum Landtag des Landes Nordrhein-Westfalen vom 26. März 1954, Stuttgart, Hannover 1954 (Zitat: Rietdorf, Landtagswahlgesetz).

Rinck, Hans-Justus: Der Grundsatz der Wahlrechtsgleichheit und das Bonner Grundgesetz, DVBl. 58, 221.

— Der Grundsatz der unmittelbaren Wahl im Parteienstaat, JZ 58, 193.

— Die höchstrichterliche Rechtsprechung zum Gleichheitssatz in der Bundesrepublik, der Schweiz, Österreich, Italien, den USA und Indien, JöR NF Bd. 10 (1961), S. 269.

Röhl, Hellmut: Die Bekämpfung der Splitterparteien in Gesetzgebung und Rechtsprechung, DVBl. 54, 557, 589.

Rosin, Heinrich: Minoritätenvertretung und Proportionalwahlen, Berlin 1892.

Roth, Götz: Fraktion und Regierungsbildung — Eine monographische Darstellung der Regierungsbildung in Niedersachsen im Jahre 1951, Bd. 3 aus: Parteien, Fraktionen, Regierungen — Eine Schriftenreihe der Vereinigung für die Wissenschaft von der Politik, hrsg. von Dolf Sternberger, Meisenheim am Glan 1954.

Sasse, Christoph: Koalitionsvereinbarung und Grundgesetz, JZ 61, 719.

Schachtner, Richard: Die deutschen Nachkriegswahlen — Wahlergebnisse in der Bundesrepublik Deutschland, in den deutschen Bundesländern, in West-Berlin, im Saarland und in der Sowjetzone (DDR) 1946—1956, München 1956.

Schälchlin, Hans Heinrich: Die Auswirkungen des Proportionalwahlverfahrens auf Wählerschaft und Parlament, unter besonderer Berücksichtigung der schweizerischen Verhältnisse, Diss. Zürich 1946.

Schauff, Johannes (Herausgeber): Neues Wahlrecht — Beiträge zur Wahlreform, Berlin 1929.

Scheuner, Ulrich: Grundfragen des modernen Staates, in: Recht-Staat-Wirtschaft Bd. 3, Düsseldorf 1951, S. 126.

— Die institutionellen Garantien des Grundgesetzes, in: Recht-Staat-Wirtschaft Bd. 4, Düsseldorf 1953, S. 88.

— Die Parteien und die Auswahl der politischen Leitung im demokratischen Staat — Zur verfassungsrechtlichen Stellung der Parteien, DÖV 58, 641.

Schleicher, Theo: Die Splitterparteien im Deutschen Wahlrecht, Diss. Würzburg 1929.

Schnewlin, Bliss Meinrad: Das Verfahren zur Wahl des schweizerischen Nationalrates, nach dem Bundesgesetz vom 14. 1. 1919, Diss. Bern 1946.

Schröder, Oskar: Splitterparteien, Diss. Köln 1955.

Schüle, Adolf: Koalitionsvereinbarungen im Lichte des Verfassungsrechts — Eine Studie zur deutschen Lehre und Praxis, Bd. 11 der Tübinger Rechtsw. Abhandlungen, hrsg. von der Rechtsw. Abteilung der Rechts- und Wirtschaftsw. Fakultät der Universität Tübingen, Tübingen 1964.

Schulze, Alfred: Das Wahlrecht für die verfassunggebende deutsche Nationalversammlung, Berlin 1918.

— Das Reichstagswahlrecht, 2. Aufl., Berlin 1924.

Schulze, Hermann: Lehrbuch des Deutschen Staatsrechts, 2. Buch: Das Deutsche Reichsstaatsrecht, Leipzig 1886.

Schwarz, Karl: Die Ursachen der Überhangmandate bei Bundestagswahlen und Möglichkeiten zu ihrer Beseitigung, DÖV 62, 373.

Schwarz, Wolfgang: Gerechtigkeit durch Personwahl, München 1955.

Seifert, Karl-Heinz: Der Regierungsentwurf zum Bundeswahlgesetz, DÖV 53, 145.

— Zur Rechtsstellung der politischen Parteien, DÖV 56, 1.

— Das Bundeswahlgesetz, DÖV 56, 257.

— Das Bundeswahlgesetz — Bundeswahlordnung und wahlrechtliche Nebengesetze, Kommentar, Berlin, Frankfurt/M. 1957 (Zitat: Seifert, Kommentar).

— Das Bundeswahlgesetz — Bundeswahlordnung und wahlrechtliche Nebengesetze, Ergänzungsheft, Berlin, Frankfurt/M. 1961 (Zitat: Seifert, Ergänzungsheft).

— Anmerkung zu dem Urteil des Staatsgerichtshofs von Baden-Württemberg vom 6. 2. 1961, DÖV 61, 750.

Seisser, Rudolf: Die Durchführung des Gedankens der Verhältniswahl im geltenden Wahlrecht, Diss. Würzburg 1929.

Seuffert, Walter: Zu den Grundlagen des Begriffs der politischen Partei, in: Festgabe für Carlo Schmid, Tübingen 1962, S. 199.

Seydel, Max: Der deutsche Reichstag, in: Annalen des Deutschen Reiches, Jg. 1880, S. 352.

Siegfried, Richard: Die Proportionalwahl — Ein Votum zur württembergischen Verfassungsreform, 2. Ausgabe, Berlin 1898 (Zitat: Siegfried, Proportionalwahl).

Simon, Franz: Allgemeinheit und Gleichheit der Wahl unter Berücksichtigung außerdeutscher Wahlrechte, Diss. Köln 1959.

Smend, Rudolf: Die Verschiebung der konstitutionellen Ordnung durch die Verhältniswahl (1919), jetzt in: Smend, Staatsrechtl. Abhandlungen und andere Aufsätze, Berlin 1955, S. 60.

— Verfassung und Verfassungsrecht (1928), jetzt in: Smend, Staatsrechtl. Abhandlungen und andere Aufsätze, Berlin 1955, S. 119.

Sternberger, Dolf: Mutation des Parteiensystems — Eine Betrachtung zur dritten Bundestagswahl, in: Wahlen und Wähler in Westdeutschland, hrsg. von Erwin Faul, Villingen/Schwarzwald 1960, S. 1.

Stier-Somlo, Fritz: Vom parlamentarischen Wahlrecht in den Kulturstaaten der Welt, Berlin 1918.

Tecklenburg, Adolf: Der Wille des Wählers und das Maß seiner Verwirklichung, Schmollers Jahrbuch, 50. Jg. (1926), S. 111.

— Vorschläge zum Entwurf eines Reichswahlgesetzes, Zeitschr. f. d. ges. Staatsw. Bd. 91 (1931), S. 449.

Thoma, Richard: Wesen und Erscheinungsformen der modernen Demokratie, in: Recht-Staat-Wirtschaft Bd. 1, Düsseldorf 1949, S. 1.

Tockhorn, Friedrich: Zusammenwirken politischer Parteien im Vielparteienstaat, Diss. Hamburg 1957.

Triepel, Heinrich: Die Staatsverfassung und die politischen Parteien, Heft 10 der Öffentlich-rechtlichen Abhandlungen, hrsg. von Triepel u. a., Berlin 1928.

Unkelbach, Helmut: Grundlagen der Wahlsystematik, Göttingen 1956 (Zitat: Unkelbach, Wahlsystematik).

Unland, Hermann Josef: Die Verfassungsmäßigkeit der Bekämpfung politischer Splitterparteien durch Minderheitsklauseln in Wahlgesetzen, Diss. Köln 1955.

v. Wachter, Walter: Die Beschränkung der Wettbewerbsmöglichkeiten kleiner Gruppen im Rahmen der geltenden westdeutschen staatlichen Wahlrechtssysteme, Diss. München 1956.

Werner, Robert: Der Reichswahlvorschlag (Reichsliste), Diss. Göttingen 1931.

Wildenmann, Rudolf: Partei und Fraktion — Ein Beitrag zur Analyse der politischen Willensbildung und des Parteiensystems in der Bundesrepublik, Bd. 2 aus: Parteien, Fraktionen, Regierungen — Eine Schriftenreihe der Vereinigung für die Wissenschaft von der Politik, hrsg. von Dolf Sternberger, Meisenheim am Glan 1954.

— Macht und Konsens als Problem der Innen- und Außenpolitik, Bd. 2 der Kölner Schriften zur Politischen Wissenschaft, hrsg. von Ferdinand A. Hermens, Frankfurt a. M., Bonn 1963.

Willms, Günther: Zur Problematik eines Parteiengesetzes, JZ 58, 265.

FSC
www.fsc.org
MIX
Papier | Fördert
gute Waldnutzung
FSC® C083411

Kolibri 360 GmbH
Ferdinand-Jühlke-Straße 7
99095 Erfurt, Deutschland
produktsicherheit@kolibri360.de

Druck:
CPI Druckdienstleistungen GmbH
im Auftrag der
Kolibri 360 GmbH
Ferdinand-Jühlke-Str. 7
99095 Erfurt